Religious Market and
Operation of a Community
in Western China

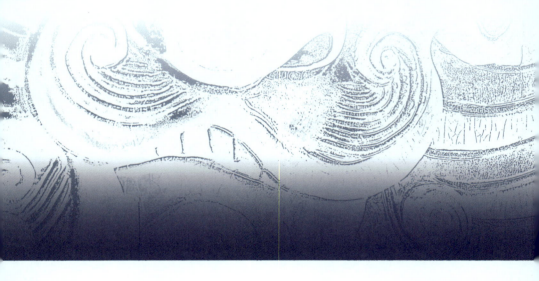

民族与社会丛书
MINZU YU SHEHUI CONGSHU

麻国庆 主编

神异资源

一个西部社区的宗教市场与宗教经营

文永辉 著

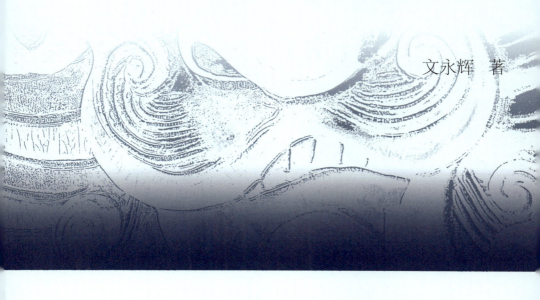

社会科学文献出版社
SOCIAL SCIENCES ACADEMIC PRESS (CHINA)

《民族与社会丛书》总序

麻国庆

记得 20 世纪 80 年代我读大学时，常常在西北大学的文科阅览室看一些非考古专业的著作，偶然中读到费孝通先生的《民族与社会》，书很薄，但里面所涉及的关于民族及其发展的思考，引发了我这个来自内蒙古的青年学生的浓厚兴趣。接着我以此书为契机，开始接触人类学、民族学的相关研究和介绍，并决定考这一领域的研究生。通过在中山大学跟我的硕士导师容观琼先生以及人类学其他老师三年的学习，我算是初步进入了人类学、民族学的学科领域。

之后我又很荣幸地成为了费先生的博士研究生。跟先生学习以后，我进一步理解了他的《民族与社会》的整体思考。我印象最深的是 1991 年我刚入北京大学一周后，先生就带我和泽奇兄到武陵山区考察。一上火车，他说给我们上第一课，当时正好是美国出现了黑人和白人的冲突，他说民族和宗教的问题将会成为 20 世纪末到 21 世纪相当一段时间内，国际问题的焦点之一。人类学在这一背景下如何面对这些问题，需要做很深入的调查和研究。通过近一个月的对土家族、苗族以及地方发展的考察，加上来自于先生对田野的真知灼见，使我对人类学的学科意识有了更加深刻的体验和领会。武陵山区的考察一直到今仍是我的一个学术情结。

非常巧的是当出版社同仁催我交这一序时，我正好从广西龙胜各族自治县的红瑶寨子里出来（1951 年，费先生曾代表中央到该县宣布成立中国第一个少数民族自治县），来到武陵山区的酉阳土家族苗族自治县做关于土家族的调查。两地虽然相隔千里，但都留下了费先生的调查足迹。此次来到酉阳，时隔近二十年沿着当时先生的足迹调查之余，来撰写本丛书的序，坐在电脑旁，当年先生的音容笑貌不时地浮现在我的眼前……好像先生在他的那个世界里告诉我辈，要把"民族与社会"的研究不断地推动，进入更高的层次。由此我更加坚信该丛书以此命名，于情、于理、于学、于实都有其特殊的学术和社会意义。同时这也是把先生的"文化自觉"与"从实求知"思想，延续、深化的阶段性成果。

费先生的学术遗产可以概括为"三篇文章"，即汉民族社会、少数民族社会、全球化与地方化。在费先生的研究和思考中，社会、民族与国家、全球被置于相互联系、互为因果、部分与整体的方法论框架中进行研究，超越了西方人类学固有的学科分类，形成了自己的人类学方法论，扩展了人类学的学术视野。他是一位非常智慧的把学术研究和国家的整体发展、多民族共同繁荣的理念有机地结合起来，达到对中国社会认识的学者。面对当前复杂的国际问题国内化、国内问题国际化的现状，费先生留下的学术遗产还需要我们不断地继承和发扬。而"民族与社会"可以涵盖先生的思想，我们以此来纪念费先生诞辰百年。

针对一套可以长久出版下去的丛书，我想从如下几方面来展开对于"民族与社会"的理解和认识。

一　民族的国家话语

"民族"与"族群"最基本的含义都是指人们的共同体，是对不同人群的分类。但是，当学者将"民族"与"族群"这两个词纳入历史经验与社会现实中加以研究时，它们随着时空的变化而有不同的表述和意义。在学科史上，"民族"作为人类认识自我的关键概念之一见诸各门社会科学，被赋予了多重涵义，尤其是"民族—国家（nation-state）""民族主义（nationalism）"这些概念，将民族学、历史学、人类学、政治学、社会学、社会心理学、语言学、国际关系学甚至文学等学科牵连在一起，形成了一个庞大的跨学科研究领域。

近代以来，随着西学东渐，当基于西方社会经验建构的"民族"概念及相关理论与中国的历史及现实发生冲突时，中国人对"民族"及其相关理论涵义的理解、诠释与实践又形成了一套与国际背景、国内政治、社会文化的特点等相联系的社会思潮和历史事实。概括起来，"民族"概念的发展变化其实是一个历史过程，也是一适应的过程。

在现代人类学研究中，"民族"有着相对明确的定义，指具有相同文化属性的人们的共同体（ethnos），文化是界定"民族"的重要标准之一。人类学对人们的共同体本质及关系的理解是一个逐步深入的过程。古典人类学将非西方社会的整体作为"他者"，以"异文化"为研究旨趣，热衷于跨文化比较研究，并没有将某个具体的人群作为研究对象。现代人类学建立之后，虽然马林诺斯基式的科学民族志将某个具体的民族体作为描述对象，但是学术研究的问题意识在于探寻社会或文化的运行机制，而对"民族"本身的概念并没有加以讨论。

直到 20 世纪 50 年代，在美国诞生了"族群"（ethnic group）概念，人类学开始将不同群体的关系等问题作为研究专题进行讨论，并形成了人类学研究的一个新的理论范式。一般来说，族群（ethnic group）指说同一语言，具有共同的风俗习惯，对于其他的人们具有称为"我们"意识的单位。不过，这个族群单位中的所有的人们并非都拥有共同的社会组织和政治组织。而"认同"是存在于个人与某特定族群间的一种关系，它属于某特定的族群，虽然族群中的成员可能散居在世界各地，但在认同上，他们却彼此分享着类似的文化与价值观。民族或族群认同是认同的典型表现。

中国的民族问题到今天为止变成了国际话语，可以从两个方面来解释国际话语。

　　一种方法是纯粹从人类学学理层面解释民族的特殊属性，如林耀华先生提出的经济文化类型，虽然他受到苏联民族学的影响，强调经济决定意识，但是这套思想划分了中国的民族经济文化生态，这一点是有很大贡献的。另一个思路是费先生提出的中华民族多元一体格局。面对西方民族国家的理论，中国这么多民族要放在国家框架下，用什么来解释它存在的合法性与合理性？多元一体就提供了解释框架。多元一体理论并非单纯是关于中华民族形成和发展的理论，也非单纯是费先生关于民族研究的理论总结，而是费先生对中国社会研究的集大成。正如费先生所说："我想利用这个机会，把一生中的一些学术成果提到国际上去讨论。这时又想到中华民族形成的问题。我自思年近80，来日无几，如果错失时机，不能把这个课题向国际学术界提出来，对人对己都将造成不可补偿的遗憾。"①因此，费先生事实上是从作为民族的社会来探讨它与国家整体的关系，这是他对社会和国家观的新的发展。中华民族的概念本身就是国家民族的概念，而56个民族及其所属的集团是社会构成的基本单位。这从另一个方面勾画出多元社会的结合和国家整合的关系，即多元和一体的关系。

　　这两大理论是中国民族研究的两大基础。

　　其实，费孝通先生对"民族"的理解随着其学术思想的变化有一个演变的过程。20世纪30年代，费先生在清华研究院师从史禄国时主要接受欧洲大陆人类学研究传统的学科训练，首先研习体质人类学。因而费先生在这一时期对民族问题的讨论集中在对中国人体质特征的讨论上，发表于1934年的《分析中华民族人种成分的方法和尝试》就是这一时期费先生讨论民族问题的代表作。在这篇文章中，费先生指出"中华民族，若是指现在版图之内的人民而言，是

---

① 费孝通：《中华民族研究的新探索》，中国社会科学出版社，1991，第27页。

由各种体质上、文化上不同的成分所构成的"，而"要研究这巨流中各种成分的分合、盛衰、兴替、代谢、突变等作用，势必先明了各成分的情形"①。

20世纪50年代，费先生参与了中国的民族识别工作，积累了大量的研究经验。费先生回顾20世纪50年代民族识别时曾说，"民族这种人们共同体是历史的产物。虽然有它的稳定性，但也在历史过程中不断发展变化；有些互相融合了，有些又发生了分化。所以民族这张名单不可能永远固定不变，民族识别工作也将继续下去。"②在此基础上，20世纪80年代初期，费先生又提出了"民族走廊"说，将历史、区域、群体作为整体，对专门研究单一民族的中国民族研究传统具有极大的启发意义。中国民族识别工作完成后，中国56个民族的格局最终确立，费先生也以《中华民族多元一体格局》一文系统总结了自己的民族学思想。

国外对中国民族的研究有几种观点。

第一种观点需要回顾1986年底《美国人类学家》杂志发表的澳大利亚学者巴博德与费先生的对话，对话的核心是讨论受意识形态影响的中国民族识别。巴博德批判受意识形态影响的民族学忽视了当地的文化体系，民族识别的国家主义色彩非常浓厚。但费先生的回答非常有意思。费先生说他们在做民族识别的时候并不是完全死板地套用斯大林的概念，而是进行了修正，有自己的特色。③在民族识别时期形成了中国民族学研究在特殊时期的特殊取向，这个遗产就是我们的研究如何结合中国特点和学理特点，不完全受意识形态

---

① 费孝通：《分析中华民族人种成分的方法和尝试》，载《费孝通全集》第一卷，内蒙古人民出版社，2009，第287页。

② 费孝通：《关于我国民族的识别问题》，载《费孝通文集》第七卷，群言出版社，1999，第202～203页。

③ 费孝通：《经历见解反思——费孝通教授答客问》，载《费孝通文集》第十一卷，群言出版社，1999，第143～205页。

制约。

与此相关的第二种质问是很多国外学者的核心观点，他们认为中国的民族都是在国家意识形态中"被创造的民族"。实际上，中国所有民族的构成与中国的历史和文明过程是有机地结合在一起的，这些民族不是分离的，而是有互动的关系。简单地以"创造""虚构"或"建构"的概念来讨论中国的民族问题是非常危险的。这里就回应了关于实体论和建构论的讨论如何在民族研究中进行分类并处理理论思考的问题。这可能会构成中国民族研究在国际对话中一个很重要的基础。

到今天为止，针对族群边界也好，针对民族问题也好，建构论和实体论是两个主要的方向。在中国的民族研究中，实体论和建构论会找到它们的结合点：实体中的建构与建构中的实体，有很多关系可以结合起来思考。在民族研究中，国家人类学（national anthropology）与自身社会人类学（native anthropology）在国际话语中完全有对话点。

1982 年，吉尔赫穆（Gerholm）和汉纳兹（Hannerz）发表了一篇名为《国家人类学的形成》的文章。作者在文中直言不讳地指出国家的国际处境与本国人类学的发展有莫大关系。在"宗主与附属""中心与边缘"的格局下，附属国家或者说边缘地区的人类学研究只不过是殖民主义的产物。以强权为前提，中心地区的出版物、语言乃至文化生活方式都在世界格局里占据主导地位，并大力侵入边缘地区。在这样的形势下，边缘地区人类学学科的发展、机构的设置、学员的训练等，都会带有中心的色彩，从而抹煞了本土文化研究的本真性①。

不过，在中国的情况却有所不同。特别是关于多民族社会的研

---

① Gerholm, Tomas and Ulf Hannerz. Introduction：The Shaping of National Anthropologies. *Ethnos* 47，1982：1（2）.

究，体现出了自身的研究特点，在某种意义上恰恰反映了国家人类学所扮演的角色。而国家人类学是和全球不同国家处理多民族社会问题连在一起的，包括由此带来的福利主义、定居化、民族文化的再构等问题，这构成了中国人类学的一大特点。针对目前出现的民族问题，人类学需要重新反思国家话语与全球体系的关系。相信本套丛书会为此提供有力的实证研究实例。

二 民族存在于社会之中

我们知道，民族这个单位的存在尽管看上去很明显，然而，未必所有民族都拥有共同的社会组织和政治组织。而且，分散在不同地域上的族群甚至都不知道和自身同一的民族所居住的地理范围。另外，由于长期和相邻异民族的密切接触，某些民族中的一部分人采用了另一民族的风俗习惯，甚至连语言也随之发生了变化，但其社会组织常常不会发生很大的变化。与社会组织相比，语言、风俗习惯的文化容易变化。因此，把文化作为研究单位，也未必是有效的手段。社会人类学之所以关注社会，是因为对于比较研究来说，希望以最难变化的社会组织为研究对象。客观上，作为民族是一个单位，然而作为社会它就未必是一个单位。因此，以民族为单位作为研究对象，如果离开对其所处社会的研究，并不能达到整体上的认识。

在多元一体格局中，汉族是一个凝聚的核心。在探讨汉族与少数民族的关系中，从历史、语言、文化等视角有了很多的研究积累。不过，以社会人类学的核心概念——社会结构为嵌入点来进行的研究，还不是很多。在中国多民族社会的研究中，正是由于这种多元一体格局的特点，作为多民族社会中的汉族社会的人类学研究，单单研究汉族是远远不够的，还必须要考虑汉族与周边的少数民族社会以及与受汉文化影响的东亚社会之间的互动关系。已故社会人类学家王崧兴教授将其升华为中华文明的周边与中心的理论，即"你看我"与"我看你"的问题。他的一个主题就是如何从周边来看汉族的社会与文化,这一周边的概念并不限于中国的少数民族地区,它事实上涵盖了中国的台湾、香港,以及日本、韩国、越南、冲绳等周边国家和地区。与此同时,少数民族的研究,离开汉族的参照体系,也很难达到研究的完整性。

在这一视角下,"中心"与"周边"在不同的历史和空间的背景下有着不同的含义。华南汉族聚居区相对于中原而言是周边,但却是华南这一区域内部的中心,特别是相对于周边山地少数民族时,又表现出华南区域内部的"中心"与"周边"的对应关系。此外,即使汉族内部,因为分属不同的民系,他们之间也存在着"周边"和"中心"的对应。这一点可以非常有效地衍生出在不同时空背景下"中心"和"周边"的转化。华南及其周边区域的族群分布和文化特征与秦汉以来汉人的不断南迁有着密切的联系,在某种程度上甚至可以说,华南地区的族群分布和文化特征是汉人和其他各个族群互动而导致的结果。

华南在历史上即为多族群活动的地域,瑶族、畲族、苗族等少数民族及汉族的各大民系(广府人、客家人、潮州人、水上居民)都在此繁衍生息,加上近代以来遍布于东南亚以及世界各国的华侨大多来自于这一地域,所以在对华南与东南亚社会及周边族群的研究中,应把从"中心"看"周边"的文化中心主义视角,依照上述个案中的表述那样,转为"你看我、我看你"的互动视角,同时强调从"周边"看"中心"的内在意义,即从汉人社会周边、与汉民族相接触和互动的"他者"观点,来审视汉民族的社会与文化。例如笔者通过在华北、华南的汉族、瑶族和蒙古族的研究以及对日本的家与社会结构的讨论,揭示了从周边的视角重新认识汉人社会的结构和文化的意义。这一研究在经验研究基础上,将历时性与共时性有机地结合起来,在社会、文化、民族、国家与世界体系的概念背景下,讨论了社会结构比较研究的可能性及其方法论意义。

关于民族问题，大多数国外学者没有抓到国家人类学的本质与根本问题。中国多民族社会应回应什么问题？我觉得有几个方面的问题值得关注。第一，中国民族的丰富多样性，涵盖了不同类型社会，这是静态的；第二，从动态的角度看，在民族流动性方面可以和西方人类学进行有效的对话；第三，关于文化取向，学者们常用文化类型来讨论"小民族"，却从作为问题域的民族来讨论"大民族"，这存在一定的问题。

从这个角度来看，海外的中国研究里面对于中国民族研究有两种取向。一种是偏文化取向，例如对西南民族的文化类型进行讨论。而另一种取向将藏族等大的民族放到作为问题域中的民族来讨论。这反映了人类学和民族学的两大取向：文化取向和政治取向。

但不论采取什么取向，我们首先要强调：任何民族研究应当是在民族的历史认同的基础上来展开讨论，不能先入为主地认为某个民族是作为政治的民族，而另一个民族则是作为文化的民族。相当多的研究者在讨论中国民族的时候，是站在一种疏离的倾向中来讨论问题，忽视了民族之间的互动性、有机联系性和共生性。也就是说，他们将每个民族作为单体来研究，而忘记了民族之间形成的关系体，即所有民族形成了互联网似的互动中的共生关系。这恰恰就是"多元一体"概念为什么重要的原因。多元不是强调分离，多元只是表述现象，其核心是强调多元中的有机联系体，是有机联系中的多元，是一种共生中的多元，而不是分离中的多元。

我以为，"多元一体"概念的核心事实上是同时强调民族文化的多元和共有的公民意识，这应当是多民族中国社会的主题。这也是本丛书着重强调"民族是在社会之中"的道理所在。因此，本丛书的"民族"并非仅仅是少数民族的"民族"，而是把汉族也纳入民族范畴来展开讨论。

三 民族的全球话语与世界单位

在全球化过程中，不同的文明之间如何共生，特别是作为世界体系中的中心和边缘，以及边缘中的中心与边缘的对话（如相对于世界体系西方中心的观点，中国这样的非西方社会处于边缘的位置。而在中国从历史上就存在着"华夷秩序"，形成了超越于现代国家意义上的"中心"和"边缘"），周边民族如何才能不成为"永远的边缘民族"的话题，越来越为人类学所关注。20 世纪可以说是文化自觉被传承、被发现、被创造的世纪。这一文化也是近代以来"民族—国家"认同的一个重要源泉。在中国这样一个多民族社会中，不同文化之间的共生显得非常重要，事实上，在我们的理念中，又存在着一种有形无形的超越单一民族认同的家观念——中华民族大家庭，这个家乃是民族之间和睦相处的一种文化认同。

我记得 2000 年夏北京召开"国际人类学与民族学联合会（IU-AES）"中期会议前，费先生把我叫到家里，说他要在会上发言，他来口述，我来整理。在他的书房里，我备好了录音机，先生用了一个多小时，讲了他的发言内容。我回去整理完后发现，需要润色的地方很少，思路非常清晰。我拿去让先生再看一遍，当时还没有题目。先生看过稿后，用笔加上了题目，即《创造"和而不同"的全球社会》。由于当时先生年事已高，不能读完他的主题演讲的长文，他开了头，让我代他发言。

先生在主题发言中所强调的，正是多民族之间和平共处、继续发展的问题。如果不能和平共处，就会出现很多问题，甚至出现纷争。实际上这个问题已经发生过了。他指出，过去占主要地位的西方文明即欧美文明没有解决好的问题，就在于人类文化寻求取得共识的同时，大量的核武器出现、人口爆炸、粮食短缺、资源匮乏、民族纷争、地区冲突等一系列问题威胁着人类的生存。特别是冷战结束后，原有的但一直隐蔽起来的来自民族、宗教等文化的冲突愈演愈烈。从这个意义上说，人类社会正面临着一场社会的"危机"、文明的"危机"。这类全球性问题所隐含的危机，引起了人们的警觉。这个问题，原有的西方的学术思想还不能解决，而中国的传统经验以及当代的民族政策，都符合和平共处的逻辑，可以为解决这一问题提供有益的思路。

费先生在那次发言中还进一步指出，不同国家、不同民族、不同宗教、不同文化的人们，如何才能和平相处，共创人类的未来，这是摆在我们面前的课题。对于中国人来说，追求"天人合一"为一种理想的境界，而在"天人"之间的社会规范就是"和"。这一"和"的观念成为中国社会内部结构各种社会关系的基本出发点。在与异民族相处时，中国人把这种"和"的理念置于具体的民族关系之中，出现了"和而不同"的理念。这一点与西方的民族观念很不相同。这是历史发展的过程不同，历史的经验不一样。所以中国历史上所讲的"和而不同"，也是费先生的多元一体理论的另外一种思想源流。承认不同，但是要"和"，这是世界多元文化必走的一条道路，否则就要出现纷争。只强调"同"而不能"和"，那只能是毁灭。"和而不同"就是人类共同生存的基本条件。

费先生把"和而不同"这一来源于中国先秦思想中的文化精神，从人类学的视角，理解全球化过程中的文明之间的对话和多元文化的共生，可以说是在建立全球社会的共同的理念。这一"和而不同"的理念也可以成为"文明间对话"以及处理不同文化之间关系的一条原则。

与这相关的研究是日本京都大学东南亚研究中心在 20 世纪 90 年代初就提出的"世界单位"的概念。所谓世界单位，就是跨越国家、跨越民族、跨越地域所形成的新的共同的认识体系。比如中山大学毕业的马强博士，研究哲玛提——流动的精神社区。来自非洲、阿拉伯、东南亚和广州本地的伊斯兰信徒在广州如何进行他们的宗教活动？他通过田野调查得出不同民族、不同语言、不同国家的人

在广州形成了新的共同体和精神社区的结论。① 在全球化背景下跨界
（跨越国家边界、跨越民族边界和跨越文化边界）的群体，当他们相
遇的时候在某些方面有了认同，就结合成世界单位。项飚最近讨论
近代中国人对世界认识的变化以及中国普通人的世界观等，都涉及
中国人的世界认识体系的变化，不仅仅是精英层面的变化，事实上
连老百姓都发生了变化。② 这就需要人类学进行田野调查，讲出这个
特点。

　　流动、移民和世界单位这几个概念将会构成中国人类学走向世
界的重要基础。这些年我一直在思考，到底中国人类学有什么东西
可以出来？因为早期的人类学界，比方说非洲研究出了那么多大家，
拉美研究有雷德菲尔德、列维－斯特劳斯，东南亚研究有格尔茨，印
度研究有杜蒙，而中国研究在现代到底有何领域可进入国际人类学
的叙述范畴？我们虽然说有很多中国研究的东西，但即使是弗里德
曼的研究也还不能构成人类学的普适化理论。

　　我觉得这套理论有可能会出自中国研究与东南亚研究的过渡地
带。在类似于云南这样的有跨界民族和民族结合的地带，很可能出
经典。为什么？不要忽视社会主义意识形态。跨界民族在不同意识
形态中的生存状态，回应了"冷战"以后的人类学与意识形态的关
联。许多人认为"冷战"结束后意识形态就会消失，但现实的结果
却是意识形态反而会强化，这种强化的过程中造成同一个民族的分
离，回应了"二战"后对全球体系的认知理论。同时，不同民族的
结合地带，在中国国内也会成为人类学、民族学研究出新思想的地
方。其实费孝通先生很早就注意到多民族结合地带的问题，倡导对
民族走廊的研究。我们今天不仅仅要会用民族边界来讨论，也需要

---

① 马强：《流动的精神社区——人类学视野下的广州穆斯林哲玛提研究》，中国社会
　　科学出版社，2006。
② 项飚：《寻找一个新世界：中国近现代对"世界"的理解及其变化》，《开放时
　　代》2009 年第 9 期。

注意民族结合地带，例如中国的蒙汉结合地带、汉藏结合地带，挖掘其特殊的历史文化内涵。

此外，与中国的崛起和经济发展紧密相连，本丛书还会关注中国人类学如何进入海外研究的问题。

第一，海外研究本身应该放到中国对世界的理解体系当中，它是通过对世界现实的关心和第一手资料来认识世界的一种表述方式。第二，强调中国与世界整体的关系，这种关系是直接的。比如中国企业进入非洲，如何回应西方提出的中国在非洲的新殖民主义的问题？人类学如何来表达特殊的声音？第三，在对异文化的认识方面，如何从中国人的角度来认识世界？近代以来有这么多聪明的中国人，他们对世界的看法已经积累了一套经验。这套对海外的认知体系与我们今天人类学的海外社会研究如何来对接，也就是说，中国人固有的对海外的认知体系如何转化成人类学的学术话语体系。还有就是外交家的努力和判断如何转化成人类学的命题。第四，海外研究还要强调海外与中国的有机联系性，比如"文化中国"的概念，如何从人类学的角度来理解？5000 多万华人在海外，华人世界的儒家传统落地生根之后的本地化过程，以及它与中国本土社会的联系，恰恰构成了中国经济腾飞的重要基础。我们可以设问，如果没有文化中国，中国经济能有今天吗？

在东南亚各国，华人通常借助各类组织从事经济活动。各国华人企业之间以及它们与华南社会、港台之间存在着一定的社会经济关系网络。共同的语言、共同的文化传统以及血缘、地缘关系的纽带，使得移居海外的人们很自然地与他们的同胞及中国本土保持联系。同时，他们在其社会内部保持和延续了祖居地的部分社会组织和文化传统。进入 20 世纪 80 年代后，人类学对于这一领域的研究兴趣聚焦于"传统的创造"。

对于"传统"的延续、复兴和创造以及文化生产的研究，是人类学以及相关社会科学的一个重要领域。这里的传统主要指与过去历史上静态的时间概念相比，更为关注动态的变化过程中所创造出来的"集团的记忆"。其他方面的研究还有海外华人的双重认同——既是中国人，也是东南亚人；城市中华人社区的资源、职业与经济活动、族群关系、华人社区结构与组织、领导与权威、学校与教育、宗教和巫术、家庭与亲属关系，进而提出关于社会与文化变迁的理论。

海外研究一定要重视跨界民族。这一部分研究的贡献在于与中国的互动性形成对接。此外，现在很大的问题就是中国人在海外，不同国家的新移民的问题，如贸易、市场体系的问题，新的海外移民在当地的生活状况亦值得关注。同时，不同国家的人在中国其实也是海外民族志研究的一部分。我觉得海外民族志应当是双向的。中国国内的朝鲜人、越南人、非洲人等，还有在中国的不具有公民身份的难民，也都应该构成海外民族志的一部分。这方面的研究一方面是海外的，另一方面又是国内的。海外是双向的，不局限于国家边界，海外民族志研究应该具有多样性。

四　民族的研究方法：社区调查与比较研究相结合

传统人类学的研究方法，是在一个村庄或一个社区通过参与观察，获得研究社区的详细材料，并对这一社区进行精致的雕琢，从中获得一个完整的社区报告。这样，人类学的发展本身为地方性的资料细节所困扰，忽视了一种整体的概览和思考。很多人类学者毕生的创造和智慧就在于描述一两个社区。这种研究招来了诸多的批判，但这些批判有的走得很远，甚至完全脱离人类学的田野来构筑自己的大厦。在笔者看来，人类学的研究并不仅仅是描述所调查对象的社会和文化生活，更应关注的是这一社区的社会和文化生活相关的思想，以及这一社会和文化在整体社会中的位置。同时，还要进入与不同社会文化的比较研究中去。因此，人类学者应该超越社区研究的界限，进入更广阔的视野。

笔者在研究方法上，是把汉族社会作为研究的一个参照系，从而认识受汉族文化影响的少数民族，从中也能窥得文化的分化和整合，这种研究方法最终是为了更好地反映包括少数民族在内的中国社会的结构特点。关于汉族的家观念与社会结构，可参看笔者的《家与中国社会结构》① 一书，在此不另赘述。

在中国的这样一个统一的多民族国家体制下，人们生活在这一国土上的多民族社会中，相当多的民族都在不同程度上接受了汉族的儒学规范，那么，其社会结构与汉族社会相比表现出那些异同？如我所调查的蒙古族，受到了汉族文化的强烈影响，这种影响导致他们的经济、社会、文化等发生了重大的变迁。因此，仅研究单一民族的问题，已显得远远不够，且不能反映社会的事实基础，需要我们从民族间关系、互动的角度来展开研究。

我写《作为方法的华南》时，很多人觉得这个标题有点怪，其实我有我的说理方式。一是区域的研究要有所关照，比如弗里德曼对宗族的研究成为东南汉人社会研究的范式②，他在后记里提到一个很重要的命题，就是中国社会的研究如何能超越社区，进入区域研究。有很多不同国别的学者来研究华南社会，华南研究在某种程度上形成了中国社会研究的方法论的基础，是很重要的基础，我是在这个意义上来讨论问题。并且，它又能把静态的、动态的不同范畴包含进来。在一定意义上，人类学传统的社区研究如何进入区域是一个方法论的扩展，用费先生的话来说就是扩展社会学的传统界限。人类学发展到一定程度后，如何来扩展研究视角，如何进入区域，是一个重要的问题。

与方法论相关的另一个问题是，作为民俗的概念如何转化成学术概念。在 20 世纪 80 年代，杨国枢和乔健先生就讨论中国人类学、

① 麻国庆：《家与中国社会结构》，文物出版社，1999。
② Freedman Maurice. *Lineage Organization in Southeastern China*. The Athlone Press, 1958.

心理学、行为科学的本土化，而本土化命题在今天还有意义。当时
只是讨论到"关系""面子""人情"等概念，但在中国社会里还有
很多人们离不开的民间概念，例如分家、娘家与婆家。还有像我们
很常用的概念，说这人"懂礼"。那么，懂礼表现在哪些方面？背后
的观念是什么？还比如说这人很"仁义"，又"义"在何处？这些
都是中国研究中很重要的方面。藏族的房名与亲属关系相关，还通
过骨系来反映亲属关系的远近。这些民俗概念还应该不断发掘。又
比如日本社会强调"义理"，义理如何转换成学术概念？义理与我们
的人情、关系、情面一样重要，但它体现了纵式社会的特点，本尼
迪克特在她的书中也提到这一点。① 民俗概念和当地社会的概念完全
可以上升为学理概念。

这也涉及跨文化研究的方法论的问题。就像费先生说的要"进
得去"，还得"出得来"。一进一出如何理解？为什么跨文化研究和
对他者的研究视角有它的道理，其实就是相当于井底之蛙的概念，
在井里面就只能看到里面。还有"不识庐山真面目"的说法，都反
映了这些问题。中国人这些传统智慧恰恰是和我们讨论的他者的眼
光或跨文化研究是一体的，判断方式是一样的。

要达到对中国社会的认识，就要扩大田野。田野经验应该是多
位的、多点的，这很重要。部分民族志之所以被人质疑，是因为民
族志的个人色彩浓，无法被验证。但是如果回到刚才所讨论的人类
学学理框架里面，回到人与问题域的关系的状态里面，这些问题比
较好解决。

本套丛书的意义，就是将民族研究在上述几个方面的取向以经
验研究加以表现。行文至此，恩师费孝通先生在 2000 年夏天接受日
本《东京新闻》记者采访时提到的"知识分子历史使命"的话语，
又回响在我耳畔。费先生强调，"知识分子的本钱就是有知识，它的

---

① 本尼迪克特：《菊与刀》，商务印书馆，1990。

特点长处就是有知识，有了知识就要用出来，知识是由社会造出来的，不是由自己想出来的。从社会中得到的知识要回报于社会，帮助社会进步，这就是'学以致用'，这是中国的传统。"这也正是先生所倡导的"阅读无字社会之书"、行行重行行、从实求知、和而不同与文化自觉的人类学的真谛所在。在这条路上，我们任重而道远。

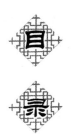

目录

第一章

导　论

第一节　选题说明

一　选题缘起：宗教研究范式从"需求面"到"供给面"的转换

长期以来，在探究一个群体或个人宗教归信的原因时，研究者常常从宗教需求视角进行考察，[①] 如尼古拉·沃特斯托夫（Nicolas Wolterstorff）认为："基督教、犹太教和伊斯兰教的一个中心思想是，它们深信我们人类应当信仰上帝……信仰上帝是我们人类的基本义务。他们还相信，只有信仰上帝，人类心灵深处最激动人心的东西才能得到满足。"约翰·希克（John Hick）则用"拯救"来阐释宗教需求，认为宗教是对"人类日常生存的歧误"的一种"拯救"。[②] 查尔斯·Y. 格洛克则用

---

① Glock，Charles Y. "The Role of Deprivation in the Origin and Religious Groups"，In *Religion and Social Conflict*，edited by Robert Lee and Martin E. Marty，New York：Oxford University Press，1964，pp. 24 – 36.

② 参见〔美〕迈尔威利·斯图沃德编《当代西方宗教哲学》，周伟驰、胡自信、吴增定译，北京大学出版社，2001。

"短缺"来阐释教派的产生与发展，认为"短缺有经济的短缺、社会的短缺、机体的短缺、伦理的短缺和心理的短缺五种，形成教派之类的宗教的解决方法……乃是为了减轻短缺的感觉而采取的补偿措施"。①

在国内宗教研究学界，"苦难"加"教义"也是宗教归信的常用解释模式，即在一个群体内查明该群体所遭受的种种痛苦，再结合某种似乎是解决苦痛的宗教教义，进而得出结论认为宗教归信就是因为这些苦痛的经历。改革开放后，中国大陆各地宗教活动的复兴增长②是一个十分引人注目的问题，中国学者在考察这种宗教复兴热潮时，也几乎沿用了上述模式，形成了"社会需求论"的解读方式，即认为社会变迁中的各种社会问题导致了强劲的宗教需求，为宗教复兴提供了土壤。比如，有学者通过在河南乡村的调查认为，苦难是河南乡村民众人生的危机和生命转折，成为他们反思自我、发现宗教之功能与意义的主要契机。③ 有学者认为，"现代城市的文化多元、现代社会的迷失感和'现代化综合征'为新兴宗教提供了有形和无形的生存环境，现代的高科技为新兴宗教提供了迅速扩张、广泛传播的渠道。"④ 也有学者认为，"全球化导致了一种风险普遍化，也导致了一种普遍的焦虑和恐怖情绪，这是全球化下的一种情景互动。"⑤ 一些学者提出是干部腐化堕落、干群关系疏远、干部不能为群众解决实际问题等导致群众

---

① 〔美〕罗纳德·L.约翰斯通：《社会中的宗教》，袁亚愚等译，四川人民出版社，1991，第130页。
② 很多地方的宗教增长不仅是原有宗教活动的恢复，也包括各种全新宗教活动的兴起。为了表述的方便，后文中在使用"宗教复兴"一词时，均包含这两种形式的宗教增长的意思。
③ 李华伟：《苦难与改教——河南三地乡村民众改信基督教的社会根源探析》，《中国农业大学学报》（社会科学版）2012年第3期。
④ 高师宁：《世俗化与宗教的未来》，《中国人民大学学报》2002年第5期，第37页。
⑤ 高长江：《从全球化视角看全球宗教复兴运动》，《世界宗教研究》2002年第1期，第1~10页。

对党和政府失去信心从而转信宗教；① 另外一些学者则从组织角度出发，认为农村和城市"组织"缺乏导致的归属感和集体感的缺失是宗教热的重要原因。②

仔细考察这种"社会问题—宗教需求—宗教复兴"的研究进路，我们发现它至少存在三个方面的缺陷。

第一，疾病、社会不公、腐败、城市病等社会问题在各地都普遍存在，并且总体上也相对均质，然而，不同地方宗教复兴的图景大不相同，上述解释进路难以解释各地宗教复兴图景的差异性。甚至，我们可以发现与上述解释模式完全相悖的情形，例如一些疾病横生的村庄并没有什么人信教，而富甲一方的温州，被称为"中国的耶路撒冷"，基督教传播极盛，但是，这并不必然表明温州的"苦难"就比其他地方多。因此，用社会问题来解释社会现象，等于是一种循环论证，几乎可以解释一切又似乎什么也没有解释。用社会问题来解释宗教复兴，其针对"宗教"的元素不够。我们还可以设想，这些所谓导致宗教归信和宗教复兴的社会矛盾，用来作为犯罪、自杀、吸毒、少年厌学、高离婚率等问题的成因，也同样是成立的，而不独为宗教复兴的原因。

第二，这些社会矛盾、社会问题并不会必然导致人们产生宗教信仰，或者说，这些原因与宗教归信之间没有必然的因果联系。以常见的"因病信教"为例。例如，某人患了重病，他并不会由此就产生强烈的"我要信天主教"的念头，这中间肯定还有一些机缘巧合的因素，比如遇到天主教徒，被天主教徒反复传授福音，受到天主教徒的关怀，被感动或者抱着试一试等心态而入了教。在这里，存在这样一个归信过程：生病—遇到天主教徒传授福音、受到天主教徒的关怀—被感动或想试一试—入教。因此，表面上是生病

① 宫哲兵、周冶陶：《90年代湖北省宗教现状及其分析》，《社会主义研究》1999年第3期，第71页。
② 何兰萍：《从组织的视角考察当前的宗教热》，《四川大学学报》（社会科学版）2005年第2期，第68页。

导致了信教，但实际上起主要作用的是天主教组织的活动，"生病—信教"只是一个假命题，生病与宗教归信并没有必然和直接的联系。如果一个人生病后信了天主教，更可能是因为天主教会工作的勤勉和一些偶然因素，因病信教并不具有必然性。也就是说，当一个人生病了，他可能没有遇到任何宗教组织而没有信任何宗教，也可能遇到天主教，也可能遇到基督教、伊斯兰教、佛教，遇到"哪教"就信"哪教"的可能性相当大。

第三，人类有宗教需求的确是客观事实，也是宗教供给的源泉和动力，但是，上述研究进路无法解释宗教需求的源泉。如果将宗教需求的源泉归为"社会腐败、经济发展导致的孤独感、基层组织的缺失"这些社会问题，问题似乎被简单化了。宗教需求的源泉是什么？这其实类似于"宗教为什么会产生"这样一个宗教学上的根本性问题，是神学家和宗教学家以及众多伟大学者绞尽脑汁仍然没有得到共识的一个问题。[①] 笔者在本书中无意也无力讨论这个问题，但是将社会问题认定为宗教需求产生的原因，并进而认为是宗教复兴的原因，却是不够深入的。我们可以反过来问，没有了腐败、没有了孤独感等社会问题，就没有了宗教、没有了宗教复兴吗？相信没有人会对此做出肯定的回答。

20世纪90年代以来，欧美学术界出现了"宗教市场论"这一全新的理论范式，它将解释宗教问题的着眼点从宗教"需求面"转向了宗教"供给面"，认为不是宗教需求而是宗教供给的变化提

---

① 事实上，很多学者都认为宗教的起源问题是一个难以讨论的问题。约翰斯通在《社会中的宗教》一书中说："宗教起源问题本身不再为社会科学所讨论，因为任何关于宗教起源的证据，在史前便早已消失。企图通过考察当代某些没有文字的社会，以重新构造宗教的起源，事实上也无济于事，因为这种证据即使曾经存在也已消失在古代社会里。重要的是，必须承认科学方法在这一方面的局限性；事实上，人们不可能在现在或从过去的现实的基础上去建立关于过去事件的绝对真实的结论。因此，即使实际的证据支持一个诱人的理论，但任何有关宗教起源的假设都注定永远是试验性的。"（见罗纳德·L. 约翰斯通：《社会中的宗教》，四川人民出版社，1991，第36页。）

供了宗教变动的主要因素。① 在研究宗教变化时，更应当受到关注的是宗教供应商——宗教组织，而不是宗教消费者——信众。

根据宗教市场论，从宗教供给者的角度来看宗教复兴，可以为我们认识和研究中国的宗教问题找到一条新颖的路向。从古至今，中国的各种宗教组织和团体，从来不是消极地等待信众，而是积极地创造宗教产品以图占领更大的宗教市场。各种宗教之间竞争激烈，特别是佛、道两家，一千多年来竞争中的多次大辩论以及历史上多次出现的"弘佛抑道"或"灭佛弘道"的事件让人印象深刻（外国历史上宗教战争更是不计其数）。改革开放以来，无论是五大宗教场所还是民间信仰场所，都不约而同地以宗教作为资源而掀起了一股经营热。如1998年千年古刹寒山寺首开撞钟权拍卖，此后，拍卖除夕夜撞钟权在全国各地寺庙蔚然成风，首撞权之后，又有寺庙将撞钟权分解成"前108响""随缘钟"等多种形式来拍卖，有的"首撞权"拍卖所得高达88888元，大大吸引了人们的眼球。② 还有一些寺庙组织各种各样的佛学夏令营、冬令营、出家体验活动等③，可谓五花八门。一些寺庙的僧人，早已不是青灯古佛、淡泊名利的苦修者形象，他们积极地以所掌握的宗教资源介入世俗社会，或忙于扩建、新建寺庙，或忙于四处做法事赚钱。如少林寺方丈释永信被《洛杉矶时报》称为融佛教文化与现代企业文化为一体的CEO，他承认："我确实注重以经营的方式来发展少林文化。"并说："在走过了官府供给、农产并重之后，商业服务成

---

① 〔美〕罗德尼·斯达克：《基督教的兴起：一个社会学家对历史的再思》，上海古籍出版社，2005，第231~232页。
② 新华社专稿：《新年有价，钟生又将响起》，《贵州都市报》2006年1月24日，第A11版。
③ 例如，2007年"五一"期间，广东惠州礼佛禅寺发布消息，邀请企业界精英、影视明星前去寺庙体验修行生活。最后，禅寺从报名者中挑选了来自珠三角的20多位人士（其中包括南方都市报的记者）体验短期的出家修行，在经过剃度、听课、传灯等程序后，7天毕业。有媒体报道了整个活动。参见胡服《记者剃度当了七天和尚》，《南方都市报》2007年5月9日，第A10版。

为中国佛教发展的大趋势。少林寺也应该有企业的观念，给社会提供一种好的产品、好的服务，只有坚持这个理念，少林寺才能更好地生存。"① 有人认为这是宗教的堕落，然而，不容否认的是，这些宗教组织和团体创造的五花八门的宗教产品对宗教热潮确实起到了推波助澜的作用，信众在自觉或不自觉中进行着各种宗教产品的消费，共同享受一场宗教的盛宴。

进入中国后天主教和基督教更是在一片异教的土地上开疆拓土，欲实现它们"中华归主"的梦想。很难想象，没有作为宗教供给者的天主教和基督教组织的积极进取，中国老百姓会由于"宗教需要"自动受到感召而加入教会。天主教和基督教能够在世界广泛传播，与其教义中将"传教"作为教徒的一项神圣使命有关。在中国，天主教和基督教组织及其信徒一直在积极地采用各种策略和手段，并对之不断检讨和改进，以图吸引更多的信众。比如基督教进入中国之初采用了医务传教、教育传教以及一系列本土化策略。② 如今，随着教会的发展，教会有越来越公司化的趋势，传道工变成雇工，教会经营宗教的目的和趋势日益明显了。很显然，各个地方宗教复兴增长的不同图景，反映的不仅是各地民众宗教需求的不同和社会问题、社会矛盾的差异，而且可能是当地宗教组织进行宗教经营得失的差异。那些努力经营、积极进取、策略得当的宗教组织，将比其他宗教组织在当地取得更好的成绩，从而使当地宗教复兴的力度更大，宗教显得更为繁荣。

基于上述思路，本书将研究着眼点放在了宗教供给面上。本书将通过人类学的田野调查，从作为宗教供给者的各种宗教组织内部，去探讨宗教复兴的原因以及由此引发的问题。需要强调的是，人的宗教需求的确是客观存在的，宗教是一个供给—需求复杂互动的存在，本书并非武断地认为宗教复兴和宗教图景变化的全部原因

---

① 吴珊：《释永信：少林寺 CEO 的经营之道》，《新京报》2006 年 8 月 30 日。
② 杨念群：《再造"病人"》，中国人民大学出版社，2005，第 8 页。

在于宗教供给面，而和宗教需求无关。本书只是强调，宗教需求实际上是"宗教为什么会存在"这样一个终极性问题的另一面，它在各地相对均质地存在。在探讨某地宗教复兴和宗教图景变化的原因时，从宗教供给面出发会更有解释力，但是，也不能完全抛开对宗教需求面的探讨而获得独断的解释力。

二　选题界定

本书选取贵州省瓮安县的一个社区——"草塘"为田野调查点，运用"宗教市场论"的一些理论成果，通过对这个社区历时和共时的各种"宗教供给者"（宗教组织和宗教人物）在宗教市场上的宗教经营及其发展变迁历程的民族志描写，一方面，探讨这种宗教经营与宗教复兴的关系，另一方面，探讨这种变迁的历史和社会背景。本书试图通过对这些问题进行理论上的概括，为解读宗教复兴和中国的宗教问题提供一种新的视角。

关于"宗教"一词的含义，本书选取最广泛的界定。书中所称之"宗教"，不仅包括制度化的佛教、道教、伊斯兰教、天主教、基督教，也包括民间宗教组织和弥散型的各种民间宗教，还包含民俗活动中带有宗教成分的祭祀活动、自然崇拜等。本书题目用"神异"一词来形容与代指宗教。当然，"神异"是不能与宗教画等号的，但鉴于各种宗教多少都包含了对难以捉摸的超自然力量的信仰，因此，用"神异"一词来形容宗教，虽不很严谨但十分便于理解。"神异资源"则是与宗教经营相对而言的，当宗教供给者对宗教进行经营，以图占领更大的宗教市场、获取相应的宗教利益和世俗利益时，宗教就被视为一种资源，而不仅仅是人类的一种信仰活动。

"宗教市场"是本书的研究视角和对田野调查点的空间认知。在宗教市场上，有宗教消费者、宗教供给者、宗教产品，还有宗教竞争和宗教管制，存在一系列的宗教供需关系，本书将运用这些概念和框架来解释一些宗教问题。这是一个不同于以往研究中国宗教所使用的祭祀圈、信仰圈、经济圈、权力的文化网络等解释框架的一个新视角。

"宗教供给者"（宗教市场论直接将之称为"宗教供应商"）是本书的研究对象，它是在宗教市场上提供宗教服务的各种宗教组织和宗教人物。本书将以草塘宗教市场上的各种"宗教供给者"为框架来组织内容，从这些"宗教供给者"身上来寻求宗教复兴的原因。

"宗教经营"则是本书的具体切入点。在这里，"经营"一词是对其经济学意义的软化和扩展。经济学用"经营"一词往往强调通过各种手段获取经济利益的最优化。[①] 本书所用"经营"一词，并非强调或暗示各种"宗教供给者"是为了获取经济利益，而是说宗教供给者运用现代企业的方式来经营"神异资源"，积极创造信众需求的宗教产品，以获取更大的宗教市场份额，同时得到相应的世俗回报和宗教回报。本书通过总结和审视各种"宗教供给者"进行宗教经营的手段、策略以及对这些手段和策略的再创造和更新，考察它们如何在这种"神异资源"的经营中促进了地方宗教的复兴。

概括而言，本书的研究将包括以下内容。

1. 从宗教供给层面来研究宗教复兴的动力，研究草塘的各种宗教组织和人物如何通过创造、更新经营技术，来获取竞争的优势，取得更大的宗教市场份额，共同促进了当地宗教的复兴。

2. 研究宗教经营背后所反映的社会、经济、文化背景和所带来的人文与宗教后果。

3. 用人类学的视野和方法，通过细致的田野工作和民族志描写，以包含各种制度化宗教和众多弥散型宗教的中国宗教市场，来检验建立在西方制度化宗教市场基础上的"宗教市场论"，并与之对话。

---

① 伍佰麟、尹佰成：《经济学基础教程》，复旦大学出版社，2004，第50页。

三 选题意义

本研究的理论和实证意义主要表现在三个方面。第一，本研究将宗教复兴的着眼点从宗教的需求面转向宗教的供给面，从供给者的宗教经营角度来探寻中国宗教复兴的原因。宗教的信仰和教义，是一种着重心理影响的复杂知识，是一种个体感知，是一种感性需求，但具体到宗教组织的建立、信仰场所的修建等，则完全是另外一回事，其中可能涉及诸多问题：如何与占主导地位的国家权力通融，如何获取土地，如何获取地方精英在经济资源和劳动资源方面的支持，如何处理与周围文化、宗教和生态环境的关系，如何在宗教场所和组织建立后对其进行准确定位，如何向竞争对手学习，如何克服自身内部矛盾，如何激励组织成员，等等。这些都需要理性计算与精明经营，任何一项的缺失，都可能导致在宗教市场上的失败，从而影响当地宗教的复兴"景观"。

第二，本研究对汉族民间宗教研究的传统范式进行了反思。对宗教特别是汉族民间宗教的研究是人类学的一个传统研究领域，取得的成果可谓蔚为大观。研究中最常用的理论是弗里德曼（Maurice Freedman）的"宗族论"、施坚雅（G. William Skinner）的"区域经济理论"、林美容等人的"祭祀圈和信仰圈"理论、杜赞奇（Prasenjit Duara）的"权力的文化网络"等。特别是近年来，虽然研究的具体角度不尽相同，但"宗族""国家与社会""传统与现代"是我们最常见的观照汉族民间宗教问题的三只眼，即在具体的乡村宗族社会场域中，探讨民间宗教背后的国家与社会各个阶层、群体的复杂互动及其潜藏的政治经济文化背景，分析民间文化如何顽强并策略性地表达自己，进而反思现代性。这样的研究策略无疑接触到了问题的要害，把对民间宗教的理解从表层深入到其背后的国家和社会关系。但是，笔者认为这些研究还是存在一定的问题，主要表现为以下方面。

（1）国家与社会、权力的文化网络尽管是一个很好的解释框架，但似有包容性过强之嫌。① 各种文化现象可以在"权力""文化"的话语下被一网打尽，其得出的研究结论有时难免给人以大同小异之感，似乎宗教复兴均是在不同的政治、经济、文化背景下，国家与社会复杂互动的结果。人类学的宗教研究提醒我们不要将宗教研究简单化，要跳出宗教看宗教，并且应尽量体现地方的特色。但是应注意到，各个地方的宗教都有所复兴，但复兴程度存在极大的差别，上述解释框架和结果并不能很好地体现这种差异。本书认为，各个地方宗教经营策略的差异恰好可以体现这种差异；宗教供给者利用不同的经营技术创造需求，操弄、迎合甚至诱引民众的信仰，是各地宗教复兴表现程度不一样的重要原因。普遍存在于乡土社会民众中的宗教意识，能够在外在表现上复兴到什么程度，宗教经营是一个不可忽视的影响因素。

（2）这些研究都忽略了宗教信仰的"个体性差异"。此类研究都强调了宗教的"集体性"，认为宗教具有创造和加强族群或地域认同的作用。但是，毫无疑问，有些宗教特别是民间宗教同时也具有非常强的"个体性"，作为满足个人欲望、消灾解厄的手段。特别是在改革开放后复兴的宗教，由于乡土社会在现代市场经济下的巨大变迁，其宗教的"集体性"和"个体性"存在明显的消长趋势。很多研究反复强调了宗教背后的集体性格，却忽视了这些信仰中具有的个体特征，有时难免给人一种"说过去的故事"的错觉，其解释力必然大打折扣。

（3）鉴于中国宗教图景的地域差异巨大，有必要在研究地域上加以拓展。无论是人类学还是社会史、民俗学，它们对中国社会宗教的研究，都形成了大致相同的地域模式，如东南（闽南、岭南）、江南、华北、关中等地域的模式，其中对东南特别是对闽南的研究远远领先

---

① 对于权力的文化网络、国家与社会研究框架的问题，也有学者提出此类看法。参见杨念群《"地方性知识"、"地方感"与"跨区域研究"的前景》，《天津社会科学》2004年第6期。

于其他地区，这种研究固然可以加强对一个地方民间宗教的认识，但开拓对其他地域的探索对于丰富民间宗教的研究也是大有必要的。

第三，本研究借鉴西方宗教社会学研究的最新理论范式来分析中国社会的宗教现象，同时反过来检验这些理论范式具有的普遍性。目前，在西方宗教社会学领域，宗教市场论是解释各种宗教现象的最新理论范式，它主要是以制度性宗教特别是基督教作为蓝本提出来的。但正如宗教市场论的代表人物之一罗德尼·斯达克（又译：罗德尼·斯塔克）（Rodney Stark）所认识到的一样，"如果一个宗教社会学只能适用于西方国家，就像一个只能应用于美国的物理学，或者一个只适用于韩国的生物学，那同样是愚蠢可笑的。……我们试图系统阐述能够适用于任何地方的命题——就跟他们足以解释加拿大的宗教行为一样，它们足以解释中国的宗教行为"。① 以中国的宗教市场来检验宗教市场论，中国学者目前在这方面工作做得不多。与西方宗教存在极大差异的非制度化、弥散型的中国宗教，对宗教市场论的解释力来说，无疑是一个极大挑战。如果斯达克的理论不足以解释中国的宗教问题，那它当然不是一个完整的理论。因此，以中国的宗教实践、宗教图景来回应和检验宗教市场论，无疑是一个具有重要理论价值的课题。

综上所述，本书的研究具有以下几点意义。

1. 从宗教供给面和宗教经营角度来探讨宗教的复兴及地域差异，为解读宗教的复兴及各地差异提供一个新的理论视角。

2. 以中国宗教的田野材料来回应和检验西方"宗教市场论"。

3. 力争为汉族非宗族社会的宗教研究留下一部合格的民族志及资料。

4. 在西部大开发的背景下，对西南乡镇的宗教进行研究，可以丰富和扩大汉族地区宗教研究的地域范围。

---

① 〔美〕罗德尼·斯达克、罗杰尔·芬克：《信仰的法则——解释宗教之人的方面》，中国人民大学出版社，2004，第1页。

第二节　宗教市场论：内容、发展与争论

宗教市场论是本书所对话的主要理论，这一理论是在与宗教的"世俗化"等理论范式的论争中逐步发展成型的。世俗化理论是 20 世纪 50~90 年代西方宗教社会学中占主导地位的理论范式，戈斯基（P. S. Gorski）评论道，有四种主要的世俗化理论变式：宗教消失论，以孔德为典型的辩护者；宗教衰落论，以韦伯为典型的辩护者；宗教私人论，以卢克曼为中心；宗教转型论，以柏森斯为中心。而威尔逊是宗教消失论和衰落论混合论的代表，伯格的《神圣的帷幔》，则混合了宗教私人论和宗教转型论的主张。[①] 总体上，世俗化理论预言了宗教的衰落、消亡或者从社会舞台中心退出。

20 世纪后期宗教并没有如预言那样迅速消亡，反而在世界各地取得了超乎寻常的发展，美、欧各种新基督教团体及新兴宗教活动频繁，伊斯兰教复兴运动对世界影响巨大，在中国各地也出现了宗教热，这些与宗教世俗化理论是完全背离的。世俗化范式不断遭受严厉的质疑，世俗化范式的否证资料不断累积，使宗教社会学的范式转换成为内在要求。对宗教世俗化范式系统的解构——来自 20 世纪 90 年代的宗教市场论范式，是理性选择范式在宗教社会学领域中的拓展。相对于世俗化范式的统一框架，宗教的理性选择范式，质疑了世俗化范式所鼓吹的宗教衰落论，采用经济图像或隐喻（economic imagery or metaphor）来描绘西方社会宗教生活的变迁图景。

宗教市场论的宣言，是由沃纳（R. S. Warner）所提出的。沃纳声称，宗教社会学正面临从旧范式即世俗化范式向新范式即宗教市场论范式的转换。宗教市场论将宗教参与的解释中心从"需求

---

① Gorski, P. S. "Historicizing the Secularization Debate: Church, State, and Society in Late Medieval and Early Modern Europe, CA. 1300-1700", *American Sociological Review*, Vol. 65, 2000: 138 – 167.

方"（demand-side）转向"供给方"（supply-side），使宗教社会学的中心从宗教信条和教义中解放出来，开始注重宗教行动和宗教群体成员资格。在宗教多元化的公开市场中，每个潜在的宗教信徒，为了自己灵性生活的需要，在宗教市场上理性地选择宗教商品。而作为宗教供给方，他们须精心地建构营销和动员策略，以吸引潜在顾客，并防止"搭便车"（free-riding）。①

艾纳孔（L. R. Iannaccone）在《为什么严厉的教会会强大》（Why strict churches are strong）这篇论文中，基于理性选择范式论证道："严厉教会的强盛，不是历史的巧合，也不是虚假的统计事实；严厉性，使宗教组织更为强大，也更有吸引力，因为它减少了'搭便车'的现象；它使缺乏承诺和献身精神的信徒望而却步，也会使虔诚信徒全身心地投入和参与。"②

而芬克（R. Finke）和其合作者则采用 1855 年和 1865 年纽约州的人口普查资料，来探讨宗教多元化和高水平的宗教参与之间的关系，以证实宗教市场论。他们的研究证实了在宗教自由市场中，多元化和竞争将会凸显，而整体的宗教参与度也会提高。③

芬克和斯达克（Finke & Stark）用大量的历史数据资料，论证了"改变美国宗教状况的主要因素是出现了新颖的宗教供给者——新的布道家、新的传教方式、新的教会组织和新的基督教教派"。④ 宗教市场论的系统论证，最终是由斯达克和芬克在《信仰

---

① Warner, R. S. "Work in Progress Towards a New Paradigm for the Sociological Study of Religion in the United States", *American Journal of Sociology*, Vol. 98, No. 5, 1993: 1044 – 1093.

② Iannaccone, L. R. "Why Strict Churches Are Strong", *American Journal of Sociology*, Vol. 99, 1994: 1180 – 1211.

③ Finke, R. et al. "Mobilizing Local Religious Markets: Religious Pluralism in the Empire State, 1855 – 1865", *American Sociological Review*, Vol. 61, 1996: 203 – 218.

④ Finke, Roger and Rodney Stark. *The Churching of America, 1776 – 1990: Winners and Losers in Our Religious Economy*. New Brunswick, NJ: Rutgers University Press, 1992.

的法则——解释宗教之人的方面》这本著作中完成，他们在实证资料基础上，建构了宗教市场论的严密体系。① 在这本书中，斯达克和芬克系统地批判了旧有范式中的以下观点。第一，宗教是错谬和有害的。第二，宗教注定要衰亡。第三，宗教是一个附属现象。宗教并不是"真实"的，它不过是更根本的社会现象的反映。第四，宗教主要是一种心理现象，对宗教个体的研究远超过对宗教团体的研究，宗教很少被看作社会现象。第五，宗教多元对社会是有害的，信仰垄断具有优越性。因为在有宗教竞争的地方，信仰往往会受到怀疑。"一个选择的宗教比一个命定的宗教软弱，因为我们知道是我们选择了神灵而不是神灵选择了我们。"②

基于上述批判，斯达克和芬克援引经济学的理论来解释宗教，系统阐述了新范式的基本内容。

第一，人类本质上是理性的动物，包括宗教的选择也不是非理性的，而是理性的。斯达克在论述"宗教头脑是理性的"时借用了西方经济学上的"经济人"假设。"经济人"的假设是西方经济学赖以建立的基础，它认为：（1）经济活动中的个人经济行为是自利的（self-interest），即行为表现出生物界"趋利避害"的共性，而且，人还喜欢多样化，这是由人们的偏好（perference）决定的，并且偏好一旦形成，在一定时间内是很稳定的；（2）假设人都能够通过计算判断自己是否能够获利，即人具有"理性行为"（rational behavior），也就是经济人是理性的，他能根据自己收集到的信息、自身处境和自身利益合理地进行计算和判断其不同经济结果的各种可能性，从而实现追求的利益最大化；（3）只要有良好的法律和制度的保证以及良好的道德环境，经济人追求个人利益最大化的自由行为会无意识地、卓有成效地增进社会的公共利益，不

---

① 〔美〕罗德尼·斯达克、罗杰尔·芬克：《信仰的法则——解释宗教之人的方面》，中国人民大学出版社，2004。
② Bruce, Steve. *Religion and Modernization*, Oxford: Clarendon Press, 1992, p. 170.

合理的制度和道德环境必然导致人以不正当的方式追求自身的利益。[①]

斯达克没有直接论述为什么宗教是理性的，而是用一系列数字和田野资料批判了"宗教是非理性选择""宗教是神经病""宗教与科学是矛盾的"等一些的宗教非理性论调，来反证宗教是理性的。[②]当然，经济学上的理性是建立在"已收集的信息、自身偏好、对自身处境和结果的计算和判断"的基础上的，与此相似，斯达克认为宗教的理性也有一定的限定条件，即宗教的"理性"也要受四个条件所限制：（1）在所具有的信息限度内；（2）在理解程度的限度内；（3）在实际存在的选择范围中；（4）在他们的喜好和趣味的引导下。[③]因此，可以看出，宗教的理性也不是可以完全客观测定的，一人在上述四个条件下的理性，在其他人看来也可能是非理性的。但是，的确不能否认，对具体每个人来说，在选择宗教信仰时他会在上述有限定的"理性"下做出"代价—回报"的理性权衡。

第二，一个社会的所有宗教活动构成"宗教市场"，[④]包括一个现在和潜在信徒的"市场"，一个或多个寻求吸引或维持信徒的组织以及这（些）组织所提供的宗教教义、实践和文化。[⑤]宗教市场与世俗（或商业）经济的其他子系统类似，两者都包括有价值

①〔美〕罗德尼·斯达克、罗杰尔·芬克：《信仰的法则——解释宗教之人的方面》，中国人民大学出版社，2004。
② 胡宏斌、唐振宇、何继想：《"经济人"与现代社会——经济学概说》，云南大学出版社，2004，第2页。
③〔美〕罗德尼·斯达克、罗杰尔·芬克：《信仰的法则——解释宗教之人的方面》，中国人民大学出版社，2004，第54~69页。
④ "宗教市场"的英文为Religious Economies，直译应为"宗教经济"，《信仰的法则——解释宗教之人的方面》的中文版也如此翻译，但根据中文语境，"宗教经济"很容易让人理解成宗教组织的经济活动，与"寺院经济""教会经济"等词汇等同而产生混淆，故译为"宗教市场"更贴近中文语境，更能反映作者的真实意图。国内目前对这一理论的介绍也多用"宗教市场"这一概念。
⑤〔美〕罗德尼·斯达克、罗杰尔·芬克：《信仰的法则——解释宗教之人的方面》，中国人民大学出版社，2004，第104页。

的产品的供求互动。

斯达克等人用区位、委身、张力等几个核心概念来作为描述宗教市场、区别各种宗教组织提供的宗教产品。

所谓区位，是共有特定宗教喜好（需要、趣味和期待）的潜在的信徒市场区段。[①] 根据宗教市场论的假设，所有的宗教市场都包含一套相对稳定的市场区位。[②] 也就是说，宗教消费者对宗教产品的喜好是各有不同的，众多的信仰从最严格和昂贵到极端开放和廉价的区位都有，有些提供彻底彼世的信仰，而有些则只提供更世俗的信仰。

所谓张力，是指一个宗教群体和"外部"世界之间的区别、分离和对抗程度。在张力轴线的最高端，存在严重的对抗，有时会爆发流血冲突。在最低端，在一个群体和其环境之间存在如此的协调，以至于很难区分这两者。[③]

宗教委身是教徒为宗教组织的付出程度，是人们及时满足跟神的交换条件的程度。[④] 可以用是否昂贵/便宜、深广/冷淡、排他性程度来衡量个体对宗教组织的宗教委身程度。深广是宗教对个体影响的广度和深度；昂贵是指归属于一个宗教群体所要付出的物质的、社会的和心理的代价；排他性是指一个宗教组织和群体对于组织群体外的神灵的接受程度。[⑤]

第三，理性的行动者在宗教市场上"消费"宗教"商品"，

---

① 区位用在市场经济上，是由一群特定消费者构成的目标市场，比如网络游戏的市场区位可能是青少年，而化妆品的市场区位可能是年轻的女士，医药保健品的市场区位可能是中老年人，等等。

② 〔美〕罗德尼·斯达克、罗杰尔·芬克：《信仰的法则——解释宗教之人的方面》，中国人民大学出版社，2004，第44页。

③ 〔美〕罗德尼·斯达克、罗杰尔·芬克：《信仰的法则——解释宗教之人的方面》，中国人民大学出版社，2004，第240页。

④ 〔美〕罗德尼·斯达克、罗杰尔·芬克：《信仰的法则——解释宗教之人的方面》，中国人民大学出版社，2004，第178~179页。

⑤ 〔美〕罗德尼·斯达克、罗杰尔·芬克：《信仰的法则——解释宗教之人的方面》，中国人民大学出版社，2004，第344页。

会像他们消费世俗商品时权衡代价和利益一样，做出理性的选择。

第四，在宗教市场上，人们的宗教需求长期来说是稳定的，宗教变化的主要根源取决于宗教产品的供应者。

第五，如果宗教市场完全受市场驱动，没有外在管制，它就会受市场驱动自由竞争，导致宗教的多元和竞争，进而产生热切而有效的宗教供应商，促进人们消费宗教的水平，出现宗教的繁荣，最终形成宗教超市。

第六，如果宗教市场由国家垄断，缺乏竞争，占统治地位的宗教公司维持较大市场份额的动力减弱，必定产生懒惰的宗教供应商和无效的宗教产品，进而降低宗教的消费水平，引发宗教的衰弱，社会的宗教参与总体程度将会降低。[①]

斯达克认为把经济学的这一基本原则应用在宗教现象上，将会产生巨大的解释力。他用这一理论模型解释了美国、欧洲、拉丁美洲、伊斯兰教国家的各种宗教现象。

宗教市场论范式也始终遭受严厉的批评和质疑。一些学者质疑"新范式"建立在对旧范式特征的错误诊断上，并且新范式的经济学隐喻的理性选择定向，仍是模糊不清的，有待细致地辨析，并且面临反证据和疑难。[②] 斯毕卡德（J. V. Spickard）则从宗教市场论的理性选择论的基本假定入手，对"理性经济人"的宗教行动者的隐喻进行了批驳，认为这一范式不具有普遍的实用性。[③]

戈斯基（P. S. Gorski）则以一种疏离的立场，来关注新旧范式之间的论争。戈斯基利用历史和档案资料，深入地考察了宗教改革

---

① 〔美〕罗德尼·斯达克、罗杰尔·芬克：《信仰的法则——解释宗教之人的方面》，中国人民大学出版社，2004，第349页。

② Lechner, F. J. "The 'New Paradigm' in the Sociology of Religion: Comment on Warner", *American Journal of Sociology*, Vol. 103, 1997: 182 – 192.

③ Spickard, J. V. "Ethnocentrism, Social Theory and Non-Western Sociology of Religion: Towards a Confucian Alternative", *International Sociology*, Vol. 13, No. 2, 1998: 173 – 194.

前后西欧的宗教生活。① 他总结，在宗教改革前后，西欧社会所发生的社会结构和宗教体验的变迁，远比新旧范式所理解的更为复杂；而事实上，新旧范式之间，也远不像其各自的辩护者所以为的那样对立和不可调和。他构造了一种宗教变迁的辩证模式：西方社会，一方面更为世俗化，但另一方面则更为宗教化；或者说，社会结构层面的世俗化，和个体层面的宗教活力，正相伴相随。他认为宗教的世俗化理论和市场理论，致力于阐释西方社会变迁中宗教生活复杂的变迁图景。这些模式和范式背后的共同点在于，宗教仍是西方社会生活基本的社会事实。但在这种种宗教社会学的宏大叙事的挤压之下，宗教活动的担当者——宗教信徒群体消失在宗教演化的尘埃之中。或者说，宗教活动的主角——宗教行动者或社会行动者，被专注于宗教制度和宗教演化的宗教社会学家流放了。②

尽管对宗教市场论存在很多争议，但宗教市场论对西方宗教问题具有相当强大的解释力是不争的事实。宗教世俗化理论的主要倡导者伯格（P. L. Berger）公开宣称放弃自己在 20 世纪六七十年代所阐述并被广泛接受的理论和观点。他在 1997 年说："假设我们现在活在一个世俗化的世界中是错误的。……今天世界的宗教狂热一如往昔，有些地方犹有过之。这是指由历史学家和社会学家宽松地标签为'世俗化'理论的所有著述，在本质上都是错误的。在我早期的著作中，我曾经对这类著述很着力。"③ 沃纳把宗教市场论

① Gorski, P. S. "Historicizing the Secularization Debate: Church, State, and Society in Late Medieval and Early Modern Europe, CA. 1300 – 1700", *American Sociological Review*, Vol. 65, 2000: 138 – 167.
② Gorski, P. S. "Historicizing the Secularization Debate: Church, State, and Society in Late Medieval and Early Modern Europe, CA. 1300 – 1700", *American Sociological Review*, Vol. 65, 2000: 138 – 167.
③ 〔美〕彼得·伯格：《世界的非世俗化：一个全球的概观》，见彼得·伯格等著《世界的非世俗化：复兴的宗教及全球政治》，李骏康译，上海古籍出版社，2005，第 2~3 页。

称为近 10 年来宗教的社会科学领域发生的堪称"哥白尼革命"式的范式转换。①

目前，宗教市场论在中国大陆学者中引起了一定的关注。随着《信仰的法则——解释宗教之人的方面》一书中译本的出版，出现了一些对该理论的介绍性文章。② 截至 2014 年 3 月，在中国学术期刊网以"宗教市场论"一词进行篇名检索，共有约 35 篇文章；以"宗教市场论"一词进行全文检索，共有约 250 篇文章。《信仰的法则——解释宗教之人的方面》一书的中文版译者杨凤刚教授根据宗教市场论提出了中国宗教市场存在红市（合法的）、灰市（界于合法与非法之间，即不合法也不非法，既合法又非法）、黑市（被取缔或被禁止的）的三色市场划分，认为对黑市的高压政策必然导致大量宗教灰市的出现。③ 不少学者利用这一理论解读诸如中国宗教的保守性与开放性、早期道教、现代社会中道教仪式、大学生宗教信仰等问题，也有学者对宗教市场论在中国社会中的解释能力表示怀疑。

台湾学者更早注意到宗教市场论，在 20 世纪 90 年代就有学者运用这一理论来研究台湾新兴宗教的兴起原因。④ 一些理论和个案研究注重从供给面上解释宗教，如李丁赞、吴介民的《现代性、宗教治理与巫术社群》一文，通过一个地方公庙仪式变迁的记录

---

① Warner, R. Stephen: "Work in Progress towards a New Paradigm for the Sociological Study of Religion in the United States", *American Journal of Sociology* 98, 1993: 1044.
② 魏德东：《从经济学角度看宗教》，《世界宗教文化》2005 年第 3 期；魏德东：《宗教社会科学研究范式的"哥白尼革命"——读〈宗教市场论〉》，《宗教研究》2005 年第 1 期。
③ 杨凤岗：《中国宗教的三色市场》，《中国人民大学学报》2006 年第 6 期，第 41～47 页。
④ 参见林本炫《社会学有关"新兴宗教运动"定义的意涵》，宗教论述专辑（第五辑），内政部编印，2003；林本炫：《国家、宗教与社会控制——宗教压迫论述的分析》，《思与言》1996 年第 34（2）期；林本炫编译《宗教与社会变迁》，台北：巨流图书公司，1993。

和分析，用福柯的"治理性"理论、涂尔干的巫术理论，论述宗教治理的机制和过程，认为供给面的有效经营是各类型新兴宗教不减反增的主要原因；① 郑志明用"合缘共振"来解释台湾民众对新兴宗教超市的选择；② 王禄旺研究了佛光山的宗教行销策略。③ 以上研究与"宗教市场论"倒有许多暗合之处。

总体上，在中国大陆和台湾，建立在田野资料上对宗教市场论的实证研究还非常少见。无论是在国内还是国外，一些宗教人物和宗教场所被作为宗教市场论的研究对象时，都对这一理论表现得非常反感，很多宗教人士觉得受到了冒犯。他们认为把宗教这类反映人类生活终极关怀的神圣对象，用经济学理论概括，给人以极端庸俗化的感觉。④ 因此，基于宗教市场论的田野调查相当困难，当然，唯其如此，对其进行实证研究才显得尤为重要。

"宗教市场"模式是否可以用来解释中国宗教呢？其实，由于宗教供给者的积极进取而致某地宗教繁盛，中国早就有学者注意到，只是没有将之上升到理论高度进行研究。如陈垣在《明季滇黔佛教考》卷四"僧徒拓殖本领第十一"中云："明季滇黔佛教之盛……然尚有一特别原因，则僧徒拓殖之本领是也。……则以刻苦习劳冒险等习惯，为僧徒所恒有，往往一瓢一笠，即可遍行天下。故凡政治势力未到之地，宗教势力恒先达之。"⑤ 当然，用宗教市场论来解释中国宗教的困难也是显而易见的。首先，宗教市场论是以西方组织化、制度化的基督宗教为蓝本而提出来的，而中国除了

① 李丁赞、吴介民：《现代性、宗教与巫术：一个地方公庙的治理技术》，《台湾社会研究》2005 第 59 期，第 143～184 页。
② 郑志明：《台湾新兴宗教现象：传统信仰篇》，台湾嘉义：南华管理学院宗教文化研究中心，1999，第 27～78 页。
③ 王禄旺：《佛光山宗教行销策略研究》，载郑志明主编《宗教与非营利事业》，台湾：宗教文化研究中心，2000，第 49～64 页。
④ 张广艳、吴艳：《希望中国学者研究出更适合中国的理论和范式——访宗教社会科学新范式的奠基人斯蒂芬斯·沃纳教授》，《中国民族报》（宗教周刊理论版）2006 年 7 月 25 日。
⑤ 陈援庵：《明季滇黔佛教学》，台湾：联合印制厂有限公司，1983，第 159 页。

组织化的五大宗教外，普通民众更多信仰非组织化、非制度性的弥散型宗教，在这种复杂的社会宗教形态下，宗教市场论是否具备足够的解释力？在中国的宗教背景下的宗教市场是否呈现宗教市场论所预测的样态？其次，宗教市场论的前提是美国式的宗教自由，即政府与教会比较彻底地分离，这与当代中国宗教的背景有所不同。并且，斯达克虽然提出并假设了宗教管制对宗教市场的影响，但缺少深入的理论论述和运用实践数据予以检验，[①] 世界各国都不同程度地存在对宗教市场的管制问题，在中国这样的宗教市场管制背景下，宗教市场论的解释力如何？宗教市场的表现又如何？上述问题都需要在田野调查的基础上得到进一步的探索，本书力图在这些方面有所贡献。

第三节 其他相关研究综述

本研究的田野调查点属于汉族聚居地区，人类学、社会学、社会史、民俗学等学科在汉族民间宗教研究方面的资料十分丰富，学者们研究的深刻结论为本书的研究提供了理论思索的起点。以下分两部分概述相关成果：一是国外汉族民间宗教研究的相关成果；二是国内汉族民间宗教研究的相关成果以及贵州宗教的研究成果。

一 国外汉族民间宗教的研究成果

汉族民间宗教的研究在国外得到了较早的重视，成果也比较丰富，大致可以分为欧美和日本两部分。

（一）欧美关于汉族民间宗教的研究

关于欧美人类学界对中国民间宗教的研究，主要涉及的是民间宗教是否是一种宗教、民间宗教与"大传统"的关系、民间宗教

---

① 杨凤岗：《中国宗教的三色市场》，《中国人民大学学报》2006 年第 6 期，第 42 页。

的社会和文化分析、民间宗教与区域历史中的社会问题、民间宗教与现代化等问题。其中，沃尔夫（Athur P. Wolf）、王斯福（Stephan Feuchtwang）等提出的民间宗教的"神、祖先和鬼"的内容及其象征意义，雷德菲尔德（Robert Redfield）的大、小传统之说，施坚雅的民间宗教和仪式与区域形成和发展的历史的关系等，都成了汉族民间宗教研究中的重要范式和理论起点。沃尔夫主编的 *Religion and Ritual in Chinese Society*（《中国社会中的宗教和仪式》）、王斯福的 *The Imperial Metaphor：Popular Religion in China*（《帝国的隐喻：中国民间宗教》）、马丁的 *Chinese Ritual and Politics*（《中国仪式与政治》）、桑格瑞（P. Steven Sangren）的 *History and Magical Power in a Chinese Community*（《一个汉人社区的历史与巫术力量》）等都是汉族民间宗教研究的重要著作。由于上述著作在有关研究文章中多有介绍，兹不赘述。

杜赞奇对中国华北农村的研究主题是国家政权的扩张对乡村社会权力结构的影响。他使用"权力的文化网络"概念来说明国家政权与乡村社会之间的互动关系。他的权力的文化网络中包括市场、宗族、宗教和水利控制类等组织以及庇护人与被庇护人、亲戚朋友之间的非正式相互关系网。宗教是国家向地方渗透的另一个重要渠道，国家代表全民举行最高层次的祭礼仪式，将自己的文化霸权加于通俗象征之上；而乡绅则通过祭祀活动表现其领导地位，乡村的祭礼将地方精英及国家政权联系到一个政治体系之中。杜赞奇的研究告诉我们，中国的村落并不是孤立的存在，国家通过行政和文化的渠道向乡村渗透，极大地改变了村落的宗族和宗教，对村落的社会结构产生了重大影响。因此，研究村落必须关注国家政权的影响，研究国家与地方相互关系的变化。①

迄今为止，"权力的文化网络"恐怕是研究中国乡村社会最具影响的学说之一。用这一学说来透视中国宗教研究，让我们看到，

---

① 〔美〕杜赞奇：《文化、权力与国家》，王福明译，江苏人民出版社，1994。

作为"权力的文化网络"中重要的一环,宗教背后的国家与社会、乡村各权力组织以及乡绅之间的复杂互动的关系。应该说,这一学说将中国宗教研究推向了一个新的高度,不再就宗教论宗教,而是看到了宗教背后复杂社会关系的运作。这一理论一经出现,再与中国传统的宗族范式与现代性的探讨相结合,即成为研究中国传统宗教最受欢迎的工具,也就是在具体的乡村宗族社会场域中,理解宗教背后的国家与社会各个阶层、群体的复杂互动及其潜藏的深刻的政治经济文化背景,探讨民间文化如何顽强或策略性地表达自己,进而反思现代性。杜赞奇的理论也成了研究民间宗教的重要理论范式,特别是近年来对中国民间宗教的理论研究影响大,形成了"国家—社会"这样一个常用的解释框架。

此外,孔飞力(Philip Kuhn)的《叫魂》一书,则通过 1768 年"叫魂"这一民间宗教行为在全国引起的大恐慌,分析了 18 世纪中国社会的专制权力、经济、文化、法律及官僚体制。[①] 杨庆堃(C. K. Yang)关于中国的制度型(institutional)和弥散型(diffused)宗教的论述和划分也十分具有理论意义。[②]

(二)日本学者对汉族民间宗教的研究

一些日本学者偏好对中国民间一些具体神灵进行深入研究,如金井德章、中村裕一、永尾龙造、酒井忠夫、小岛毅、松本浩一、须江隆等分别对东岳、城隍、文昌神等神灵的信仰问题进行了深入的研究。[③] 滨岛敦俊则从整个地域变迁的历史,考察了明清时期江南地区的金总管、刘猛将、城隍信仰等,认为这些信仰的变化反映了江南地区的商品化和社会经济形态的转变。另外有些日本学者结合田野调查研究中国民间宗教,如冈田谦在台湾的田野调

---

① 〔美〕孔飞力:《叫魂》,陈兼译,上海三联书店,1999。
② Yang, C. K. *Religion in Chinese Society: A Study of Contemporary Social Function of Religion and some of their Historical Factors*, University of California Press, Berkeley, Los Angeles, London, 1961.
③ 〔日〕福井康顺:《道教》,朱越利译,上海古籍出版社,1992。

查提出了"祭祀圈"的概念，后来成为台湾学者分析汉族民间宗教的重要理论依据。① 濑川昌久通过在香港新界的田野考察所获族谱，研究华南汉族的宗族、风水和移居信仰。② 田仲一成也通过在香港新界等地的田野工作，对中国的宗族、祭祀及其与地方戏剧发展的关系做了深入的剖析。③ 渡边欣雄的《汉族的民俗宗教——社会人类学的研究》一书，也是基于在我国的台湾、香港以及马来西亚等地的田野调查，对汉族的宗教和礼仪、神灵观、礼仪过程、风水等做了较为详细的考察。④ 与欧美学者相比，日本学者更加注重史料的挖掘。

二　国内汉族民间宗教的研究成果

（一）中国大陆的民间宗教研究

1949 年以前，老一辈的人类学家、民俗学家和历史学家对汉族的民间宗教有一些研究，如费孝通在《江村经济》中对"江村"的"灶王爷""刘皇"等神灵与老百姓生活的关系做过简单的描述。⑤ 许地山对扶箕迷信进行过研究。⑥ 此外，在一些风土民俗的研究中也涉及民间宗教，如胡朴安主编的《中华全国风俗志》、⑦张亮采主编的《中国风俗史》等书籍就是如此。⑧ 新中国成立以后，随着人类学、社会学研究被禁止以及"破除封建迷信"运动的开展，民间宗教的研究基本绝迹。这一状况一直延续到改革开

---

① 庄英章：《林圯埔》，上海人民出版社，2000。
② 〔日〕濑川昌久：《祖谱：华南汉族的宗族、风水、移居》，钱杭译，上海书店出版社，1999。
③ 〔日〕田仲一成：《中国的宗族与戏剧》，钱杭、任余白译，上海古籍出版社，1990。
④ 〔日〕渡边欣雄：《汉族的民俗宗教——社会人类学的研究》，周星译，天津人民出版社，1998。
⑤ 费孝通：《江村经济——中国农民的生活》，商务印书馆，2003。
⑥ 许地山：《扶箕迷信底研究》，商务印书馆，1931。
⑦ 胡朴安：《中华全国风俗志》，河北人民出版社，1988。
⑧ 张亮采：《中国风俗史》，东方出版社，1996。

放后。

1. 人类学的研究

人类学一贯重视"小传统"研究，而信仰、仪式、象征一直是人类学研究的中心项目之一，加上其实证研究的风格，因此，人类学者对汉族民间宗教的解读一向很有特色。前已述及，人类学研究最常用的是弗里德曼的"宗族论"、施坚雅的"区域经济理论"、林美容等人的"祭祀圈和信仰圈"理论、杜赞奇的"权力的文化网络"等一系列的解释框架。近年来，"宗族""国家与社会""传统与现代"是我们最常见的解释民间宗教问题的三只"眼"。虽然这些解释框架包容性过大，结论有同一的倾向，但近年来正是人类学的研究把民间宗教的研究引向深入，对其他学科的研究影响也十分巨大。这些研究可以简单分为以下几类。

第一，在现代社会政治、经济、文化背景下，以民间宗教为视野考察国家与社会如何复杂互动。郭于华主编的《仪式与社会变迁》一书所收录的论文大多在国家—社会的论述框架下对复兴中的民间宗教进行了探讨。[1] 如刘晓春通过对江西宁都客家村落两个信仰—仪式中心兴衰变迁的演变，考察了家族、社区、国家在现代政治、经济、文化背景下的复杂互动、再造传统的过程。[2] 周大鸣对潮州凤凰村的跟踪研究探讨现代化背景下华侨资本、宗族组织、村落领袖、教育、民众需求以及商业活动和大众传媒对民间信仰和仪式的影响。[3] 刘铁梁对河北范庄"龙牌会"的研究表明庙会成为国家对地方渗透深入的情况下地方集体争取各种资源、利益配置的重要手段。[4] 高丙中也通过对范庄的龙牌会、北京花会等仪式活动

---

[1] 郭于华主编《仪式与社会变迁》，社会科学文献出版社，2000。

[2] 刘小春：《仪式与象征的秩序——一个客家村落的历史、权力与记忆》，商务印书馆，2003。

[3] 周大鸣：《传统的断裂与复兴——凤凰村信仰与仪式的个案研究》，载郭于华主编《仪式与社会变迁》，社会科学文献出版社，2000，第219~253页。

[4] 刘铁梁：《村落庙会的传统及其调整》，载郭于华主编《仪式与社会变迁》，社会科学文献出版社，2000，第254~309页。

的分析，提出了"国家在社会中"这样一个命题。① 王铭铭在闽台三村（福建的美法村、塘东村和台湾的石碇村）的田野调查后写出的系列著作很多都从国家与社会、传统与现代的角度对民间传统信仰的复兴问题进行了解读。如通过对美法村"法主公"信仰及祠堂的复建的研究，强调在国家宏大的转型冲击下村落是如何对其传统"遗产"延续和重构的。②

第二，民间宗教与社区、族群关系。有学者以"祭祀圈"的理论，探讨农民如何在传统与现实之间选择真正属于他们生活的一种秩序，③ 或者探讨宗教活动如何变为地方精英的一种工具，普通村民则是自由选择如何参加宗教活动，宗教活动的地域诠释与地方政治相配合，共同构成一幅美丽的宗教政治图案。④

此外，其他一些问题也受到学者们的重视，如民间信仰与民间精英的关系。王铭铭则通过对台湾石碇村民间权威生活史的考察，探讨了民间宗教兴衰的原因。⑤

2. 社会史研究中对民间宗教的研究

近年来，社会史学界的研究颇受人类学研究方法的影响，注重从小地方透视大社会，以民间宗教作为最为主要的路径之一，"进村找庙"，⑥ 通过研究地方宗教事务的运作，来理解国家与社会之间的关系。这方面的研究成果也非常值得借鉴。如赵世瑜对明清时

---

① 高丙中：《民间的仪式与国家的在场》，载郭于华主编《仪式与社会变迁》，社会科学文献出版社，2000，第 31~337 页。
② 王铭铭：《现代场景中的灵验"遗产"——围绕一个村神及其仪式的考察》，载王铭铭《溪村家族》，贵州人民出版社，2004，第 176 页。
③ 钱杭：《祭祀圈与民间社会——以平阳县腾蛟镇薛氏忠训庙（大夫殿）为例》，载郑振满、陈春声主编《民间信仰与社会空间》，福建人民出版社，2003，第 399~414 页。
④ 廖迪生：《群体与对立之象征——香港新界地方天后崇拜活动》，载郑振满、陈春声主编《民间信仰与社会空间》，福建人民出版社，2003，第382~398 页。
⑤ 王铭铭：《村落视野中的文化与权力——闽台三村五论》，三联书店，1997。
⑥ 杨念群：《"地方性知识"、"地方感"与"跨区域研究"的前景》，《天津社会科学》2004 年第 6 期。

期的庙会与寺庙进行了研究，成果很多，后结集成《狂欢与日常——明清以来的庙会与民间社会》一书，该书探讨了庙会的功能、民间信仰如何与官方信仰发生互动互惠①、传统庙会中的狂欢精神等问题。② 陈春声、黄挺等通过对潮州地区的三山国王和双忠公信仰的历史考察，指出了神明信仰与王朝的教化和地域社会的复杂互动关系。③ 王健对明清时期国家对苏州的民间信仰禁毁和利用的考察表明，"在利益的驱动下，国家与社会既有良性的互动，也有暴力和非暴力的对抗，同时在这种互动和对抗的矛盾进程中向前发展"。④ 此外，吴滔也通过清朝时期苏州的城隍庙和"解钱粮"的关系，透视了城乡关系，认为民间信仰中的上下级关系在一定程度上与城乡关系中呈现的等级关系相同。⑤ 陈春声在《乡村社会与地区历史的建构》中探讨了庙宇活动方式与宗族整合的历史进程。⑥

（二）台湾的汉族民间宗教研究

多年来，由于台湾汉族民间宗教的研究一直没有中断过，因此其成果比较丰富，出现了李亦园、林美容等一大批著名的学者。郑志明教授做了50年来台湾民间宗教研究成果的综述，有

① 赵世瑜：《国家正祀与民间信仰的互动——以明清京师的"顶"与东岳庙为个案》，《北京师范大学学报》1998年第6期。
② 赵世瑜：《狂欢与日常——明清以来的庙会与民间社会》，生活·读书·新知三联书店，2002。
③ 陈春声：《正统性、地方性与文化的创制——潮州民间信仰的象征与历史意义》，《史学月刊》2000年第1期；陈春声：《宋明时期潮州地区的双忠公信仰》，载郑振满、陈春声《民间信仰与社会空间》，福建人民出版社，2003，第42~73页；黄挺：《民间宗教信仰中的国家意识与乡土观念——以潮汕双忠公崇拜为例》，载郑振满、陈春声《民间信仰与社会空间》，福建人民出版社，2003，第73~107页。
④ 王健：《民间信仰视野下的国家和社会——以明清时期的苏州地区为例》，苏州大学2002年硕士论文。
⑤ 吴滔：《清代苏州地区的村庙与镇庙：从民间信仰透视城乡关系》，《中国农史》2004年第2期。
⑥ 陈春声、陈树良：《乡村社会与地区历史的建构》，《历史研究》2003年第5期。

很详细的介绍，① 这里就不再赘述。其中由日本学者冈田谦提出，林美容、施振民、许家明等学者发展的"祭祀圈""信仰圈"的理论，对大陆学者影响甚大，很多学者都运用过此理论来研究大陆的民间宗教。当然，最近也有学者对此理论提出了新的检讨。②

（三）对贵州宗教的研究

贵州由于是主要的少数民族聚居区，因此贵州少数民族的宗教受到比较多的关注，苗族、布依族、侗族、水族等少数民族的民间宗教研究成果比较多。云、贵、川交界的毕节一带是基督教较早传入的地区，有张坦的《窄门前的石门坎》等研究著作。③ 近年来贵州民间宗教引起学术界关注的还有傩文化，这是土家族、苗族、仡佬族、汉族共同创造的文化和宗教信仰。④ 另外，随着安顺天龙屯堡人逐渐为世人了解，对其宗教信仰的研究也逐渐多了起来，如从"汪公"的民间信仰看屯堡人的来源。⑤ 值得注意的是，由于贵州是少数民族与汉族杂居的地区，少数民族与汉族相互影响甚大，难说某些民间宗教现象单独属于哪一个民族的信仰。对汉族民间宗教的研究需考虑这一现象。对贵州汉族地区的民间宗教的人类学实证研究则比较少见，有学者在对青岩镇的多元宗教并存的现象进行研究时，以"宗教生态"来概括这种多元宗教并生、失衡的现象。⑥

---

① 郑志明：《近五十年来台湾地区民间宗教之研究与前瞻》，《台湾文献》第 52 卷第 2 期，2001。

② 孙振玉：《台湾民族学的祭祀圈与信仰圈研究》，《中南民族大学学报》（人文社科版）2002 年第 5 期。

③ 张坦：《窄门前的石门坎》，云南教育出版社，1992。

④ 张建建：《冲傩还愿——贵州傩仪的结构、类型、意义》，贵州人民出版社，1997。

⑤ 蒋立松：《从"汪公"等民间信仰看屯堡人的主体来源》，《贵州民族研究》2004 年第 1 期。

⑥ 陈晓毅：《交响与变奏：青岩宗教生态平衡的人类学研究》，中山大学 2004 年博士论文。

第四节　田野选点与研究方法

一　田野选点

本书以贵州省瓮安县草塘镇作为田野调查点。草塘镇位于贵州省中部，黔南布依族苗族自治州北部，距瓮安县城约 16 公里，距贵州省会贵阳市约 195 公里。

草塘虽然号称"黔北四大名镇"之一，但是，作为学术研究，草塘却从来没有进入过学者的视野。今天，草塘被列为"全国部级小城镇建设试点镇和省级小城镇综合改革试点镇"，但洗尽铅华的草塘，只不过是中国成千上万的小城镇中普通得不能再普通的一个，正是因为普通，它可能对本研究课题来说更具有代表性。当然，不能因为这个理由就认为笔者对草塘的选择是非常随意的。事实上，草塘宗教的历史和现实，可以很好地承载本书的研究任务。

一，草塘宗教在历史上比较繁荣。解放前，草塘集镇和临近的下司村有近 20 个宗教活动场所，各种宗教组织的活动比较频繁。这有利于将解放前的宗教市场历史与现实进行比较。

二，在改革开放后，宗教在草塘显示了非常强的复兴势头，并表现出多样性和复杂性。（1）各种民间信仰仪式、民间宗教组织如朝山会等得到了恢复；（2）在草塘兴建了两座远近闻名的庙宇，一是位于草塘集镇北部下司村的后岩观，二是位于草塘南新河村的白虎山观音寺。这两处庙观兴起的形式大为不同，是进行比较研究的好素材。（3）外来宗教，如天主教和基督教在当地传播广泛，这样可以将中国传统宗教与外来宗教进行比较研究。

三，草塘的部分宗教活动在改革开放之后经历了强劲复兴，近年来又走向了衰亡。最典型的就是该地曾经远近闻名的龙灯会、朝山会等，在 20 世纪 80 年代曾经盛极一时，但近年来衰落了，其衰落的原因值得深思。

四，目前，对西南地区包括贵州等地宗教的田野研究比较欠缺，而这一地区在社会组织形式上与东南地区有着明显差异，比如宗族势力影响不大。因此，在西部大开发的背景下，对草塘的宗教现象进行研究，具有实际意义。

因此，本书认为，各种宗教在草塘宗教市场上盛衰变迁的历程及其所体现出的多样化和复杂性，使草塘成为研究宗教的一个理想地点。

二 研究方法

（一）文献资料的收集

1. 收集学界与本研究相关的论文和专著；

2. 收集草塘镇、瓮安县、黔南州、贵州省民族宗教、档案、文化、政协、史志等部门收藏的有关本课题的档案和资料；

3. 收集已出版发行的有关草塘和瓮安的资料；

4. 收集草塘与本课题相关的地方文字资料，如碑文、铭文、家谱等。

（二）田野调查

田野调查时，主要注意了以下几方面的问题：（1）与当地民众建立并维系好关系，深入了解草塘的各种宗教和风俗习惯、各种宗教场所的整体分布情况，了解当地政治、经济、文化、社会关系的整体情况；（2）与当地宗教组织和场所的组织者、参与者建立并维系好关系，深入了解当地宗教组织和团体的运作情况；（3）参与、观察并记录各种日常宗教活动、重要仪式、节日活动和民间的丧葬礼仪；（4）对重点人物的生活史、家庭、经济、文化进行深入调查。

2004 年 8 月本书作者首次进入草塘，经过前后 20 多天对草塘社会、宗教状况的大体了解，确定了以草塘作为本研究的田野调查点。其后，本书作者分别于 2005 年 8 月、2006 年 1 月至 2 月中旬两次在草塘进行了近 2 个月的田野调查，与有关单位和人员建立了初步的联系，在县史志办公室、档案馆等地收集了一些初步的文献材料，对草塘的宗教信仰状况有了进一步的认识。

2006 年 2 月 20 日前后，笔者开始在草塘开展细致的田野调查工作，前期是对草塘宗教市场上的众多重要人物进行多次的深度访谈，通过在街头随意找人聊天了解大家对草塘的寺庙、街头神异人士、天主教等的看法，并住进寺庙与寺庙管理人员、守庙人、住庙和尚建立起关系，观察寺庙的日常活动。这一时期草塘的宗教活动较多，笔者参与了三月三的土地会、嬢嬢会等宗教活动，还参加了一场传统葬礼和一名天主教徒的葬礼。

经过近 3 个月的田野工作后，笔者了解到 5~6 月草塘的宗教活动较少，也感到需要对前期收集到的田野资料进行整理以发现问题。于是，2006 年 5 月 10 日，笔者暂时离开了田野点，对收集到的田野资料进行了分类整理。

2006 年 6 月 15 日，带着问题和准备好的问卷，笔者再次回到草塘进行调查。这一次赶上农历六月、七月的香会，观察了很多宗教活动。2006 年 8 月 20 日前后，笔者认为资料比较齐全了，结束了田野工作。2007 年春节期间，笔者再次就论文写作中遗留的一些小问题和疑问回到草塘进行了补充调查。

（三）问卷调查

根据文献收集和前期观察了解的情况，制作了针对性的半开放式问卷，作为田野调查的辅助手段。

在田野调查的前半段，并没有使用问卷调查的方式，这一方面是因为与调查对象不熟悉，担心引起他们的疑虑和反感，为田野调查带来阻力；另一方面是因为对调查点的主要情况还不了解，贸然以问卷方式进行调查，难免会挂一漏万，以自身的想象限制了对田野点真实全貌的了解。因此，在经过 4 次近 5 个月的田野调查、与调查对象建立了非常密切的关系后，笔者在第 5 次进入田野点时才发放了问卷。

事先设计的半开放式问卷包括四个：传统宗教信仰调查问卷，天主教调查问卷，基督教调查问卷，宗教管理人员调查问卷。在实际发放问卷时，发现关于基督教的调查样本不多，不足以进行问卷调查，而宗教管理人员均以各种理由拒绝了填写问卷。因此，最后做成的主要是关于传统宗教信仰和天主教的调查问卷。

设计问卷时，原打算以年龄作为标准来抽取调查样本，获得各个年龄段的人对宗教问题的看法。但在实际问卷调查时，很多人还是对笔者的真实目的产生了疑虑①，再加上很多人不识字，问卷填写的难度非常大，笔者于是放弃了定点抽取样本的做法，而是将问卷放在一些对笔者很信任的家庭，请他们帮助填写和发放，告诉他们发放对象最好能遍及各类家庭和各个年龄段的成员。最后，关于天主教的问卷发放了60份，回收了46份；关于传统宗教的问卷发放了120份，回收了98份。尽管数量不算大，但是这些问卷对于了解草塘的宗教问题还是具有很大的参考价值的。

（四）分析和写作方法

本书的分析和写作方法主要包括两个方面。

1. 历史复原法。根据历史文献资料、地方志文献、残存文物、报道人回忆等材料尽量复原草塘宗教的历史，重构草塘在解放前的宗教市场状况。

---

① 天主教徒的疑虑主要来自对政府宗教管理部门的不完全信任，他们担心笔者是政府派出的"探子"，后来经过很长时间相处部分教徒才逐步打消了疑虑。普通人对笔者调查产生疑虑的原因，笔者后来从草塘人民法庭才了解到。草塘有很多人和家庭在贩卖假钞，特别是从草塘到松坪这一条线上更是如此。据说，草塘的很多人包括一些不识字的妇女，都是走南闯北，一些人到过全国大大小小很多城市，通过使用大额假钞找零换取真钞，还有很多人为此坐过牢，因此，他们的警惕性非常高。有人甚至夸张地说："如果冬天你到草塘—松坪这条线上的人家去，几乎可以看到家家户户在做同一件事情——在炉子上炕'钱'（假钞），他们烘钱以防止发霉。"还说，如果更严厉打击贩卖假钞的话，这一带的很多儿童会失学。不过，笔者在草塘期间并没有发现如此情形。很多草塘人用他们的热情和善良支持了笔者的田野工作。

2. 比较法。包括两方面的比较：草塘不同时期的宗教市场状况；目前草塘各宗教供给者的宗教经营状况。

由于小时候的居住地离草塘并不遥远，笔者自认为对田野点的社会、宗教、文化现象有所了解，但在田野调查中，当笔者真正以一个研究者的目光去探寻、看待这种自小熟悉的文化的时候，确实发现了很多以前并不理解、理解不深甚至完全不知的现象。其间在对自小熟悉的文化不断发现和再发现的过程中，感受了不少震撼和欣喜。有时，走了很长的山路，从一个报道人那里获得了新信息；在贵州乡村干净明朗的天空下，坝子里大片大片金黄色的油菜花竞相怒放，不由心情舒畅，体会出人类学的美来。

三　本书结构和框架

本书共包含七章内容，主体部分以各宗教经营者为骨架，以宗教经营的具体策略、技术为血肉，铺陈草塘的宗教市场。

在第一章《导论》之后，第二章对田野调查点——草塘的背景进行交代，并介绍草塘在不同的权力影响下作为区域市场中心、仪式空间中心的地位和基本情况。

第三章是历史的回溯，展示解放前各个时期草塘宗教市场上的各种宗教供给者——庙观、庙会、民间宗教组织、会社、道门、朝山会、龙灯会等，探讨历史上草塘的宗教市场格局及其所承载的社会文化信息。

第四章到第六章是对草塘目前宗教市场的描述，也是本书的核心和重点。第四章是对各种弥散型传统宗教在改革开放后的复兴图景的展示，分析了集体性宗教产品供应衰微和个体性宗教产品供应兴盛的原因。

第五章是对草塘宗教市场上的主要宗教供给者——寺庙的描述，本章重点以草塘最大的两个寺庙——白虎山观音寺和后岩观为例，探讨寺庙在宗教市场上如何利用各种资源进行宗教经营和竞争，并在此过程中朝宗教公司化方向发展。

第六章是对草塘的组织化宗教——天主教的描述，探讨该外来组织化宗教如何在草塘宗教市场开拓、发展，分析其经营策略及得失。

在结论一章，笔者立足人类学视野和中国宗教语境，就宗教市场理论的有关问题展开对话与探讨。

第二章

田野空间：草塘

　　空间在社会学家及人类学家的眼里，绝不是一个简单的地理概念和人群集合。对此，福柯（Michel Foucault）、吉登斯（Anthony Giddens）、涂尔干（Emile Durkheim）、列维－斯特劳斯（Levi-Strauss）等人均有过研究,[①] 后期人类学家则比较注重"空间的形成机制"，在这一问题上，学界大致形成了政治、实践、象征、市场等主张。[②] 其中，一些理论模型是以中国的田野经验而提出来的，如施坚雅的市场体系理论、弗里德曼的宗族理论、杜赞奇的权力的文化网络理论等。

　　本书的田野点——"草塘"，在行政上隶属于贵州省黔南布依族苗族自治州瓮安县（见图2-1）。无论从地理意义、经济意义还是从心理认同上，草塘无疑也是各种力量"形塑"的结果。在政治、市

[①] 参见 Foucault, Michel. *Discipline and Publish*: *The Birth of the Prison*; Giddens, Anthony. *The Constitution of Society*; Dutton, Michael R. *Policing and Publishing in China*: *From Patriarchy to "the People"*, Cambridge: Cambridge University Press, 1992; 吉登斯：《社会的构成》，李康译，生活·读书·新知三联书店，1998；涂尔干、莫斯：《原始分类》，汲喆译，上海人民出版社，2000，第94页；埃文思－普里查德：《努尔人》，赵旭东等译，华夏出版社，2002，第118页；Leach, Edmund. *Political Systems of Highland Burmam*, London: The Athlone Press, 1970, p. 15；列维－斯特劳斯：《结构人类学》（第一卷），谢维扬等译，上海译文出版社，1995，第316页。

[②] 梁永佳：《地域的等级——一个大理村镇的仪式与文化》，社会科学文献出版社，2005，第22~23页。

场、象征等诸方面机制的形塑下，"草塘"的各空间并非是完全重合的。笔者认为，在理解草塘时，我们正可以从上述政治、市场、象征、权力的文化网络等诸方面的机制来认识"草塘"。之所以要这样理解"草塘"，是因为在笔者看来，"宗教市场"虽然是理解草塘宗教的一个视角，但它与政治、市场、象征、权力的文化网络也是相关的，草塘的宗教供给者在经营草塘的宗教市场时，政治、市场、象征、权力的文化网络也是不可回避的。

图 2-1　贵州省行政区地图

地图来源：http://www.njchina.com，图中阴影标示处为瓮安县。

第一节　瓮安县的基本情况

一　历史沿革

据民国《瓮安县志》记载，瓮安开发较早，北宋时隶南平军

图 2 - 2　瓮安县地图

地图来源：瓮安县政府网站。

属遵义府，南宋绍兴中改属黄平府，设草塘安抚司和瓮水蛮夷长官司。元时有瓮城、草塘等名存在，[①] 明万历二十九年（1601 年）改土归流，置瓮安县，属平越军民府。清时属平越直隶州。清代傅

---

① 《桑梓述闻·方兴志·疆域一》记载："元，播州地。按《通志》有瓮城、草塘等名，未详何职。"

玉书著《桑梓述闻》和民国《瓮安县志》记载的瓮安县沿革如表 2-1 所示。

表 2-1　瓮安县沿革

瓮安县沿革			
朝代	总部	隶属	县
唐虞	梁州南部		
唐虞	同		
	沦于夷		
周	夜郎	且兰	
秦	南越	象郡	
汉	夜郎	牂牁	
	益州	同	
晋	宁州	同	
东晋	安州	同	
隋	牂州		
唐	同		巴陵江镇
	柯州		同
	江南道	郎川播州	瓮水长官司
	黔中道	播州	草塘长官司、瓮水长官司
后唐		同	同
后蜀		同	同
后晋		同	同
宋	南平军	同	同
	同	遵义军	同
	同	黄平府	同
元	同	同	同
	安西行省	同	同
	湖广行省	播州宣慰司	同
明	四川布政司	平越府	草塘长官司、瓮水长官司
	贵州布政司	平越府	瓮安县
清	同	同	同
	同	平越直隶州	同
民国	贵州巡按使	瓮安县	

新中国成立后，瓮安县 1950 年归贵阳专区管辖，1952 年属贵定专区，1956 年归安顺专区，1958 年 12 月划归黔南布依族苗族自治州管辖至今。

二 地理、交通与气候

瓮安县地处黔中腹地、黔南布依族苗族自治州北部，东接黄平县、西邻开阳县、南界福泉市、北交湄潭县、东北与余庆县接壤、西北与遵义县毗邻。全县总面积 1966 平方公里，南北最长 65 公里，东西最宽 57 公里，森林覆盖率为 48%。辖 9 镇 14 乡，247 个行政村，6 个居民社区，2 个居委会。瓮安县地处贵州高原第二级地带，乌江横贯北部，属于黔中北部溶丘洼地高原区。地势东南高，西北低，中部平缓。最高点花竹山海拔 1550 米，最低处乌江沿江渡 479 米，相对高差 1071 米。全境 80% 的地区海拔在 1200 米以下。境内分山地、盆地、丘陵三大类，分别占总面积的 54.4%、44.1%、1.5%。

瓮安县城西距省城贵阳 166 公里，南距州府都匀 116 公里，北距革命历史文化名城遵义 173 公里，距湘黔铁路马长坪站、320 国道 60 公里。另有省道马（长坪）—遵（义）、久（长）—铜（仁）公路在县城交会。相对而言，瓮安并不位于重要的交通节点上，不过，近年来通过道路改造，主要公路都实现了水泥硬化，到贵阳、都匀、遵义等省内重要城市均可实现 3 小时之内到达。

瓮安属于北亚热带季风湿润气候，山地立体气候明显，垂直差异大于水平差异。境内平均气温 13.6 摄氏度，无霜期 260～270 天，最冷月平均气温 2.9 摄氏度，年平均降雨量 1148.2 毫米左右。

三 人口

2005 年，瓮安县总人口 46.85 万人，为多民族杂居地区；其中汉族为主体，占总人口的 95.4%，有苗族、回族、蒙古族、高山族、哈尼族、土家族、仡佬族、瑶族、白族等少数民族（含待识别的革家人）23 个，占全县总人口的 4.6%。在总人口中，非农业人口 4.67 万人，占 9.96%，农业人口 42.18 万人，占 90.04%。①

四 社会、经济、文化

2005 年，瓮安县全县完成国内生产总值 16.6 亿元，其中第一产业 5.6 亿元、第二产业 5.65 亿元、第三产业 5.35 亿元。全县城镇居民平均可支配收入 6801 元，农民人均纯收入 2006.86 元。财政总收入累计完成 16338 万元（不含基金）。

瓮安是一个资源富集县，县内矿产资源丰富，现已查明的有煤、铁、锌、铝、硅等 20 余种，尤以煤、磷最为丰富，全县地质煤炭储量 10.64 亿吨；磷矿储量 6.5 亿吨，占亚洲最大的瓮福矿肥基地总储量的 70%；铁矿储量 1600 万吨。县内共有河流 39 条，总长 1815 公里，年均总流量 9.54 亿立方米，水能资源储藏量 44 万千瓦。县内主要工业有电力、煤炭、化工、建材、采矿等，2005 年工业总产值 115200 万元。

瓮安县是一个典型的西部山区农业县，主要农作物有水稻、玉米、烤烟和油菜等。2005 年农业总产值 87140 万元，粮食总产量 182989 万斤，畜牧业总产值 37489 万元，烟叶收购 14.57 万担。全县城镇化率 23%，社会消费品零售总额 47400 万元。

瓮安县的教育事业较为发达，"两基"教育得到巩固，23 个乡镇"普九"验收均合格，"普九"人口覆盖率达到 98%。瓮安县的高考录取人数和比例多年来居黔南州首位，以 2005 年为例，高考录取专科以上 2105 人，其中重点及提前录取院校 181 人，一般本科 740 人，专科 1184 人。

随着经济的发展，医疗、卫生、文化事业也得到了全面发展。目前全县每万人拥有医生 17 人。食品生产经营单位监督覆盖率达

---

① 以上数据来源于瓮安县政府办公室提供的《2005 年瓮安县县情简介》。

90%，全县农村卫生厕所普及率 56.9%，饮用清洁卫生水普及率达到 81%，全县广播、电视覆盖率分别达到 92% 和 95%，基本实现行政村"村村通广播电视"。①

第二节 草塘：不同权力形塑下的田野空间

一 国家政权形塑下的草塘

（一） 行政区划的频繁变动

在中国，国家政权的力量对一个地方空间的形塑，具体体现为行政区划的变动（特别是在 1949 年以后这种行政区划变动的剧烈和频繁程度更甚）。这种地理空间所带来的变动，同时会引起社会心理、市场和其他一些社会文化的变动。国家政权的力量对社会空间的塑造作用从来是巨大而明显的。

草塘之名从何而来？据《桑梓述闻》载，元时即有草塘之名，《桑梓述闻》卷一载："草塘，在城北三十余里，旧司（草塘土司署）北。塘长数里，弥望平芜。每春涨时，乌江之鱼逆流穿洞而上，随水溢入塘中以千数。"民国 4 年《瓮安县志》载："今塘尽为田，仅存二亩，不复有鱼矣。"明代旧州、草塘等处长官司、元代草塘安抚司均以此塘命名，草塘之名亦来源于此。

草塘场，元初至元二十一年（1284 年）为旧州、草塘等处长官司地。明洪武十七年（1384 年）为草塘安抚司。万历二十九年（1601 年）为瓮安县地。清代设草塘里猴场衙里。民国初年设草塘里下司团猴场寨。民国 25 年，废镇设联保，为第五区草塘联保。民国 28 年改为第三区草塘联保。民国 31 年改为建安区草塘镇，次年撤区。1949 年 12 月解放，暂时沿用镇及保甲。1950 年 1 月，设区，隶属第二区。是年秋，镇下撤保甲，设行政村级和平、胜利、

---

① 以上数据来源于瓮安县政府办公室提供的《2005 年瓮安县县情简介》。

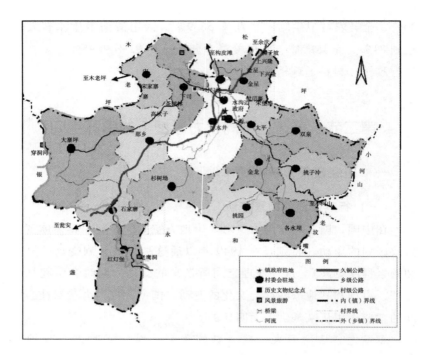

图 2 - 3　草塘行政区地图

地图来源：草塘宋锡华提供母图，经笔者加工。

民主、建设、前进 5 街。1951 年秋，撤镇，合 5 街为和平、民主 2
街。1952 年 6 月，撤街，复设草塘镇。1955 年，各区取消数字排
列地名，第二区改称草塘区。1956 年 3 月，撤销天文区，其所辖
天文、玉屏、云南寨、平坝、木老坪划归草塘区。1959 年，以乡
（镇）为基础，改建生产管理区，草塘公社辖草塘、下司、盖头山
（太平乡）、新华、松坪、清池、小河山、天文、平坝、木老坪 10
个管理区。1961 年 8 月，县内建 7 区 31 个乡级公社，草塘区辖草
塘、太平、新华、松坪、小河山、天文、平坝、木老坪 8 个公社；
同年 11 月 30 日，草塘区被分为草塘、天文两区，草塘区辖草塘、
太平、新华、松坪、小河山 5 个公社。1963 年调整公社，草塘区
辖草塘、金星、下司、太平、新华、松坪、小河山、清池 8 个公

社，该区划在其后虽稍有调整，但相对稳定，直到 1996 年，全县撤区并乡，原属草塘区的松坪、小河山都成了独立的乡，设立草塘镇，直至今日。

（二）今日草塘镇的基本状况

1. 地理、人口、耕地、交通

今日的草塘镇位于瓮安县东部，集镇距离瓮安县城 16 公里，地处东经 107°30′～107°38′、北纬 27°5′～27°13′，东抵木老坪乡、小河山乡，南邻县城雍阳镇与永和镇，西至银盏乡，北接松坪乡、余庆县，辖区总面积 105 平方公里，有耕地 28950 亩，辖 18 个行政村、1 个社区居委会。截至 2005 年，全镇总人口 36602 人，其中城镇人口 10800 人。

以下是草塘镇政府统计工作人员邬培杰向笔者提供的 2005 年 5 月统计的各村（社区）人口数、户数和耕地面积（见表 2-2）。

表 2-2　草塘镇人口数、户数和耕地面积

村　　名	人口数/户数	耕地面积
上　　街	1097 人/312 户	716.11 亩
对 门 场	889 人/232 户	634.04 亩
水 沟 边	1288 人/296 户	821.84 亩
金　　星	3083（2995）人/774 户	2249.52 亩
凉 水 井	1227 人/320 户	1000 亩
桃 子 冲	1697 人/443 户	1230 亩
下　　司	2937 人/811 户	2264 亩
金　　龙	1521 人/412 户	1417.9 亩
那　　乡	1750 人/432 户	1638.37 亩
双　　泉	1680 人/481 户	2065.82 亩
宋 家 寨	2057 人/512 户	1682.6 亩
红 灯 堡	2434 人/628 户	2453.53 亩
杉 树 坳	1274 人/326 户	1024.29 亩
石 家 寨	1919 人/447 户	1141.42 亩
桃　　园	1503 人/328 户	1833.05 亩
各 水 坝	1042 人/376 户	1875.01 亩

村　　名	人口数/户数	耕地面积
太　　平	1288 人/339 户	1230.33 亩
大　寨　坪	2748 人/675 户	2649.18 亩
社　　区	5118 人/1560 户	
共　　计	36645 人（其中：农村人口 25845 人，城镇人口 10800 人）	28950.9 亩

　　草塘的交通在县内尚算发达，有省道久（长）—铜（仁）公路和草塘—洞水的县道在镇上交会。通往瓮安县城及遵义市余庆县的公路均已铺成柏油路面，行车较为方便快捷，到县城仅需 20 多分钟。

　　2. 科技、文化、教育、卫生、通信等

　　草塘在县内开发较早，历来也是县内文化发达的地区之一。草塘又被称为"龙狮艺术之乡"，过年过节时玩龙灯和狮子远近闻名。草塘也涌现了一批文化名人，出生于草塘下司的傅玉书（1746～1812 年）是其中最杰出的代表。傅玉书是乾隆乙酉（1766年）年进士，能诗能书，著有私家编修的县志《桑梓述闻》《鸳鸯镜传奇》《黔风旧闻录》等，为后世了解瓮安、弘扬贵州文化做出了很大贡献。

　　草塘历史上另外值得浓墨重彩书写的，是红军长征期间在草塘召开的"猴场会议"。1934 年底，红一方面军经过草塘（当时称"猴场"），于 1935 年 1 月 1 日凌晨在草塘下司宋家湾召开了猴场会议，当时参加会议的有毛泽东、朱德、周恩来、王稼祥、张闻天、李富春、李德、博古等，会议经过激烈争论，否定了李德等东进与红二、六方面军会合的主张，做出了《关于渡江后新的行动方针的决定》，随后红军强渡乌江天险，为遵义会议的成功召开奠定了基础。现在宋家湾会议的会址经过了翻修。

　　笔者以草塘镇政府统计工作人员邬培杰提供的 2005 年的一些社会、经济方面的数据，来说明草塘的科技、文化、教育、卫生、通信的发展情况（见表 2 - 3）。

表 2 - 3　草塘的科技、文化、教育、卫生、通信的发展情况

项目指标	单位	数量
农业科技与服务单位个数	个	1
农业技术人员数	人	14
学校总数	个	12
在校学生总数	人	5028
教师总数	人	230
幼儿园、托儿所数量	个	2
图书馆、文化站数量	个	1
体育场馆	个	0
医院、卫生院数量	个	1
医生数	人	37
病床数	床	26
居民储蓄存款余额	万元	320
固定电话装机数量	部	2000
移动电话装机数量	部	8750
自来水普及率	%	65(镇区)
生活用燃气普及率	%	4.7
有线电视入户率	%	15.8
敬老院、福利院数量	个	1
收养老人数	人	7
基本医疗保险参保人数	人	5468
基本养老保险参保人数	人	268
享受居民最低生活保障人数	人	670
镇区占地面积	公顷	222
镇区公园个数	个	0
镇区公共绿地面积	公顷	5.03
镇区人均住房面积	平方米	21.5
镇区互联网入户率	%	2.4

3. 草塘的经济①

草塘镇的经济实力在全县位居前列。2005 年，草塘实现国内

① 关于草塘镇经济发展的数据来源于草塘镇 2006 年 3 月的《政府工作报告》。关于瓮安及草塘的资料，还综合参考了以下书籍：民国《瓮安县志》；1995 年《瓮安县志》；（清）傅玉书编《桑梓述闻》；瓮安县政协文史资料研究委员会编《瓮安文史资料》（第三辑）；瓮安县教育局编《可爱的瓮安》，四川大学出版社，1993；贵州省政协文史资料委员会、《贵州旅游文史系列丛书》编委会编《河谷奇观》，贵州人民出版社，2002。草塘镇政府和松坪镇政府提供了部分文字和口述资料。

生产总值 15140 万元，完成工业总产值 10100 万元，农业总产值 8695 万元，粮食总产量 16936 吨。完成财政收入 358.99 万元。农民人均纯收入 2258 元，城镇居民可支配收入 4800 元（2004 年数据）。

草塘镇是全国重点小城镇建设试点镇、省综合改革试点镇和全省 32 个重点建设集镇之一。近年来，随着经济的发展，城镇基础设施逐步完善，出现了一批具有城市化特征的项目，如引进房地产开发商建成了集住宅、商贸、休闲于一体的多功能小区，完成河道治理，修建排污沟，进行河道绿化等。

草塘也是一个农业大镇，在国家"建设社会主义新农村"政策的指引下，草塘农村也开始了从传统农业向特色农业和多样化经营的转变，发展了以蔬菜为主的"菜、菌、药"特色种植业。2005 年种植蔬菜 4700 亩，其中反季节蔬菜 1714 亩，朝天椒 2000 亩，生姜 150 亩，天麻 80 平方米，食用菌 30000 余袋。同时在农村鼓励发展畜牧业，发展了对门场养殖小区和石家寨养猪专业村，引资发展了煤磷养殖场、湘安养殖场、兴隆养殖场、猴场百信食品有限责任公司等，建立了镇养殖协会和营销协会。

镇政府一直将招商引资作为工作的重头戏来抓，2005 年引进了大型项目 7 个，签约资金 6100 万元，这些都为草塘的经济发展和工业化增加了动力。

二　作为基层集镇的草塘

研究乡村社会，人们必然会提到施坚雅的市场体系理论。施坚雅着眼于农村集市贸易体系，研究市场体系对村落经济社会结构的影响，建立了独特的市场共同体理论。他发表于 1964 年的《中国农村的市场和社会结构》，否定了村落作为中国农村基本单位的意义，认为地方市场构成了一个相对完整的社会体系，具有传统农耕社会的完整特征。他认为，"农民的实际社会区域的边界不是由他所在村庄的狭窄的范围决定，而是由他所在的基层市场区域的边界决定的。"① 基层市场满足了农民家庭所有正常的贸易需求，既是农产品和手工业品向上流动进入市场体系中较高层面的起点，也是供农民消费的输入品向下流动的终点。作为社会体系，基层集市是农民熟人社会的边界，农户所需要的劳务和资金需求一般在这里得到满足；基层市场构成了通婚圈的范围并与农民的娱乐活动有关。复合宗族、秘密会社分会、庙会董事会等组织都以基层集市为单位，因而较低的和中间的社会结构形成了与市场结构平行的等级网络。集市同时又是沟通农民与地方上层的核心。②

施坚雅将市场体系看成理解包括宗教在内的社会文化的基础，不过，后来施坚雅自己承认市场体系与社会结构并不完全重合。③杜赞奇对华北乡村的研究也表明，市场圈与婚姻圈和宗教组织都不是完全一致的。④ 但是，作为理解社会空间的一种模式，施坚雅的市场体系理论仍具有十分重要的意义。草塘作为一个区域的市场中心，对"形塑"草塘的宗教市场无疑有很大的影响。

解放前，草塘为贵州十大乡场、黔北四大镇之一。⑤ 又因草塘场逢猴（申）、虎（寅）日赶场而称为"猴场"，还因当年在离草塘场很远的山上就能听见草塘场内"轰轰"作响，而又称为"响子场"。草塘由于长期作为草塘长官司、草塘安抚司治所，地处几县交界，历来是商贸繁盛之地。民国时期，为棉纱、土布、烤烟等物资的集散市场，曾有"小贵阳"之称。镇上有棉纱、织布、烤

① 〔美〕施坚雅：《中国农村的市场和社会结构》，史建云、徐秀丽译，中国社会科学出版社，1998，第 40 页。
② 〔美〕施坚雅：《中国农村的市场和社会结构》，史建云、徐秀丽译，中国社会科学出版社，1998。
③ 〔美〕杜赞奇：《文化、权力与国家》，王福明译，江苏人民出版社，1994，第 11 页。
④ 〔美〕杜赞奇：《文化、权力与国家》，王福明译，江苏人民出版社，1994，第 11~23 页。
⑤ 贵州省政协文史资料委员会、贵州旅游文史系列丛书编委会：《河谷奇观》，贵州人民出版社，2002，第 132 页。

烟、百货、染布、油漆、建筑等行业，还有"同兴裕"等商行。贵阳天益酒精厂在镇区开设分厂，收购白酒加工酒精运销外地，年产酒精60多吨。草塘集市规模较大，占地数十万平方米，周围10多个县，乃至上海、厦门、重庆、贵阳等地的客商都云集草塘赶场；当时镇上还专门有湖南、江西等地商人修建的湖南会馆、江西会馆，各商会的活动很多，很多公益活动都由商会组织。每场连赶三天，第一天调查行情，第二天大买大卖，第三天成交扫尾。远近客商普遍反映：别的乡场买不到的东西草塘买得到，别的乡场卖不出去的东西草塘卖得出去。由于买进卖出货物较快，草塘也被称为"快场"。①现在在草塘，年纪稍大的人还会记得"同兴裕"等老字号当年的盛况。就是到20世纪80年代的时候，草塘的牛马市场也是远近闻名的，许多外县的牛马都会赶到草塘来交易。在历史上，草塘集镇是施坚雅所说的四周的农民都依附于它的一个"标准集镇"，②并且在特定的历史时期，其辐射范围从周边乡村而达到更远。

现在，公历每逢"三"和"八"的日子，草塘都有集市，方圆几十里的人都会赶来交易。就笔者在草塘集市调查所感受到的氛围，并与县城和其他几个同县较大乡镇集市相比较，如今的草塘集市仍然非常热闹。笔者虽然无法确切计算出集镇周边乡村的农民在集镇上出售的产品的数量，但毫无疑问的是，草塘集镇仍然称得上一个重要的市场体系中心和基层市场。通过对赶集人群居住地的随意询问，可以发现草塘集市的辐射范围越过了乡镇边界，越过了草塘镇本身，对周边乡村和较小市镇（如松坪、木老坪、小河山、天文等）都具有极大的辐射作用。同时，随着公路运输的畅通以及运输工具的改进，市场体系的边界在逐渐发生变化，像草塘这样

① 瓮安县政协文史资料研究委员会：《瓮安文史资料》（第三辑）（未刊稿），1991，第228页。
② 〔美〕施坚雅：《中国农村的市场和社会结构》，史建云、徐秀丽译，中国社会科学出版社，1998。

较大的集镇的中心作用更加突出。① 比如作为松坪乡政府驻地的松坪场原本也是一个比较热闹的集市，但随着草塘到松坪的公路修成等级较高的柏油路后，松坪到草塘（7公里、车费2元）只需要不到10分钟，很多乡民都选择赶草塘场而不赶松坪场，现在松坪场基本失去了集市的功能。其他如清池、太平等集市也是如此。可以说，草塘对周边乡村的辐射能力和吸附能力加强了。

当然，与此同时，草塘上一级别的市场的辐射力也加强了，替代了草塘集市的一些原有功能，使草塘历史上冠绝一方的繁华不复存在。比如，草塘集镇原本和县城差距不大，甚至在很长时期草塘的城镇人口比县城多，但是，近十几年来，县城发展迅速，越来越像一个繁华的小城市，而草塘基本还是保持乡镇的面貌，与县城的差距明显拉大。城市化程度不断提高的县城在借贷、娱乐、非农产品的交易上对乡民显然更加具有吸引力。原来县城的辐射半径可能只有7~10公里（杜赞奇研究的华北就是如此），而现在，由于公路通达，县城可以辐射全县。笔者在调查中就发现，离县城40多公里的乡镇（天文）的公交车上总是挤满到县城赶场的农民②。因此，可以肯定，草塘虽然已经不是周边乡村唯一的市场聚集点，但仍然是对周边乡村具有重要辐射力的"标准集镇"。

---

① 比如，松坪原来属于草塘区管辖，后来在1996年撤区并乡时成为独立的乡。松坪与草塘经济发展存在一定的差距，比如就农民人均纯收入一项，2005年，松坪为1880元，而草塘为2258元。更大的差距则是在城镇发展方面，松坪乡政府所在地的松坪场坝城镇人口是372人，农村人口是2272人；而草塘城镇人口有10800人，位于集镇上的上街村、对门场村、水沟边村、金星村、凉水井村的大多数农民都早已脱离农业或处于半农半商的状态，再加上在草塘做生意的不少流动人口，草塘集镇上实际上居住了3万以上的人口（草塘集镇居住的人口曾经长期比县城人口多）。因此，与周边乡镇相比，草塘具有比较大的优势。
② 由于天文、草塘到县城的公交车在同一条线路上，因此，笔者经常在赶往草塘的时候，与拿着装满货物的背篼和箩筐的农民同乘一辆车，从他们的言谈中得知他们是到县城赶集的天文农民。

应该说，市场体系对于理解宗教市场是有作用的。集市是信息的集散中心，像寺庙修建、寺庙活动（如塑了新的菩萨像）这样的信息，通过集市得以快速传播。可以说，集市对于宗教组织的信众范围明显是有形塑作用的，是宗教人物和宗教组织重要的市场对象。同时，在后面的论述中也可以发现，像天主教这样的组织，它的很多信徒都是在集市上被发掘的。但市场体系显然与宗教结构也不是重合的，在笔者调查的地方，集镇的寺庙一方面要吸引周边的农民，另一方面为了发展，往往花大力气拓展向上的联系，以寻求比市场体系大得多的宗教市场范围，而这种范围更广的向上联系往往对寺庙的发展具有决定性的作用。

三　作为仪式空间中心的草塘

弗里德曼认为，研究中国各种空间组织的关键，在于理解中国的风水。风水统摄了自下而上的宗族力量和自下而上的国家力量。[①] 王斯福、桑格瑞也不约而同地将仪式、象征作为核心，来构建中国的地域崇拜空间。[②] 不过，最明确的以仪式象征体系来构建地域空间的，是台湾学者发展的"祭祀圈和信仰圈"的理论。

"祭祀圈"的概念是由日本学者冈田谦所提出，其后经过许嘉明、施振民、林美容等人的发展，已经成为研究台湾地域与宗教的核心概念。根据林美容的定义，祭祀圈是指"一种地方组织，以神明信仰来结合与组织地方人群的一种方式，它有一定的范域，其范域也就是表示一个地方小区涵盖的范围；在这个范围内居民以共神信仰结合为一

---

① Freedman, Maurice. "Chinese Geomancy: Some Observation in Hong Kong", Skinner, W. ed, *The Study of Chinese Society*, Stanford University Press, 1979, 189–211.

② Feuchtwang, Stephan. *The Imperial Metaphor: Chinese Popular Religion*, London: Routledge & Kegan Paul, 1992; Sangren, Steven. *Chinese Sociologics: An Anthropological Account of the Role of Alienation in Social Reproduction*, London: The Athlone Press, 2000; Sangren, Steven. *History and Magicao Power in a Chinese Community*, Stanford: Stanford University Press, 1987.

体，有某种形式的共同祭祀组织，维持例行化的共同祭祀活动"。① 简单地说，祭祀圈是一个透过共同祭祀活动来建立共同信仰的地域性组织。这个地域组织范围的划定，包括下面五个指标：（1）庙宇修建时共同出钱；（2）平时祭祀费用（也就是所谓的丁口钱）共同分担；（3）头家炉主等共同祭祀组织；（4）演戏等共同祭祀活动；（5）神明绕境的范围等。②

信仰圈是在祭祀圈的基础上发展而来的，后者是"地方"性的，前者是"区域"性的。林美容还告诉我们："信仰圈为某一区域范围内，以某一神明及其分身之信仰为中心的信徒之志愿性的宗教组织。任何一个地域性的民间信仰之宗教组织符合此定义，即以一神为中心，成员资格为志愿性，且成员分布范围超过该神的地方辖区，则谓其为信仰圈。"③ 在谈到信仰圈与祭祀圈两者区别的时候，林美容指出，信仰圈除了以一神为中心、是区域性的、成员资格是志愿性的之外，其活动是非节日性的，祭祀圈则以祭拜多神、地方性、节日性、成员的资格为义务性与强迫性为主要特征。它们最大的一致性为都是地域性组织。④

祭祀圈和信仰圈被认为是一种实际存在的地域性的祭典组织。台湾学者利用这一理论，在研究台湾汉人民间信仰与民俗文化、台湾汉人地区开发史和社会发展史、台湾汉人社会组织和族群等方面都取得了重大的成果。⑤ 当然，信仰圈和祭祀圈理论长期以来也受到人们的质疑，比如，为什么超乡镇的地域性祭祀组织就被认为是

---

① 林美容：《由祭祀圈来看草屯镇的地方组织》，《中研院民族学研究集刊》，1986，第53~114页；第105页。
② 林美容：《土地公庙——聚落的指标：以草屯为例》，《台湾风物》1987年第1期，第53~81页。
③ 林美容：《彰化妈祖信仰圈》，《中研院民族学研究所集刊》，1990。
④ 林美容：《由祭祀圈到信仰圈：台湾民间社会的地域构成与发展》，张炎宪主编《第三届中国海洋发展史研讨会论文集》，台北：中研院民族学研究所出版，1988。
⑤ 孙振玉：《台湾民族学的祭祀圈与信仰圈研究》，《中南民族大学学报》2002年第5期。

信仰圈，而不是更大范围内的祭祀圈？祭祀圈和信仰圈在汉族社会是一个普遍存在的组织吗？祭祀圈理论带有明显的文化传播论痕迹。在宗教从乡土社会的中心位置退出之后，是否确实存在这样一些以祭祀或信仰为中心、规则的社会或地域性组织？笔者认为这是值得怀疑的。

笔者在草塘的田野调查中发现，在解放前确实存在以宗教作为象征来整合不同地域的情况。经过这种整合，形成了以草塘为信仰中心，周边的寺庙（回龙寺、岩家婆庙）为补充的一个仪式空间（在接下来关于草塘1949年以前的宗教图景中对此有较详细的论述）。不过，没有明显的证据表明整个草塘或其他地域范围内存在一个明显的"祭祀圈"或"信仰圈"。特别是在改革开放后的宗教复兴中，更是很难感觉到这样的一个仪式组织的存在。但是，以一定的地域作为基础、以各种宗教供应商为核心、同时地域范围不确定的一个宗教需求—供给市场却是客观存在的。

总体上，在地方认同中，草塘是一个在国家政权、市场、仪式等力量共同形塑下的地域空间。草塘镇作为瓮安县东部最大的一个城镇，不仅对镇周边的松坪乡、木老坪乡、小河山乡、平坝乡有相当大的影响力，而且对更远些的天文镇、永和镇的一些村寨，余庆县（属遵义市）的瓮脚、太平、七坡，黄平县（属黔东南州）的长岭岗等地都有相当大的影响力。由于上述乡镇集市规模太小或不能形成集市，草塘无可争议地成了这一片区的物资集散、商贸、交通中心，每隔五天的草塘集镇总是聚集了四乡八镇的人，热闹非凡。而且在撤区并乡前，松坪、木老坪、小河山等地都属于草塘区公所管辖，现在尽管成为独立的乡镇，但设置在草塘的法庭、司法所等部门的管辖范围依然及于上述乡镇。因此上述地方的人对草塘具有相当强的认同感和归属感。由于各乡镇人员交往频繁，草塘的各种宗教活动很轻易地超越了行政区划上的范围。因此，笔者最后选定的田野调查点"草塘"，是跨越现有行政区划上的"草塘镇"范围的。本书田野中的"草塘"，实际上是以草塘集镇（包含猴场社区、上街村、对门场村、水沟边村、金星村、凉水井村）为中心，含周边的下司村、那乡村、太平村和松坪乡的新河村、通水村、下堡村以及永和镇的黑山村。这些村均位于经过草塘的省道和县道上，交通方便，人员流动快，也是草塘宗教活动最主要的区域。当然，为了在更大范围内了解和把握草塘宗教市场，笔者在调查中也会涉及这一范围之外的一些地域（见图2-4）。

图2-4　本书的主要田野调查点

注：大圆点 ● 四周为草塘镇的村寨，小圆点 ● 标示的为隶属其他乡镇的村寨。此图为当地政府制作，较粗糙。

地图来源：http://www.wenganred.com。

第三章

草塘宗教市场的
历史图景

本章主要通过对草塘宗教市场的历史回溯，勾勒出 1949 年以前草塘宗教的历史图景。目的是将这种历史图景与现实进行比较，分析在不同历史时期的宗教市场中，宗教竞争格局以及各自所承载的社会文化信息。

为了全面生动地恢复草塘宗教的历史图景，本章内容的陈述采取以下两种方式：一是引用文献记载材料；二是重点利用访谈中的口述材料。

由于地处偏僻，关于草塘宗教状况的书面记载不多，只能够了解到瓮安、草塘一带宗教发展的粗略概貌。陈垣在《明季滇黔佛教考》一书中，记载了"明季黔南传灯鼎盛"。[①] 该书记载："瓮邑龙山鹤林性贤"为明季黔南（贵州）佛教灯系的一支，瓮安周边的平越（今福泉市）、开州（今开阳县）、遵义、湄潭、都匀、黄平等府县也是传灯鼎盛。[②] 由此可见，明朝时，瓮安、草塘一带，佛教应传播极盛，影响较大。

---

① 陈垣：《明季滇黔佛教考》（外宗教史论著八种）上册，河北教育出版社，2003，第 257~266 页。

② 陈垣：《明季滇黔佛教考》（外宗教史论著八种）上册，河北教育出版社，2003，第 262 页。

1995 年瓮安县志比较简略地记载了解放前县内的佛教、天主教状况。

> 佛教：佛教传入县境较早。明嘉靖年间，平越卫指挥王之臣已于玉华山修建玉华寺，崇供佛主。清初，"有寂勇师者，号普渡和尚，湖广永州府人，受法于南京昆尼堂古林寺"，游胜至花竹山，广修庙宇，大阐宗风，讲经说法，徒众盈庭。此后，佛教更为兴旺。到民国初年，全县共有寺庙 58 座，其中较大的有修建时间记载的 17 座。

> 民国 19 年 4 月，中国佛教会瓮安县分会成立。会址在城隍庙（今粮食局北门宿舍处），会长：城隍庙僧宝华；理事：小岔回龙寺僧瑞良，观音堂释永宽，香宝寺郭云扬，花竹山九龙寺熊奇成；执事：僧果道等。有会员 128 人，僧尼 505 人。解放后终止活动。

> 解放前，僧尼靠庙产和承接香火供品、化缘为生。解放后，多数僧尼还俗，参加劳动生产，自食其力。有个别僧尼还俗后，仍在家中供奉佛像。

> 天主教：民国时期，有英国传教士来县城宣传教义。平坝、天文一带有少数群众在邻县余庆教堂受礼入教。解放前夕有教徒 70 多人。解放后停止活动。[①]

在《贵州图经新志》之卷十二《平越卫军民指挥史司、长官司》之"仙释"（平越卫即今日紧邻瓮安的福泉市）中，有张三丰传，在"寺观"部分，又有道教圣地高真观的记载：

> 张仙人，不知何许人？以洪武间来寓高真观，与指挥张信

---

① 贵州省瓮安县地方志编纂委员会：《瓮安县志》，贵州人民出版社，1995，第 701~702 页。

善，教信以葬地曰：远远长龙自北来，脉流成右建僧台。前峰四处堪为冢，若葬真泉步玉阶。已而别信曰：武当山再会。信恳留闭之室中，未久寂然，不知所往。后信以功封隆平候，监修武当宫观，果再会其人焉。

高真观，在卫城西南福泉山上，洪武二十二年（1389），指挥张信建。①

在与平越（福泉）相邻的瓮安平定营，也有一座高真观，为著名的道教宫观，文人墨客题诗词甚多。在瓮安、福泉一带，有大量关于张三丰的民间传说，瓮安县内的仙桥山、穿洞河，福泉市内的豆腐桥、洒金谷等贵州省内较为著名的风景名胜地都有关于张三丰神通广大、除恶扬善、创造各种美景的民间传说。一方面，这些传说带着想象和夸张，表达了人民群众的美好愿望；另一方面，这些民间传说也反映了元、明时期道教武当山派全真道曾在瓮安、福泉一带有过广泛的传播和影响。位于草塘的著名道教宫观——后岩观，也在这一时期建立，可以印证这一事实。

当然，上述书面记载仅能勾勒出 1914 年以前草塘宗教市场的一个大体轮廓。因此，笔者还将利用访谈，从一些草塘老人们的叙述中，构建民国初期至解放前草塘的宗教状况，再结合《桑梓述闻》、县志等地方文献，重现 1949 年前草塘的庙宇、组织和一些宗教人物以及他们的宗教活动，使草塘宗教市场的历史图景生动、鲜活起来。

第一节　庙观和庙会

数量众多的庙观以及热闹的庙会，是中国传统社会宗教信仰

---

① 《贵州图经新志》之卷十二《平越卫军民指挥史司、长官司"仙释""寺观"》。（笔者参考的该书版本为瓮安县史志办拓印本。）

普及的重要标志。无论是名山大邑，还是荒村小镇，都遍布着寺、观、庵、庙、祠、堂，很多农村"虽二十五家之里，尚有五道庙、七圣祠"，[①] 民国时期，几位社会学家到北平西北郊的西柳村去放贷款，该村 50 多户人家一半以上需要借债，村子十分破落，但村中唯一的庙宇是刚修过的，很整齐，而据估计，修缮款比贷款总额要大得多，社会学家们都感慨神道的"榨取力"超人。[②] 李景汉 20 世纪 20~30 年代在河北定县的调查也表明，"定县一般民众，尤其是妇女，崇拜偶像，几乎无所不信，各村大致皆有庙宇。……据民国 19 年的各村概况调查，全县有庙宇 879 座，其中有庙会的至少有 50 座"。[③] 在草塘解放前各个时期（清、清末民初、民国时期）的宗教市场中，也可以看到这种寺庙众多、庙会繁盛的场景。

一 文献中的草塘坛庙（1914 年前）

由草塘下司人傅玉书在清乾隆嘉庆年间（1798 年完成）所修私家县志——《桑梓述闻》，是研究瓮安历史最早的书面材料，该书记载了县城存在的坛庙共 11 座（见表 3-1）。

表 3-1　《桑梓述闻》记载坛庙情况

坛庙	位置
（1）山川坛与风、云、雷、雨坛合为一坛	在城南，故称南坛
（2）社稷坛	在城西门外，以南坛，故称北坛
（3）先农祠	在城南
（4）文庙，内有名宦祠、乡贤祠	在县署西
（5）武庙在北门外	
（6）文昌庙在县西北	

① 李光庭：《乡言解颐》（卷 2），中华书局，1982。
② 潘光旦：《优生原理·自序》，上海观察社，1949。
③ 李景汉：《定县社会概况调查》，中国人民大学出版社，1986，第 417 页。

坛庙	位置
(7)狱神祠在狱中	
(8)城隍庙	
(9)土地祠	在县门左
(10)案牍神祠,祀汉萧曹	在仪门外
(11)厉坛	在北门外

　　傅玉书认为上述坛庙的意义在于，"治民莫先于礼，有司祀事之不修，何以作民敬？况社稷、风雨、山川皆为民祈报，而孔子庙尤礼仪所自出者乎？诚能修其坛□、饬其堂庙，祥其笾豆、牲礼之数，而更思所以祀之。故求无愧于神明，而勿为文具也者，则治道在矣。至名宦、乡贤、孝义、节烈之祠，又记所谓德施于民，与夫乡先生卒祀于社者，而表宅里，树风声，意犹是也。故饬表即以类从云"。① 可以看出，傅玉书认为记载这些坛庙的目的主要在于行教化，因此他所记载的都是为国家所认可、位于县城的正祀，对于乡间普遍存在的、用来祭祀各类神灵的庙宇则未记载，数量则未可细知。

　　到了民国4年的《瓮安县志》，记述范围扩大了不少。该县志专辟卷五记载了"公署、坛庙、寺观名胜、坊表、古迹、丘墓"，主要涉及儒、释、道三教的一些宗教场所和遗迹，地域范围涵盖全县，记载了众多的坛庙，其中《桑梓述闻》所记载的清朝乾嘉年间的坛庙，在民国初期大多仍然存在。县志的编撰者在记述众多的庙宇时，其目的也很清楚，就是要"矫惩淫祀以定民志"，其开篇即曰："古之劳民事者，披星戴月，不遑宁处，宫室之奉，似非所急，然对簿不可无庭，退室也宜有所。故鸣琴之堂，因贤者而益著。若夫民者神之主，既勤民矣，安可不致孝乎神？矫惩淫祀以定民志，感岁时而同乐者，皆贤有司所事也。"②

---

① 傅玉书：《桑梓述闻》卷二《坛庙》。
② （民国）《瓮安县志》卷五《公署、坛庙、寺观名胜、坊表、古迹、丘墓附》。

从民国《县志》记载看，当时在瓮安全县（当时的县境与现在略有不同，当年县境内的牛里即今日福泉市的牛场镇，而如今县境内的一些乡镇如珠藏等属于其他县管辖）的合法坛庙有 120 多座（见表 3－2），[①] 其中草里（即草塘）有 13 座。

表 3－2 民国瓮安县境坛庙分布

地 区	庙观名称
县城内	(1)儒学教谕署,在义学内;(2)儒学训导署;(3)典史署,在县仪门左;(4)普济堂,在西门外;(5)(坛庙)山川坛与风云雷雨坛合为一坛,在城南,称为南坛;(6)社稷坛,在城西,以有南坛,故称北坛;(7)先农坛,在城南;(8)文庙,在县署右,祭孔子、先贤;(9)武庙,在城北,崇祀关圣、岳飞;(10)文昌庙(后民国时改作武侯祠),在县西北;(11)魁星阁,在城西;(12)狱神祠,在狱中;(13)城隍庙,在城西北;(14)土地庙,在县门左;(15)案牍神祠,在仪门外;(16)厉坛,在北门外;(17)昭忠祠,在东门外;(18)节孝祠,在学宫旁(共18座)
附里	(1)聚贤庵,在望洞;(2)穿寺寺,在冷家堡右里许,为冷氏家祠改建;(3)觉明寺,在潘家寨;(4)关帝庙,在割木穴杉树坳后;(5)水口寺,在小团坡,系唐姓修建;(6)金华观,在小团坡,系宋姓修建;(7)回龙观,在飞练团,系宋姓修建;(8)圆通寺,在飞练团,系宋姓修建;(9)海会寺,在飞练团,系萧、谭、彭、陈、周、傅、罗同建;(10)海潮庵,在飞练团,系宋、聂二姓同建;(11)凤贞阁,在飞练团,系萧、周、王三姓同建;(12)观音堂,在城西;(13)岩脚寺,在城北五里;(14)文昌阁,在老鸦岩团,系龙姓修建;(15)洪江寺,在岩孔,系王姓修建;(16)普陀寺,在岩孔,系张姓修建;(17)玉华山,在柏溪,系王姓修建;(18)商氏祠,在杨家院;(19)观音阁,在杨家院,系罗氏修建;(20)白果寺,在五里街,系熊、邱、雷三姓修建;(21)小寺庙,在五里街,系蔡姓修建;(22)银盏寺,在银盏,系钱、刘三姓修建;(23)关圣祠,在银盏,系李姓修建;(24)迎水寺,在小坡,系袁、王、张、雷四姓修建;(25)太平寺,在小坡,系杨姓修建(共25座)
干里	(1)五显庙;(2)高真观;(3)坡根庵,在平定营;(4)五显庙;(5)华严庵;(6)青山庙;(7)万寿宫,在三合围;(8)文华阁,在梭罗堡;(9)五显庙;(10)黑神庙;(11)登云山,在梭罗堡;(12)观音阁,在金宝坡;(13)潮阳阁;(14)清凉寺,在龙蒿;(15)迎水寺;(16)玉皇阁,在泉飞;(17)地藏寺,在谷龙;(18)回龙寺,在牛宫;(19)观音阁,在白岩;(20)万寿宫;(21)五显庙;(22)观音阁,在高枧(共22座)

---

① 由于《县志》编撰者认为"淫祀"是需要"矫惩"的,因此可以合理推断,《县志》中记载的 120 多座坛庙中,应没有包含数量众多、散落乡间的各种所谓"淫祠"。

地　区	庙观名称
瓮里	(1)忠烈宫,在岩坑场北;(2)万寿宫,在岩坑场东隅;(3)禹王宫,在宴坑场西隅;(4)川主庙,在岩坑场北,宣统二年蜀人并建;(5)龙头寺,在新牌卫,后设县立初等小学校;(6)青龙寺,在中火道,道光年间建;(7)川主庙,在高穴塘,道光年间建;(8)金龙寺,在金钟,康熙年间建;(9)铁牌寺,在麻池坝,嘉庆年间建;(10)葛家寺,嘉庆年间建;(11)东岳庙,在平坝,乾隆年间建;(12)观音寺,在云南寨,光绪十五年建;(13)高庄寺,在高庄,乾隆年间建;(14)永福寺,在江界河,以平播侯庙改建;(15)龙兴寺,在龙水,道光年间建;(16)观音庙,在龙蟠寨,道光年间建;(17)迎龙寺:一座在高榜坡,一座在大池;(18)三圣庙,在船头栏,乾隆年间建;(19)偏岩寺,在思里坪,明时建;(20)青龙寺:一座在土地坪,一座在小河;(21)莲花寺,在阁旁,清初建;(22)净室寺,在中坪寨,清初建;(23)观音阁,在小开州,乾隆年间建(共25座)
荆里	(1)白云寺,在翁驾;(2)平兴寺,在平隘;(3)五显庙:一座在洛柳,一座在谷柴,一座在洗马塘,一座在大路边;(4)关帝庙,在大寨;(5)忠义宫,在蓝家关;(6)川主庙:一座在蔡家湾,蔡姓施主,一座在荆篙,一座在九洞。(7)永兴阁,在水边寨,龙姓建(共12座)
牛里	(1)紫竹庵,在平、瓮交界之谷汪坝;(2)华佛山,在谷汪坝;(3)关帝庙,在第一山;(4)二郎庙;(5)忠烈宫,在北门街内,祀黑神;(6)寿佛寺,在西街;(7)西佛寺,在西街;(8)玉皇阁,在上坝;(9)朝阳阁,在上坝;(10)杨泗庙,在上坝(共10座)
草里	(1)万寿宫,为江西会馆,在场正街;(2)寿福寺,在场坝正街,为两湖行商会馆;(3)五显庙,在下司宋家湾;(4)观音阁,在宋家湾;(5)报恩寺,在宋家湾;(6)普安堂,在下司;(7)玉皇阁,在下司;(8)关圣祠,在下司;(9)龙兴寺,在全贵;(10)现龙寺,在下司;(11)回龙寺,在小岔;(12)观音阁,在镜屏山;(13)五显庙,在下场口鼓楼坡龙马屯脚前(共13座)

　　从这 125 座坛庙,可以想象当年县境内宗教信仰之盛况。以名称来看,寺庙的种类繁多,信仰对象庞杂,其中五显庙、关帝(圣)庙(祠)、观音寺(庙、堂、阁)、川主(黑神)庙较多,这说明在当地民众的信仰体系中,并没有一个占压倒性优势的神灵,这一情形也比较符合中国民众多神信仰的习俗。另外,贵州汉族与少数民族杂处,汉族多从四川、湖南、江西各地迁移而来,各地迁移者带来了迁出地各种不同的地域神,以致出现各地域神灵杂处一地的场景,如川主、黑神为四川的地域神祇,瓮安、草塘一带

的川主庙就是由四川南迁到贵州的蜀人所建。若以宗教派别来划分这些坛庙，道家的庙观数量最多，佛家其次，县城则以儒家的祭坛、公署为多，其中也不乏祭鬼的"厉坛"。当然，以儒、释、道三教来划分这些寺庙也许并不十分准确，佛教寺庙供奉道教神灵、道教宫观供奉佛教菩萨，各教神灵和谐共存一处的现象也十分普遍，还有明确倡导三教融合的"三圣庙"。比如当年草塘著名的道观——后岩观就供奉了很多大佛。民众往往不知道也不想区分它们究竟属于哪个教派。

另外较为引人注目的，是这些寺庙建立的目的。除了一些由国家建立的坛、庙、祠、署是为了"矫惩淫祀以定民志"外，很多寺庙的建立都和宗族、社团的整合相关，这一点在"附里"表现最为突出。附里的 25 座寺庙，全部是某一宗族或几个宗族联合所建;① 而川主（黑神）庙之类由外迁人群所建的寺庙，很明显是新迁入人群为了在新地域环境里实现联合与认同，进行社群整合的象征。

二 民众记忆中的庙观和庙会（1914～1949 年）

在民国 3 年修县志之后，解放前瓮安没有再修过县志。因此，对于 1914 年以后瓮安草塘一带的宗教信仰状况，从书面材料中无法知晓。笔者只能从众多草塘老人的回忆中，来重构这一时期草塘的宗教信仰状况。根据笔者访谈资料，在人们记忆中，草塘的庙观在后来的岁月里发生了很大的变化。解放前草塘的寺庙主要集中在两个地方：一是集镇；二是临近集镇的下司村（寺庙分布状况见图 3－1）。

（一）集镇上的庙宇

在集镇上，主要有七座寺庙。一是寿佛寺：位于现在的建设路

---

① "附里"的全部寺庙均为某一宗族或几个宗族联合所建，而其他几个"里"没有类似记载，这应和记载方式有关，并不表明其他"里"的寺庙建立和宗族无关。

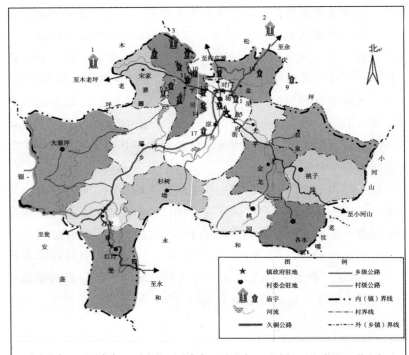

1.岩家婆庙；2.上回龙寺；3.后岩观；4.现龙寺；5.太公庙；6.玉皇阁；7.红庙子；8.普安堂；
9.报恩寺；10.观音阁；11.下五显庙；12.牛王阁；13.上五显庙；14.寿佛寺；15.万寿宫；
16.红楼；17.凉水井庙；18.白马庙；19.下回龙寺。

图 3 - 1　解放前草塘的庙宇分布图

注：标示庙宇的图例（🛕）的大小表示庙宇规模的大小，其中，岩家婆庙、
（上）回龙寺、后岩观是解放前草塘最大的三座寺庙。解放前草塘的行政区划与此
图不同，但由于缺乏旧行政区划地图，就借用目前的地图来标示位置。

派出所所在地。据一直居住在派出所旁的蒋兴华（男，74 岁）、周
裕鑫（男，70 岁）等人介绍，寿佛寺是两湖人修的会馆，也是刘、
李、肖、邓、况五姓人家的家庙，主要由这五姓人家出资修建，另
外也在街上化了少量钱，因此也接受外姓人到寿佛寺朝拜。寿佛寺
正殿供奉的是大佛（无量寿佛），一边偏房供奉鲁班，另一边偏房
供奉刘、关、张三人。据蒋兴华、周裕鑫等人介绍，寿佛寺在关圣
会时很热闹，当年的草塘人都认为张飞是杀猪匠的祖师，因此杀猪

的人都会来朝拜张飞，同时也祭关羽，木匠则来拜鲁班。

二是万寿宫：位于原来的镇公所，也就是现在的烟叶站，是江西会馆，为道教寺庙，比寿佛寺稍大。据蒋兴华、周裕鑫等人介绍，原来草塘三教会的会长何斋公就住在里面。据说何斋公很有学问，年轻时做过生意，积累了很深厚的家底，后来看破红尘，皈依佛法，不过他没有剃度，而是以俗家弟子的身份常住万寿宫。他为人正直，经常济困救危、施棺等，满街的人都很尊重他。

三是宋家祠堂：在草塘衙里头（今镇政府处）。宋家原为草塘的大家族，世代在草塘为官。宋家祠堂是宋家的私庙，但也不限于供奉宋家祖先，里面也供奉了一些菩萨，但一般外人是不能进去祭拜的。

四是上五显庙：在现在的草塘小学处。供奉五显菩萨、观音等，是招魂悼亡的处所。1913年建草塘小学时拆除。

五是牛王阁：在对门场村后的山坡上。供奉牛王菩萨，传说是保佑牲畜不生病、管制豺狼等的菩萨。

六是白马庙：在新川陈家湾老酒厂处，供奉白马菩萨，传说可以治家畜病并保平安，遇到干旱时，大家就去白马庙求雨，当年庙里有几个尼姑长住。

七是凉水井庙：在现草塘粮管所处，是当年草塘街上最大的一个庙，大家都回忆说，当年凉水井庙里供奉的菩萨数量很多。

（二）下司的"三山九座庙"

草塘集镇之外，另一个宗教中心在下司，至今，在草塘街上和下司村的大多数老年人，都知道解放前下司曾经有一个"三山九座庙"的宗教繁盛时期。所谓"三山九座庙"，就是在下司有三座山，每座山上有三座庙，一直到解放时，下司的这九座寺庙香火都比较旺盛。

1. 现在草塘福利院和预制板厂所在小山上的三座庙

报恩寺：是下司宋家集资所建。

观音阁：供奉观音菩萨，为民众集资修建。

下五显庙：供奉五显菩萨，又称谢家祠堂，是下司谢家集资所修。

2. 现在下司小学所在的山上的三座庙

玉皇阁：是下司邓家出资所修，是道家的宫观，供奉玉皇大帝和药王菩萨。据张明权老人（男，80岁）介绍，玉皇阁还供奉有坛神菩萨，上坛放在香火上，下坛的石头放在地下，传说坛神菩萨非常小气，要非常小心，敬坛神菩萨时也是请端公先生，不是请道士先生。很多人对解放前玉皇阁的住持邓和尚（尼姑）还印象深刻，她非常喜欢打官司，无人敢惹，她还生性比较奔放，可以穿着长长的道袍随时随地蹲下小便。

红庙子：据何能富老师（男，64岁）介绍，红庙子里面当年住了两个女和尚（尼姑），一个叫商大孃，一个叫李大孃，是师徒二人，她们都会一些医术，有小孩病了经常都会去找这两个人刮痧、推拿等。

普安堂：是个尼姑庵，佛道都有，为下司梨子坪刘家出资修建。

3. 后岩山附近的三座庙

现龙寺：传说曾经有龙在下司河中出现，于是在河边供奉龙王菩萨，主管兴云布雨。

太公庙：供奉黑神菩萨、川主，为当年在草塘的四川人共同出资兴建。

后岩观：主要是道家寺庙。据民国《瓮安县志》记载，元代这里就建有三清殿、三元阁、文昌阁、真武殿等，后来也供奉佛教的佛、观音等。大家记得，解放前后岩观暮鼓晨钟，非常兴旺。大家都认为后岩观是以前草塘最主要的寺庙。

另外，还有两座离草塘集镇稍远的寺庙对草塘人的影响也非常大，一是岩家婆庙，位于现在的木老坪乡，距离草塘集镇有七八公里；另一座叫回龙寺，位于现在松坪乡金岱村，距离草塘也是七八公里，是佛教寺庙，据说以前回龙寺里面的佛像雕刻得非常漂亮，有上百个菩萨塑像。以前这些地方都属于草塘管辖，因此，后岩观、岩家婆庙和回龙寺被认为是当年草塘最大的三座庙宇。

此外，当时各村庄都有很多小土地庙，土地庙又可分为街坊土地、寨邻土地、桥梁土地、水井土地、荡方土地、山王庙等，并且有些寨子除了有全寨性的土地庙外，有时几户人家也可能合起来修建管辖范围更小的小土地庙。

当时稍大一点的庙观都有自己的庙田，由一些富有的信士捐赠，有些庙田多的就租给当地的农民耕种。很多老人还记得，当时每年八、九月间，玉皇阁的邓和尚（尼姑）就会拿着一个大大的蒲团，撑着黑布伞，到田间地头去"分花"（收租）。另外，普安堂和后岩观的"常熟"（庙田）也很多，解放后，这几个庙里的住持、和尚、尼姑还被划成了地主。

当时的寺庙，接受信众朝拜、捐助功德或者还愿，但老人们回忆说平时去烧香的人并不多，平日里寺庙大多比较冷清。最热闹的就是在每年农历的二月十九、六月十九、九月十九的三次香会，其中六月十九的香会最热闹，赶香会主要是到后岩观、岩家婆庙和回龙寺这三座大庙，其中尤其以后岩观的香会最热闹，下司的玉皇阁、普安堂和街上的凉水井庙也有规模较小的庙会活动。有些老人说，当年后岩观、岩家婆庙和上回龙寺这三座大庙是连在一起的，传说在赶香会的时候，你如果只去了其中一座庙而没有去另外两座庙，另两座庙的菩萨会生气，会非常不吉利。香会期间，大的庙观都会有和尚或道士在庙里念经，主要是念皇经和金刚经，为信士祈福或解怨。庙会时人们去求愿、许愿，也有人在庙上捐做道场。赶庙会的一般妇女比较多，很多是去求子的。如果遇到气候干旱需要玩龙求雨时，管下雨的白马庙就比较热闹。

小庙的活动与大庙不一样，如农历三月三、六月六、九月九，有的村子会在土地庙、山王庙组织举办土地会、山王会、嬢嬢会等，像当年对门场村的牛王阁每年都会举行牛王会或者山王会。[1]

第二节 民间宗教组织

在传统中国社会的宗教体系中，全国性且组织化的佛、道二教竞相在民众中招募信徒，占据着组织化宗教的显要地位；而大多数民众的信仰则是弥散型的，并不能归为某一宗教组织或教派。但在历史的长河里，正统的佛、道二教之外，民间始终不断涌现出创教的祖师，创造出各种光怪陆离的民间宗教组织。[2] 有学者指出，这些宗教组织"也构成了中华民族宗教文化的重要组成部分，构成了千千万万底层群众的笃诚信仰，影响着各个地区的民风、民俗，下层民众的思维方式、生活方式。它们对中华民族性格的形成起过不可忽视的作用，对中世纪的宗教生活、政治生活发挥过重大影响，表现出惊心动魄的力量"。[3]

民间宗教组织大多来自底层，与下层文化息息相关，含有民间的鬼神信仰和蒙昧、神秘成分。当然，很多民间宗教组织的领袖出自佛道两教，大量吸收了佛教、道教的教义、教理和仪式、戒律，

---

[1] 上述关于解放前草塘寺庙的资料，主要来源于 2005 年 8 月 18 日和 2006 年 8 月 8 日对蒋兴华（男，74 岁）、2006 年 3 月 9 日对马绍全（男，91 岁）、2006 年 3 月 17 日对曾俊钦（男，70 岁）、2006 年 3 月 13 日对张明权（男，80 岁）等老人的访谈以及对何能富（男，60 多岁）等人的多次访谈。

[2] 对于中国传统社会中佛、道二教之外的其他宗教组织的称谓，学界有不同的说法。金泽、张新鹰等学者区分民间信仰和民间宗教，认为民间宗教是组织化的、非官方的，亦非占主导地位的活动于民间的宗教团体，民间信仰则是习俗性的、自发的、非组织化的信仰现象。马西沙、韩秉方等也是在这个意义上使用民间宗教来指非正统的、组织化的宗教信仰。大多数西方学者以及李亦园、彭耀等中国学者将民间信仰与民间宗教在同一意义上使用。因为这些宗教组织大多是秘密传播的，所以也有学者用民间秘密宗教来指称这种组织化的民间宗教。本书用民间宗教组织来指称传统中国的儒、佛、道之外的有组织的宗教。

[3] 马西沙、韩秉方：《中国民间宗教史·序言》，上海人民出版社，1992，第 3 页。

但又脱离正统、自成体系，有的还大量吸收摩尼教、祆教、西方基督教等的营养，形成了教派林立、支派丛生的局面。

在漫长的传统社会中，大多数民间宗教组织是秘密传播的（也有些教派的传播在特定时期具有相当的公开性，如元初、中叶的白莲教，明中叶的无为教、三一教等），遭到当局的取缔和镇压，被视为"异端""邪教""匪类"，民间宗教组织所引发和组织的大规模的起义也不计其数。由于民间宗教组织的这种"反叛"性质，很多研究当然就把其社会土壤集中于民众生存的困厄和政治权力的无情挤压。[①] 然而，民间宗教组织也不只是存在于特别动荡的时代和地区，而是几千年来普遍存在。很多学者也注意到众多的民间宗教组织并非从一开始便提出反抗统治者的主张，相反，它们大多让信徒们拜倒在天地君亲师的牌位下，做一个良民。[②] 因此，从宗教市场论的视角看，民间宗教的兴起，不仅是农民"不满"的表现和对现实"惨景"的"抗议"，它还有各种各样的社会、文化因素以及宗教组织自身经营的因素。形形色色的宗教预言家和创始人打着宗教的旗帜，提出不同的口号和诉求，在尽量迎合不同信仰者需要的前提下，大胆发挥，驰骋想象，运用各种各样的经营手段和策略，掀起一次次的造神运动。在信仰者不停顿的选择中，优胜劣汰，一些教门兴起了，一些教门衰落了，在宗教供给与需求的转换中，构筑了一个个光怪陆离的地下宗教市场。

在考察草塘一地的宗教状况时，笔者也从有限的文字资料和民众记忆中，淘洗出一幅幅草塘民间宗教组织活动的画面，努力从中拼凑出草塘的这个斑驳的地下宗教市场的简略图影，并试图从宗教市场的视角，来考察这个地下宗教市场的供给—需求、生长发育和消亡。

---

① 参见侯杰、范丽珠《世俗与神圣》，天津人民出版社，2001，第 322 页。
② 参见侯杰、范丽珠《世俗与神圣》，天津人民出版社，2001，第 340 页。

一 19 世纪 70 年代前草塘的民间宗教组织活动状况

在民国《瓮安县志》中，对于瓮安、草塘一带的民间宗教组织的活动有些许记载，如《瓮安县志》卷三"纪年（中）"记载："崇祯十六年，白莲教妖贼黄邦民聚众反，围湄潭。""黄邦民，石阡人，以妖教惑众谋反，扰乱平越、瓮安，久之始灭。"

另根据有关史料，从清朝嘉庆初期开始，贵州是一贯道及其各分支重要的活动中心，传说中一贯道（大成教）第十一祖何若"嘉庆七年遭风考，为官捉拿，发配贵州龙里"。① 何若发配贵州龙里之后，传教之心不死，在贵州传下了两个嫡传弟子，一个是都匀府八寨厅的王道林，一个是贵阳府龙里县的袁志礼。在都匀的王道林一支发展迅速，蔓延几个州县，但其后为当局所破。袁志礼一支则几经周折，发展壮大，袁志礼的弟弟袁志谦远走四川，"开荒拓教"，后来被奉为一贯道的十二祖，为大乘教的历史掀开了新的一页，其异名同教青莲教在川、黔、两湖、陕西更广阔的区域迅速发展。② 道光二十三年（1843 年），青莲教首之一的葛依元（郭建汶）因不满在教中的位置，逃到贵州，另辟灯花教。葛依元在归宗青莲教后又名刘仪顺，教中也称"刘祖祖"，湖南保庆人，迁居四川宜宾。③ 刘仪顺到贵州后，以贵州为中心，灯花教发展迅速。清同治年间，刘仪顺连续在贵州、两湖、四川等地组织武装暴动，成为轰动朝野的"元恶巨憝"。④

据民国《瓮安县志》卷三"纪年（下）"记载："道光末年，教匪刘仪顺在余、湄各处传布灯花教，邑中不逞之徒，早已有奉之者。""刘仪顺，四川涪州鹤游坪人，素习灯花教，又名青莲教，

① 林万传：《先天道研究·第六章》，台南：靝巨书局，1986。
② 一贯道大乘教和青莲教的发展，参见马西沙、韩秉方《中国民间宗教史》，上海人民出版社，1992，第 1109~1136 页。
③ 马西沙、韩秉方：《中国民间宗教史》，上海人民出版社，1992，第 1137 页。
④ 马西沙、韩秉方：《中国民间宗教史》，上海人民出版社，1992，第 1132 页。

又名清水教，实白莲教遗孽也，其术以半夜诵经拜灯，令开花如斗大，以愚众人。"① 可见，刘仪顺及灯花教很早就在瓮安一带有活动，瓮安是刘仪顺领导的灯花教徒起义的重要地区之一。《咸同贵州军事史》记载：

> 贼之在玉华山青目为黄号，……老号玉华山贼以沈中和、贺大六为首。沈、贺死，何二强盗、杀人王王超凡及陈某、傅某等统之，各拥政称王，为省门巨患。②

其中所提到的"玉华山"即在瓮安境内，是灯花教起义军最后被攻克的两个据点之一（另一个据点为尚大坪，在今瓮安县与福泉市交界处）。瓮安县境内的起义，主要由草塘人何得胜等人领导，即在瓮安乃至贵州历史上非常著名的"黄号军"大起义。

何得胜（官方称为"何二强盗"），字安国，清嘉庆十九年（1814 年）出生于瓮安县木老坪（时属黄平，隔草塘约 8 公里），四岁时，随寡母改嫁到了草塘何家堡。道光中叶，当地老百姓为保地方平安，免受窃贼之苦，歃血为盟，创议榔约，设置了榔会组织。何得胜参加榔会活动并逐渐成为一名颇具影响和势力的榔首。1852 年，何得胜、刘瞎幺等十多名榔首在岩坑场和狗场建立了两所经公庙，作为榔会组织的活动和议事场所。百姓有大小事情不到官府兴讼，而是到经公庙断结，有不服者，"即就庙滚经"，亦即用银珠写上玉皇经文，人们有冤枉压抑的事情，则请巫师降神，当事者祖裸身体从经上滚过，随即凭经文是否黏附人身判断是非曲直。从这些活动可以看出，榔会既是一个社会组织，也是一个民间宗教组织，利用宗教活动来组织民众。经公庙建成不久，便"按

---

① （民国）《瓮安县志》卷三"纪年中"。
② 凌惕安：《咸同贵州军事史》第二编，第四十一章《白号之役》，中华书局，1932。

户派造鸟枪，按户共造大炮"，开始有组织地反抗官府，咸丰元年（1850年）在反抗官府的"折征"的抗粮斗争中被清廷镇压，榔会基本解散。①

随后，何得胜在县境内小开州打磨山结识了刘仪顺并拜其为师，入为灯花教徒，被刘仪顺选派为教首之一，四处发展教徒。1855年，何得胜、王廷英等在天文（离草塘约20公里）组织灯花教徒搭棚设坛，举旗起义，号称"黄号军"，先后组建了玉华山、尚大坪、偏刀水、荆竹园、王卡等几个根据地。起义几起几伏，发展壮大，何得胜曾经率起义军三次围攻省城贵阳，只是由于义军内部矛盾而没有得手。何得胜后来病死，起义历经13年，最终于1868年8月被清军扑灭。玉华山被官军攻陷后，刘仪顺等灯花教首突围而出，在黔东南的杨保河被清军抓获并押往成都，1868年9月被"凌迟处死"。②灯花教自此也趋于沉寂。

二 解放前的会社和道门

在灯花教起义被镇压以后的几十年里，没有民间宗教组织大规模的起义活动，史料上也少见民间宗教组织的活动。从有关资料来看，到了民国时代，至少在解放前十年，各种民间宗教组织在草塘非常活跃。有的组织如同乡会、行会、哥老会等，是为了某种社会权力和地方福利而形成，并不是以信仰某种宗教为目的，宗教也不是其组织活动的主要内容，但宗教始终是其重要的组织和号召手段。它们修建寺庙，组织团体性的宗教活动，而成为宗教产品的重要供给者；另外一些道门组织，则宗教色彩浓厚，直接以某种宗教

---

① 政协瓮安县委文史资料委员会编《瓮安文史资料》（第三辑）（未刊稿），1991，第17~55页。

② 关于刘仪顺领导的灯花教起义的详细资料，另参见马西沙、韩秉方《中国民间宗教史》，上海人民出版社，1992，第1136~1150页；另见邵雍《中国会道门》，上海人民出版社，1997，第101~107页。

信仰的修炼作为组织的主要活动。

（一）同乡会

民国时期，县境居住的四川、湖南、江西人，各组织有同乡会。各会宗旨大同小异，主要是增进同乡友谊，调解同乡纠纷，保护同乡利益，资助经济上有困难的过境同乡。入会者须遵守会规，缴纳会费。各同乡会均设有理事会和理事长、常务理事、监事等。

四川同乡会：民国 33 年 11 月 8 日成立，修建川主庙（今县妇幼保健站处）作为会址，称"四川会馆"，有会员 1600 余人，解放后禁止活动。

湖南同乡会：民国 34 年 9 月 5 日成立。修建寿佛寺（又名禹王宫，今县人民医院处）作为会址，称"湖南会馆"。有会员 400余人。解放后禁止活动。草塘的寿佛寺也为湖南会馆。

江西同乡会：会址在万寿宫，今县烟草局处，称"江西会馆"。有会员 180 余人。解放后禁止活动。[①] 草塘的万寿宫也为江西会馆，为在草塘经商的江西人修建。

（二）行会（同业工会）

行会为工商业、手工业者组织，始建于清代。民国初年仍袭旧制。民国 20 年 3 月起，经县政府批准，先后将部分行会改为同业公会。到民国 38 年，有旅店业、染织业、杂货业、屠宰业、油蜡业、饮食业、缝纫业、经纪业、铸造业、中西医药业、火炮业、皮鞋业等同业公会，共 1212 人，隶属于县商会。此外，还有一些未经政府批准自发成立的同业公会，如酿酒业、理发业和石、木、泥水、竹篾业同业公会。

各行各业都有各自供奉的祖师爷。中药业供奉药王孙思邈，每年农历四月二十八祭祀。石、木、泥水、竹篾业供奉能工巧匠鲁班，每年农历五月初七和九月二十鲁班的诞辰和忌辰祭祀。缝纫业

---

① 贵州省瓮安县地方志编纂委员会编《瓮安县志》，贵州人民出版社，1995，第703 页。

供奉轩辕黄帝，每年农历九月十六祭祀。屠宰业供奉张飞，每年农历八月十三祭祀。铸造、五金业供奉李耳，每年农历三月十五祭祀。还有酿酒业供奉杜康，理发业供奉吕洞宾，等等。

同业公会都有自己的会规，入会有申请、审批手续；会员须交纳会费，捐税按规定地段摆摊，设点，执行规定的商品价格；公会在必要时会限制外来商品流量和价格，维持市场秩序。解放后，各同业公会自行解散。①

（三）哥老会和姊妹会

哥老会，又称汉流、袍哥。清末民初，县城王吉廷发起组建"仁字社"（"仁和公"）堂口，自任大爷。后从"仁字社"堂口分出一部分人另建"治安社"堂口，曾玉衡为大爷。"仁字社"堂口势力较大，成员达数百人，已发展到农村。"义字社"（"义安公"）堂口、"礼字社"（"复兴公"）堂口相继成立。猴场（草塘）、岩坑（玉山）、天文等集镇也先后建立哥老会组织。民国初年和抗日胜利后，城乡哥老会兴盛一时，成年男子多以参加哥老会为荣。各堂口内部均以一（大）、三、五、六、九、十（幺）6个数字排行，每个"弟兄"（成员）被授予其中一个排行，互相称哥道弟。在一排中推选一名声望较高者统领全社事务，称"龙头大爷"或"舵把子"。在三排中推选2~6人掌管社内钱粮，称"当家三爷"。在五排中推选2~8人掌管社规和对外交际，称"红旗管事"或"管事五爷"。在十排中推选8~10人负责执行社规，称"执法幺大"。其余为内务"弟兄"。县城各社每年农历五月十三在武圣宫（今粮食局北门宿舍处）等处举办"单刀会"，拜祭关羽，举行新"弟兄"入会仪式。清明节举办"清明会"，为已故大爷扫墓。腊月下旬办"团圆会"，"弟兄"团聚。各社聚餐、议事经费由社内"弟兄"交纳。申请入社的人必须"身家清，己事明"，并

① 贵州省瓮安县地方志编纂委员会编《瓮安县志》，贵州人民出版社，1995，第703页。

由社内"弟兄"引进、保举、恩准，交纳"山价钱"（入社费），才能成为正式成员。新入社者排行为十，又称"小老幺"。之后，视其"表现"逐步晋升。也有少数官绅一入社就当大爷的，称"一步登天"大爷。哥老会社规严格，违者轻者磕头赔礼（称"矮起"），重者停止参加社内活动（称"挂黑牌"）或开除出社。解放后，禁止活动。①

姊妹会，又称女汉流，女袍哥。民国时期，随着哥老会的兴起，县城及草塘的一些妇女拜盟结社，组建"十大姊妹会"。入会的人多是哥老会成员的亲属。会规及活动与哥老会相似，但规模较小。为首者称大姐，以此类推。解放后禁止活动。②

张明权（男，80岁）老人向笔者介绍说，解放前他曾经和草塘袍哥组织的人交往过，据说草塘袍哥组织的祖师爷姓潘，因此帮内不认识的人有暗语："请贵姓？"对方会回答："在家姓×（自身姓氏），出门姓潘。"他们讲辈分，三人设坛。袍哥组织内递烟是一种符号，他们敬三老四少，一包烟里抽出三支冒出烟盒，做了手势，看对方怎样接烟。组织内懂行的人会用两指按下两边的两支烟，拿中间的一支，表示尊敬。袍哥组织内部的人都被称为"在家人"，在酒楼时酒壶嘴不能对着人，在茶馆找人都会摆出符号，不会出声。他们打架时，为了找人帮忙，袖子都是往内卷，不像一般人是往外卷。组织内分"仁、义、礼、智、信"五个堂口。当时草塘有个四川人叫李文普，是"仁"字号的大爷，他50岁大生时，前后办了半个月，还在戏楼唱戏。生日前三个月，就派他下面各个堂口的老幺到附近各县去跑，附近县里的弟兄来了好多。当时他下面的人只要打李大爷的牌都可以走州吃县。当时的帮会还执行帮会的家法，一般如果双方扯皮，就一起到茶馆里，李大爷在茶馆

---

① 贵州省瓮安县地方志编纂委员会编《瓮安县志》，贵州人民出版社，1995，第703页。

② 贵州省瓮安县地方志编纂委员会编《瓮安县志》，贵州人民出版社，1995，第704页。

的上位高高就座，请求调解的双方各向李大爷讲道理，李大爷断了以后，双方都必须遵照执行，输了的一方就给茶钱。

（四）一贯道

一贯道在中国大陆现代史上臭名昭著，现在几乎成为历史陈迹，由于种种原因，对其研究也几成禁区。然而，一贯道并不是近代社会的产物，它有数百年的历史渊源和曲折发展的历程，在不同时期表现也迥然不同。近现代的一贯道是多种教门融合的产物，是反抗清廷的民间教派，大乘教、青莲教、灯花教均是其流派。但在近现代，特别是在辛亥革命后的军阀混战年代和日伪统治时期，一贯道为社会所不容。[①]

据 1995 年《瓮安县志》记载，一贯道 1949 年传入县境。当时贵定一贯道点传师张友文、梁伦森等人，先后在草塘、雍阳、珠藏、羊鹿、荣院等地设支坛或家坛。宣传"大数将尽，在劫难逃"，只有"修仙成道"，才能"普度三曹"（天曹、地曹、人曹），避免"水罹浩劫"等，以蛊惑群众，发展道徒。农历每月初一、十五，由道首集中道徒敬神传道。宣扬"天命为之性，素性为之德，修道为之教，万道归一，一贯才能成正果"，道徒"男的死后变罗汉，女的死后变观音"。诡称正道，以求合法。道首常以"修建坛堂""敬献神道供果"等为名，向道徒摊派财物，有"过阴传寿""画符辟邪""沙盘降乩"等活动。全县共有支坛 6 个、家坛 9 个，道首（包括点传师、坛主、引保师等）30 人，道徒314 人，分属贵定坛、湄潭茅坪坛领导。解放后，仍继续活动。1951 年 10 月，被县人民政府明令取缔。[②]

（五）归根道

归根道是青莲教的一支。清咸丰五年（1855 年），湖南曾子评

---

① 关于一贯道的源流和变迁，详细资料参见马西沙、韩秉方《中国民间宗教史》，上海人民出版社，1992，第 1092~1167 页。
② 贵州省瓮安县地方志编纂委员会编《瓮安县志》，贵州人民出版社，1995，第704 页。

背着一贯道的林依秘（传说中的一贯道五祖掌教时代"五祖"中的"金秘祖"），另立归根道，曾子评被称为归根道的十五祖。同治十年（1871 年）艾元华接任十六祖，光绪二十五年（1899 年）云南姚炳坤为十七祖，1914 年，姚炳坤去世，贵州陈精一号称圆明十八祖，仍称归根道或皇极道，在贵州盘县南桥板建总道堂庆云庵。[①] 传入瓮安一带的归根道就应该是这一支。

据 1995 年《瓮安县志》记载："归根道又称黄极归根道、十八归根道，于民国 18 年传入县境。时由草塘凉水井方恒清发起。方死后，以严子安为主继续传道。民国 35 年，黄平浪洞道首（顶航）何进益等来老坟嘴一带传道。道内设顶航、保恩、引恩、天恩等职。新道徒入道，由道首密传：'天心维维，道心维维，维星弱一，皇极归根收天下。'所编《皇极归根劝世文》，宣传'共产党不信神，不行善，天下只有两年半'等，蛊惑群众，扰乱社会治安，以'仙丹''捉鬼'等迷信活动诈骗民财；以'渡仙体''摸龙骨''渡龙气'等手段猥亵、奸污妇女。解放时有道首 32人，道徒 150 人，分布在雍阳、草塘、老坟嘴、平坝等地。1951年 10 月，经县人民政府明令取缔。"[②]

（六）居士林道

民国 35 年传入县境。据 1995 年《瓮安县志》记载："时道首柳风南在草塘一带活动，王国文等首批入道。最初以茶馆为活动场所，以后在寿福寺正式设立佛堂，称'瓮安县北京万善山护国白云寺草塘居士林'（在外地又称'佛教''喇嘛教''先天大道'等）。道内设大师、居士长、次居士长等职，一般道徒称为居士。入道人员要遵从'三魄'（依法、依佛、依僧），实行'五戒''九层'练道。道徒按'智慧清净，道德元明，尊如信海，贤民普

---

① 韩溥：《会道门与宗教的区分》，群众出版社，1984，第 39～40、49 页。
② 贵州省瓮安县地方志编纂委员会编《瓮安县志》，贵州人民出版社，1995，第704 页。

通，兴源发达，本觉昌隆，能仁胜果，常演宽洪，维护法印，正悟惠荣，坚持戒定，永祀祖宗'48字排列辈分，县境道徒已发展到'仁'字辈，每月初一、十五日，道徒集体进行'拜教''说法'。解放初期，有居士林道道首10人，道徒241人。1952年，县人民政府对居士林道明令取缔，一些道首被处决。"①

笔者在草塘调查中，一些老人对当年居士林道的活动还有记忆，不过他们把居士林道也说成是一贯道，一直居住在寿佛寺旁的蒋兴华（男，74岁）记得："20世纪40年代一个四川人来到草塘，大家都叫他柳老师，在寿佛寺传一贯道，主要的宗教仪式就是磕长头，长跪不起，草塘先后有几十人参加。"蒋兴华口中的"一贯道"应是"居士林道"，而他所说的柳老师，应该就是指柳风南。

（七）同善社

同善社为四川永川红炉厂人彭汝尊发起。1917年，在北京政府陆军部咨议、四川人姚济苍的活动下，同善社获准立案，在北京成立总社。总社以姚济苍为负责人，国务总理段祺瑞和大总统曹锟出任总社的"护法"。随后，同善社在北洋军阀的倡导下，在各地发展很快。1920年，贵州思南德昌煤厂牟芳五等人从四川引入同善社，拉人入社。次年4月在思南同善社正式成立，开始办理施药施棺板草席等慈善事业。数年后又有印江人魏效礼（女）前来传道，成立坤堂，专收女信徒。1923年赤水同善社派人赴习水县土城，在当局的支持下于11月创设土城同善社，社长由区长罗尧阶担任，有地方知名人士数十人参加，举办养老院、孤儿院等慈善事业。1925年秋，同善社自四川永川派人赴赤水、土城传道，向成员们教以坐功静养之法，进一步健全了同善社组织。②

① 贵州省瓮安县地方志编纂委员会编《瓮安县志》，贵州人民出版社，1995，第704页。
② 邵雍：《中国会道门》，上海人民出版社，1997，第170～178页。

瓮安县的同善社组织于民国 19 年由四川任发荣到县城发起组建。先以地方士绅赵述之等为骨干，后发展一般居民入社。时以儒学只言片语，掺杂佛道的一些教条，宣扬"正心、修身、齐家"之道，供奉儒、释、道诸神。社内设社长（善长）、监理、庶务、教授、交际等职。解放时，有成员 300 余人，多在 50 岁以上，解放后禁止活动。①

此外，县境还有万全道、火宅道，其成员多为和尚，有的住庙，有的游方，主要从事迷信活动。解放时，万全道有道首 7 人，道徒 100 余人；火宅道有道首 3 人，道徒 11 人，后多数成员还俗从事劳动生产，个别成员仍吃长素，供奉神佛。②

三 解放后的民间宗教组织

解放后，在全国一片"破除迷信"的浪潮中，大多数宗教活动都被禁止了，寺庙被毁，僧尼还俗，各种民间宗教组织也全都被镇压或停止了活动。不过，据曾俊钦（男，70 岁左右）、马绍全（男，91 岁）等介绍，即便在"文革"时期严酷的政治高压下，宗教活动也没有被禁绝，比如，草塘的算命先生"吕八字"，"文革"时躲在他家的三楼算八字，每天都是人来人往。笔者在瓮安县档案局的有关材料上看到，尽管解放后大多数民间宗教组织的活动遭到了禁绝，但即便在"文革"时期，仍然有民间宗教组织活动的迹象。如 1974 年瓮安县公安局侦破的在草塘一带"中国三民主义青年党"反革命集团一案中，该组织虽在当年被定位为"反革命集团"，似具有某种政治目的，但从其活动方式和活动内容看，宗教始终是其发展成员的重要手段，该集团更像是一个未成气候的民间宗教组织。瓮安县公安局政保股 1974 年 5 月 24 日印发的

---

① 贵州省瓮安县地方志编纂委员会编《瓮安县志》，贵州人民出版社，1995，第704 页。
② 贵州省瓮安县地方志编纂委员会编《瓮安县志》，贵州人民出版社，1995，第704 页。

《侦破"中国三民主义青年党"集团案情况简报（第二期）》中，有如下记载：

> 以迷信认亲结友，吃生鸡血酒和敲诈群众钱财：邓祖训、邓祖模每到一地，或新到一个地方，雷中友、许成义都要陪同前往。他们为使首犯能够落脚下来，先翻祖宗三代找亲连亲的关系，这一步达不到认亲接友之目的，雷、许就给看病和搞迷信活动，指名道姓说：你孩子爱病，只要弄个鸡、一个鸭、刀头和酒敬一下神，过一下拜就好了。当对方同意并准备了上述物资后，雷用两分锑毫在地上一甩面说道："你这孩子要找个远方干爹或干保爷。"可是对方不能马上找到远方人，雷说："就是他们两个（指邓家兄弟），哪个都可以。他们是黄平的。"对方就按雷的介绍行事，而邓家兄弟不是哥就是弟当了干爹或干保爷，从此结上了亲。雷中友为使邓家弟兄接收干儿子不花钱去物，又给对方说："孩子不能要他干爹或干保爷的钱和物，只要五寸长一吊线袋子就行了。"以表孩子好带。他们这种认亲结友骗吃骗喝的行为，有时在一家要持续两晚上，或一晚上连续两家，称这样就认了亲又吃喝打了平伙。
>
> 更恶劣的是，还以此敬神弄鬼，杀鸡杀鸭的机会，聚集一起吃生鸡血酒，明誓赌咒，表示他们在患难期间生死相顾。去年（1973年）八月一天晚上在太平公社历史反革命分子丁华昌家，因生产队冤枉丁偷了传皮而罚了丁40元，丁非常不满，雷获知后，就叫丁弄鸡、鸭各一个和两条活鱼及酒、肉等物资，由其使法，使偷传皮的人自动显出来。当晚，邓祖训、邓祖模、刘桂容、雷中友、丁朝伦及丁华昌本人在一起，由邓祖训杀鸡，丁华昌拿瓶子接了鸡血，雷将活鱼拿下油锅后，几个活神将血参在酒内一起喝掉外，丁华昌还嚣张地说："叫我赔的这笔款，是一笔血泪账，将来要叫他变牛变马来还我。"

雷中友等在活动中，不但以迷信活动拉拢人，认亲结友和吃生鸡血酒互表反革命决心，而且还从中捞一把，敲诈群众2.16元。雷就是这样敬所谓的神和给群众治病的，他们在敬神弄鬼中，邓家兄弟在旁观看，雷中友和许成义一唱一和，许帮雷当副手。在触动成员工作中，缴获他们进行造谣的"五公经""善哉""金铃记"各一本等罪证。

总体上，几百年来，带着各种异端色彩的民间宗教组织一直不间断地在草塘进行活动，并且总是能够吸引部分信众；即使在"文革"时期，在国家权力严酷压制下，这种有组织的宗教活动也没有完全停止。

第三节 朝山会、龙灯会和戏楼

一 朝山会——祈求地方和个人安宁

朝山会是组织信众对佛道教名山进行朝拜的一个临时性群众组织。朝山会起源于何时，至今已很难考证，据91岁高龄（1915年生）的马绍全老人介绍，在他小的时候，草塘就有朝山会了，以此推断，朝山会至少有一百多年的历史。

解放前朝山会的主要组织者是杨海亭、杨洪德、张某某等人，朝拜地一直是位于贵州省东北部铜仁地区江口县和印江县交界处的梵净山。梵净山是贵州第一佛教名山，全国唯一的弥勒菩萨道场。清光绪到民国时代，经过隆参和尚（号云开）等僧人几十年的整治和苦心经营，山中建成48座脚庵，朝山大路上几乎三里一庵，五里一寺，每年农历六月，朝山香客多达数万。光绪《铜仁府志》载隆参重建后梵净山朝拜盛况云：

　　佞佛者朝谒名山，号称进香，往往结党成群，携老扶幼。……或百人，或数十人为一队，导之以旗。每人身背黄袱，乌乌唱佛歌，前呼后应，举队若狂。[1]

据蒋兴华等老人介绍，当时一般是六月初一起开始办朝山会，组织信众在丁家坝（今草塘派出所门前）吃会，凡是交点功德钱都可以参加吃会，捐功德钱的人的名字还可以上文书和万名伞。朝山会的组织者请道士先生念五天皇经为亡魂解冤，道士先生坐台洒粑粑，放灯笼，目的是祈求地方的安宁。第五天时，愿意去朝山的信众每人腰间挂一个写了佛字的黄色香袋，由朝山会的会首带领，打着"草塘朝山会"的旗子和横幅，抬上檀香炉和万名伞，喊着口号，在街上游行，道士先生会烧一道文书（写有所有出资者的姓名），祈求信众得到菩萨保佑、地方安宁等。

第六天（六月初六）一早，朝山的人群就上路了，要去朝山的人必须沐浴、更衣、吃素食。吴素珍（女，78岁）老人至今对她年轻时两次去梵净山朝拜的情形还记忆深刻，她回忆说：

我1947年去过一次，有五六十人；1974年又去了一次，有30多人。去梵净山的路程大约是400公里，都是步行，几个人抬着檀香炉走在前，大家跟在后面。一路上直到梵净山的山顶，大家都要喊着"朝山拜佛，阿弥陀佛"的口号。走在路上时，若遇到有菩萨、庙、水井、古树、名山等，都会停下来拜祭。[2] 据说心不好的人是上不了梵净山的，走到半山腰会觉得山在转。当年我们同去的很多人都发生这种情况而没有能够上山，现在主办白虎山观音寺的谢忠云就多次到了梵净山脚下都没有上得去。梵净山的山顶上有两块冲天而起的大石头，

---

[1] 王路平：《贵州第一佛教名山梵净山佛教考论》，《贵阳师范高等专科学校学报》2005第1、2期。

[2] 现在草塘人形容一个人走路非常慢，都用"行香"来表示。

称为金顶，金顶上有两座庙，大家朝山时都要爬到那两座庙去拜菩萨，这样才心诚，才灵。爬金顶非常危险，据说当年就有朝山的人从金顶上摔下万丈悬崖。上山的路上还有一块大石头，悬在万丈悬崖之上，看着都头昏。有一次，我们同去的一个人舍命爬上舍身崖磕了个头，大家都说她的心实在太好了。梵净山半山有一个岩，滴下的水称为"定心水"，每个人都可以在那里喝一口水，然后继续爬山，但只能喝一口，想喝第二口时水就没有了，但换一个人上去就又可以喝一口。我 1947 年去的时候定心水还在，确实像传说的那样神奇，1974 年我第二次去时定心水就没有了。大家到山顶后，同去的掌坛道士先生还会再烧一道文书，将万名伞交到梵净山的相国寺。

我们去的时候要花 7 天时间，回来不用再在路上拜菩萨，就会走得快一些，只要 6 天，每年都是在农历六月十八那天回到草塘，第二天六月十九的观音香会，大家再同去后岩观"缴香"，结束整个朝山会的活动。当年我们去朝山是不需要出钱的，自己用多少就拿多少，朝山非常灵验，1947 年我去朝山后，第二年就生下了大儿子。[①]

可见，对于朝山会的组织者来说，他们可能是为了通过朝山祈求地方安宁，而对朝山的个体而言，朝山的主要目的还是祈求菩萨保佑个体（家庭）生活和保佑个人（家庭）愿望的实现。

二 龙灯会——集体娱乐与敬神

解放前，草塘的龙灯和玩狮子远近闻名，草塘也因此被称为"龙狮艺术之乡"。组织玩龙灯和狮子的是龙灯会，这是一个临时性群众组织，以村为单位、由村里的头面人物组织。传说一旦决定

---

① 材料来源：2006 年 3 月 16 日对吴素珍老人（女，78 岁）的访谈。

组织龙灯会，就必须组织三年，否则会对组织者非常不吉利。草塘的龙分为大弯龙和彩龙，大弯龙用纸糊，龙头是弯的，并且与龙身分离。据曾俊钦、曾祥贵介绍，这主要是从《西游记》中魏征斩渭河龙王的故事得到启发，认为龙头已经被斩断了。彩龙也被称为"母猪龙"，是用布扎的，由女性玩，据说是湖南人进入草塘后带来的。解放前，每年春节时，四乡八面的村寨都会带上自己的龙来草塘街上玩，每年都有几十拨，最高纪录曾经达到 48 拨（资料来自对何能富、蒋兴华、袁安荣等人的访谈）。每年正月初九到十四的夜晚，草塘远近四乡八寨的人扶老携幼，涌至草塘。玩龙时，人们可以将焰火和土制的火炮对着龙身和玩龙的人冲，甚至很多人用熔化的铁水往龙身泼洒形成铁花。据说当年玩龙的认为有龙神保护，都是赤膊上阵，不穿衣服也没有人会受伤。

春节期间玩龙是在初九出龙，十四化龙。初九出龙时，由道士先生在扎龙的人家开光；十四夜化龙是在水边进行，也请道士先生念经，然后把龙烧了，表示龙归水中、龙回大海。八月十五小孩玩的草龙，是用稻草扎的。

解放前，遇到干旱，当地会组织玩大弯龙祈雨。祈雨过程中，有人扮成制造干旱的"旱魃神"，大家四处追着"旱魃神"打，希望把干旱打走。每家门口都放一个大水缸，求雨的大弯龙经过时，人们舀水往龙身上泼。最后，把龙拿到水井边，由道士先生念经求雨。笔者在草塘调查时，很多老人都记得当年玩龙求雨的事情，一些老人认为玩龙求雨很神奇和灵验，有的人记得有一年百日大旱，人们玩龙祈雨，刚把龙头抬到新川白马庙的水井边，就狂风大作，下起了暴雨。

在谈到玩龙时，大家都认为玩龙除了娱乐大众外，还具有祈求国泰民安、风调雨顺、地方清明的作用。一些人（如曾俊钦等）认为，草塘多年来没有遭受冰雹袭击，而本县的其他乡镇饱受冰雹之害，就是因为草塘每年都玩龙而得到保佑。

在龙灯会中，不仅需要孔武有力的青壮年男子来舞龙，也需要老年男子扎龙、祭龙以及负责整个活动中各种传统仪式的指导和知识的传授，妇女要为活动准备各种祭祀物品和食物，还可能组织女性自己的龙灯会，少年儿童在龙灯会上则负责拿各种各样的鱼灯、虾灯等，社区内几乎所有的成员，不分年龄、性别都可以参与。可以说，龙灯会是对地方（村落或社区）成员动员能力最强的一个组织。

三 戏楼——神庙剧场

神庙剧场曾经遍布中国城乡。神庙是宗教祭祀的场所；剧场是由舞台与观众席组成、观众观赏演出的场所。所谓神庙剧场，也称神庙戏楼，是二者的结合，指"在神庙里建立戏台，并有观剧场地的场所"。[1] 有学者曾经这样深情地描述神庙剧场："在神庙内，人们用特定的仪式来祭祀神灵。他们祈求神灵祛除灾祸与邪恶，规范行为道德，保佑一方平安——世俗的人性于是受到集体的制约。在神庙外，人们则无拘无束，尽情欢娱，进行广泛的社会交往——世俗的人性由此得到充分释放。以神庙为中心，周边形成集市，无形中成为文化的集合点。仪典前后，老老少少处于兴奋状态，在渴望参与祀神仪典的同时，也带有游戏的、放纵的狂欢心理。人们把最丰盛的食品奉献给神灵，把最美好的事物展现在神灵和众人面前，神圣的仪典几乎成为一方民众的文化博览会——其中既包括最美好的物品的展示，也包括乐舞、百戏以及各种令人瞠目结舌的绝技表演。"[2] 可见，神庙剧场兼有一个地方娱乐中心、交易中心、集会中心和宗教活动中心的功能。草塘在解放前就有这样的一个场所。

解放前的戏楼是草塘镇上的老人记忆最深刻的宗教活动场所。

---

① 车文明：《中国神庙剧场》，文化艺术出版社，2005，第 2 页。
② 周华斌：《"中国戏楼三题"》，载车文明《中国神庙剧场（序言）》，文化艺术出版社，2005。

戏楼位于草塘集镇中心（今天的供销社处）。据蒋兴华介绍，老戏楼是在清末修的，后来嫌太小了，于民国21年又重修，组织修戏楼的会首有杨海亭、陈协岳、何斋公、杨协兵等几十个善人，都是当年在草塘有家底为人又好的人。戏楼的规模宏大，据在文化馆工作时研究过戏楼的曾祥贵介绍，草塘的戏楼不仅在本县是最大的，而且比他到过的江浙一带的戏楼都要雄伟很多。戏楼高约四丈七，三层，它的柱子是用很大的枫香树做的，直径有70厘米左右，每排8根柱子，一共两排，1967年拆戏楼时，这些柱子要100来人才能抬得动。张明权老人也回忆说：当年修建戏楼的木匠叫秦海泉，戏楼的顶是尖顶，用的是飞檐，很雄伟。

戏楼第一层是空的，平时作为肉市，其他交易也围绕戏楼附近的街道展开，可以说，戏楼就是草塘的商品交易心脏；二楼是唱戏用的戏台，同时供奉了一些戏班子的祖师爷和其他菩萨；三楼放戏班的服装、道具等，供奉了一个大的财神菩萨。

戏楼的功能当然是唱戏，戏班由戏楼的会首请，一般是由行会（盐会、布会等）出钱，唱的主要是川戏，大家都还记得当年唱目莲救母、打五叉、打祝家庄等戏目。马绍全老人记得曾经有一年除了唱戏，还有"打万人缘"这样一个宗教活动，请了郾兴成等三个道士先生一直在戏楼念了三年的经，香客们在这期间来烧香，出功德钱，出了功德钱的人要贴榜，道士先生用朱笔把他的姓名写在文书上，每逢初一、十五就烧文书。平时不唱戏时，每逢初一、十五和逢年过节的时候，戏楼的会首就会打开戏楼大门，供大家上楼烧香，节日时很多人都抬猪到里面去供菩萨，有时还要排队等候，附近村寨的人都会来这里朝拜。

在戏楼的旁边，还有一根高十多米的灯杆，上面常年亮着灯，有专门的人（黎瞎子）守护，负责为灯杆点灯和烧香祭祀。关于灯杆的来源，曾祥贵说当年有个阴阳先生路过猴场（草塘），说这里就要被水淹了，于是大家就出钱请这位阴阳先生解这个劫难，阴阳先生就在地下埋了四口锅，上面竖了根灯杆；周裕鑫则说是当年宋京臣在草塘造反，在草塘街上杀了太多的人，① 阴气太重，为了辟邪而竖了根灯杆。

戏楼和灯杆在"文革"开始后不久被拆毁，据说当年的镇供销社非常霸道，想拆哪里就拆哪里，戏楼所在地就被拆了作为供销社的门市部，后来又改成了饭店。说起当年戏楼被拆的事情，当地的老人都非常气愤。蒋兴华说当时就搞得满街的人怨声载道。曾俊钦也说："戏楼不该拆，灯杆也不该拆，原来草塘叫'响子场'，在很远就可以听到街上轰轰地响，现在不响了。"张明权老人曾上书县政府要求恢复戏楼，说戏楼是"草塘人民集资修的，不是任何旧社会封建团体的遗迹，是草塘人民留下的文化遗迹，是培养人文和地方文化的标志"。说起戏楼被拆周裕鑫十分惋惜，认为这破坏了草塘的风水，并直接导致草塘现在人才开始凋零。②

笔者在草塘调查期间，草塘政府也说曾经有过恢复戏楼的打算，但由于所需要的资金太多，暂时还无法实现重建。当年被很多草塘人视为草塘风水象征之一的大戏楼，恐怕只能永远地沉寂在历史的记忆中了。

第四节　丧葬礼仪、节庆仪式、禁忌习俗

一　丧葬习俗

解放前，人死时烧"倒头钱"（纸钱），人死后整容、更衣，男的包头巾，穿长衫。接着，请阴阳先生看地；请和尚、道士做道

---

① 民国《瓮安县志》记载："民国二年六月，土匪宋京臣作乱猴场，橄团兵剿灭之。""当于场内轰毙九十六人，生擒解城正法者二十余人，逃出为四乡截杀者约有二百余人，全股几尽。"

② 关于戏楼的材料来源：2005年8月18日和2006年3月9日对曾祥贵（男，60岁）、2006年3月17日对马绍全、2006年3月13日对张明权、2006年3月16日对周裕鑫（男，70岁）等老人的访谈。

场；晚辈披麻戴孝。出丧时丢"买路钱"，放鞭炮。安葬后，第三天"复山"，第七天开始"烧七"（连续 7 个"七天"均烧纸钱祷告）。

访谈中，有的老人对解放前有钱人家死人后在葬礼上做的"点祖"和"家祭"仪式印象比较深刻，现在的葬礼上就没有人做这两项仪式了。"点祖"是在埋葬头一天晚上的道场上，所有子孙划破手指，滴一滴血在酒碗中，这表面上是向祖先表示孝道，实际上是看子孙是否是这一家人的血统，以保证家族血统的纯洁，因为传说血缘不和的，血就混不到一起。"家祭"是在下葬前一天，请有文化的唱经人来唱，唱经人要专门解说经文的内容，还必须把死者一生的经历、苦难都唱出来，能够做"家祭"的道士先生必须有非常高的文化水平，不仅要使听者动容，也要起到教育后代的作用。

二 节日习俗

春节：是最隆重的节日。解放前，在农历腊月二十七以前，家家户户打"扬尘"（打扫环境卫生）、办"年货"，除夕之夜，阖家团聚吃年饭。饭前贴对联，饭后上"坟灯"（去祖坟上点灯）、围炉守岁。晚辈给长辈磕头拜年，长辈给晚辈发"压岁钱"。子夜挑水（称"金银水"）满缸，燃放鞭炮，迎接新年。正月初一，早餐吃汤圆。初二、初三以后亲友相互之间拜年。初九（称"上九"），开始玩龙、耍狮子、跳花灯，民众以鞭炮、烟火接龙，象征"风调雨顺"，十四或十五过"大年"。

清明节：祭扫祖坟，悼念祖先，寄托哀思。用白纸纸幡插在坟上（称"挂青"）。用清明菜与糯米面混合做粑粑吃（称"吃清明粑"）。

端午节：又称端阳节（农历五月初五），多数人家在门前挂菖蒲、艾草，在房前屋后撒石灰或雄黄水"驱邪"、杀虫。早餐吃粽子（又称粽粑）。老老少少到田野或名胜游玩，称"游百病"（游后百病消除），有的顺便采回草药如蜘蛛香等煎水洗澡，防治皮肤病。晚饭后，用雄黄酒擦脸颈。

中元节：又称"鬼节""七月半"。解放前，每年农历七月上旬，各户"接祖宗"回家，供祭悼念两三日，十三、十四日夜，"送祖宗"、烧"袱包"（用白纸封纸钱，写上已故亲人名字）。当晚小孩举"香瓜"、玩"香龙"。

中秋节：为农历八月十五，解放前，各家备办香、烛、酒、饼拜月。

三 禁忌习俗

解放前，民间禁忌习俗较多，尤以农村为甚。家族长辈常以禁忌习俗教育子孙，违背禁忌被视为没有家教，受到家长和社会舆论的指责。如忌在别人家里哭啼；忌吃饭时敲碗筷、桌子，忌"戊"日出工动土；忌扛锄头、挑空桶，赶猪、牛或羊从堂屋进入；忌清晨说梦；忌父母健在的子女穿白鞋；忌在家里唱孝歌；忌娘在女家死亡，女在娘家生孩子；忌从水井和灶上跨过；忌把裤子晾在过道上；忌产妇未满月走亲串寨；忌缺奶和怀孕的妇女探望产妇；忌正月初一挑水、扫地、洗衣、煮饭、倒水和打碎碗碟；忌正月初一至初九动针线；忌开春后妇女先下地动土；等等。[1]

第五节 小结

根据宗教供给者所服务的不同对象，可以将宗教供给者提供的宗教产品分为个体性、集体性、公共性三种类型。

1. 个体性宗教产品：宗教团体为其信徒及信众提供宗教性的个人服务及商品，使信徒想象宗教能为自己赐福，如赐予健康、

---

① 贵州省瓮安县地方志编纂委员会编《瓮安县志》，贵州人民出版社，1995，第689~690页。

功名、来世的幸运、心灵的宁静，效用只及接受者。一般民众的求神拜佛或寻求神药、禳解等都是属于这种个人性的宗教产品消费。

2. 集体性宗教产品：宗教仪式的举行是为社区或相同信仰者，只要负担一定的会费或作为成员，都会成为仪式的受益者。在中国传统社会里，庙神诞辰、村中游神赛会、巡境、建醮等团体仪式，主要提供这种集体性的宗教产品。

3. 公共性宗教产品：有些宗教团体认为其并非个人或多数人所组成，而是上帝或神明所创立，其影响范围应及于全人类和全世界。基督宗教等就具有这种公共性的自我认知。当然，这种自我认知可以使它所提供的宗教产品的对象具有开放性，但其宗教产品影响也往往只及于群体内部，具有集体性的一些特点。

研究中国传统宗教的学者，都对中国宗教的"集体性"特征印象深刻，特别是近年来在"国家—社会"的研究框架下，民间庙宇、庙会以及宗教组织往往是作为"权力的文化网络"的一个组成部分，成为乡绅们施展其领导才能的舞台，[1] 或者成为宗族、社区及其他利益群体权力渗透的一个象征，对社区、宗族和其他利益群体具有整合作用。[2]

从笔者叙述的草塘解放前的宗教图景中，也可以清晰地看到上述权力网络的存在。首先，社区、宗族、社团是各种宗教活动的重要支持力量。龙灯会、山王会、土地会、嬢嬢会等庙会等都是以村为单位组织的，成员有参与的权利与义务。民国《县志》所记载县境内在 1914 年前的近 120 座寺庙中，至少有 45 座寺庙是由某个家族单建或几个家族合建，或由某个团体修建（如瓮里的川主庙为蜀人所建）。在附里的 23 座寺庙中，明确记载有 19 座寺庙是各个家族单独建造或几个家族联合修建（附里如此高比例的家族修

---

① 〔美〕杜赞奇：《文化、权力与国家》，江苏人民出版社，2003，第 93 页。

② 参见刘小春《仪式与象征的秩序》，商务印书馆，2003。

建寺庙的记载，使笔者怀疑其他地区的很多寺庙也是由各个家族或团体所修建的，只是《县志》没有记载而已），而草塘解放前较大的 18 座寺庙中，至少有 7 座寺庙是宋、谢、邓、刘、肖、李、况等几个家族单独或联合修建的，另有寿佛寺、万寿宫、太公庙等 3 座寺庙由江西人、两湖人、四川人的商会和社团所集资修建。可见，解放前草塘的庙宇，大部分是宗族、乡村、（商业）社团展示其存在和力量的象征，同时对相应的社群具有整合功能。① 其次，像朝山会、戏楼这样一些在更大（全镇）范围内的宗教组织，则具有更大范围内的社区整合与认同的作用。最后，集体性的宗教活动只有社区中头面人物才有能力进行组织。敬神、修庙、办庙会等宗教活动也是中国传统乡绅的一项"义不容辞"的社会"责任"，同时也为他们施展领导才能和在国家掌控的领域之外昭示精英的公共地位、寻找社会认同提供了一个大舞台。② 解放前，草塘的很多宗教活动都是由这样的人物来组织的，无论是组织朝山会的杨海亭、杨洪德、张某某等人，还是组织修建戏楼的陈协岳、何斋公、杨协兵等人，都是既有家底又深得人心的人物，也就是中国传统社会中的地方士绅，是传统社会主流人群的一部分，他们对宗教活动的积极参与，推动宗教活动成为社会生活中重要的活动之一。

然而，同时也应该看到，上述的解释框架不能够涵盖整个草塘宗教市场的图景。如果用宗教市场的供需关系来分析草塘的宗教市场，就会发现草塘宗教市场存在三对供需关系。

一是集体性的宗教产品的供应。它的需求方是村落、宗族、社团甚至以全镇为单位的公共群体，而供给方是社区、宗族、社团及

---

① 至于为什么宗族、社区、社团会选择"宗教"作为他们展示权力的舞台和进行社群整合的象征资源，可参考卜正民《为权力祈祷：佛教与晚明中国士绅社会的形成》，江苏人民出版社，2005。

② 参见卜正民《为权力祈祷：佛教与晚明中国士绅社会的形成》，江苏人民出版社，2005。

其领袖、地方乡绅，有时国家权力机构本身也提供这类宗教产品。他们通过提供这种宗教供应来展示各自在权力文化网络中的地位，其宗教产品是组织各种庙会、修庙、修祠堂等集体性的宗教活动，消费者则是组织内的成员。

二是完全个体性的宗教产品的供应。在这一对供需关系中，需求方是民众个体或家庭，而不是作为社团或社区成员的分子，宗教供给者包括各种民间神异人士、庙宇、祠堂等。当然，即便是一些供应集体性宗教产品的庙宇和庙会组织（如朝山会），也可能同时提供完全个体性的宗教产品，甚至表面上是以提供个体性宗教产品作为号召的（比如朝山会的目的除了保地方安宁外，还以个人祈求平安等目的为号召），其宗教产品更多是夹杂了佛、道、民间巫术信仰等的个体性宗教活动，包括祈福、预测、禳解、超度、看风水等。

三是一些排他性的宗教产品的供应。这类宗教供应的是一些排他性、高委身、较高张力的宗教产品，比如纯正的佛教、道教、天主教的教规、教义以及高委身、排他性的宗教生活方式和严密的组织体系。可以说，这类宗教产品基本是向一些宗教爱好者供应，其供给者是佛、道、天主教组织，包括一些民间宗教组织如一贯道、灯花教等。

当然，上述三对供需关系有时是不可以截然区分的，各种关系中的供给者和宗教产品也可能是混杂和相互影响的。

以往的研究者们着眼最多的就是第一类供需关系，把它看成中国宗教的一个重要特征。不过我们应当注意，在第一类供需关系中，一些宗教组织比如寺庙，它本身的建立往往是为了社区、宗族、社团展示其存在与权力并用以整合群体，因此，寺庙本身并非宗教供给的主体，而是作为宗教供给的产品或客体。从这个角度来说，只要社区、宗族、社团竞争存在，或者说社区、宗族、社团认同、整合的需要存在，作为象征资本的宗教，就会得到社区、宗族、社团极大的重视，从而出现极高的繁荣程度，这也是中国传统社会中"集体性"宗教供给繁荣的重要原因。

那么，第二类的个体性宗教产品供需关系繁荣的原因在哪里？一些学者从社会土壤（如农业社会、家族、专制统治）和文化背景（儒家的理性传统、佛、道及其融合）方面做了精到的分析。[1]我们不能否认，任何社会文化现象都不是孤立存在的，都有其相关的社会、文化背景，但我们也不能否认具体的人在社会文化中的作用，要知道，社会土壤和文化背景所形成的宗教文化也是需要人来传播的。

笔者认为，此类个体性宗教产品供应的繁荣主要依赖于两个主体——民间神异人士和寺观等宗教场所。民间神异人士是以经营各种神异资源为职业，但又不从属于某个宗教团体的人物（有些人可能宣称从属于某个宗教团体，但其行事可能与该团体大相径庭），他们提供夹杂着佛、道、数术以及各种民间神秘信仰的宗教产品。中国在很早就形成了这样一个庞大的职业团体，他们散布于乡村，游走于江湖，有的还出入豪门巨宦之家。[2] 他们既然以宗教为职业，定然要精心经营神异资源，吸引更多的消费者以获取更大的利润。几千年来，这一群体的经营应该说是成功的。虽说他们难登大雅之堂，民众也认为他们中的很多人不过是江湖骗子，但是，在民间，关于他们的各种神奇传说俯拾皆是。特别是在农村，他们因行走江湖而得到的广博见闻使他们成为民间知识分子，对普通民众具有相当大的吸引力，再加上一些戏剧、小说、评书等对他们的故事的广泛传播，他们的影响扩大甚至进入大传统的领域。而对传统寺庙而言，如前所述，寺庙在"集体性"宗教产品的供需关系中，不是作为宗教供给的主体而是作为客体存在的，因此，它们更

---

① 参见侯杰、范丽珠《世俗与神圣——中国民众宗教意识》，天津人民出版社，2001，第 17～52 页。

② 关于中国的这些民间神异人士的有关知识，可参见王笛《街头文化——成都公共空间、下层民众与地方政治（1870～1930）》，李德英等译，中国人民大学出版社，2006。

多是靠家族、社区、社团、富有信士（当年乡村中的富有士绅往往同时也对群体负责任，他们的捐赠很多时候也可以看成代表群体而为的）的庙田（草塘称为"常熟"）和捐赠来供养的，这就决定了它们不用去取悦一般大众，不用靠大众的香火钱来养活，这就是我们看到很多以前的寺庙平时都很冷清的原因。但是，有些寺庙可能随着时间的推移或由于某种特殊的原因失去最初的"集体"供养，可能为了生存而选择积极经营以取悦大众，这时，它就由集体性宗教供应中的宗教供给客体转变成个体性宗教产品供给中的积极的宗教供给者。

因此，我们说，民间神异人士和寺庙（其中主要是民间神异人士）的积极宗教经营，是中国传统宗教中个体性宗教产品供给繁荣的重要原因。

但是，无论上述第一类还是第二类的宗教供给，其提供的宗教产品都不具有排他性，宗教委身与张力很低，组织相对松散。由此，这就为第三类的宗教供需关系留下了市场空间，提供高张力、排他性、高委身宗教产品的民间秘密宗教、天主教等获得了发展机会。这也许是中国传统社会中各种秘密宗教此起彼伏的一个重要原因。当然，这些高张力、高委身的宗教，在中国古代社会中大多遭到了国家政权（宗教管制者）的强力压制，一些民间宗教组织在发展中张力下降从而与传统宗教融合。总之，这类宗教供需关系在草塘这样的地方长期存在，是不争的事实。

由此，以国家—社会的框架把中国传统宗教看成"集体性"的，或者纯粹把中国传统社会的宗教看成不具有任何组织性的弥散型宗教都是不完全的。将草塘宗教看成一个市场，以各种供需关系来理解这一市场，并且从宗教供给者的角度来解释中国传统宗教的一些问题，具有一定的可行性。而在接下来的章节中我们看到，草塘的宗教活动中断近30年，在改革开放后获得了复兴，对此，宗教市场这一视角更加具有解释力和理论意义。

第四章

传统宗教之复兴：众神的狂欢

1949 年之后，在全国性一次次"破除迷信"的浪潮中，有组织的一贯道、归根道、朝山会等遭到了禁绝。草塘的庙观中，除了上五显庙民国 11 年建草塘小学时拆除、后岩观毁于两次火灾之外，其余的寺庙大多毁于解放初期清匪反霸和"大跃进"时期，戏楼也在"文革"开始后不久于 1967 年初被拆除。带着宗教色彩的民俗活动——龙灯会玩龙也被禁止，其他一些宗教活动也基本被禁绝了（当然，不能说在此期间宗教活动完全被禁绝了，祭祖、节庆礼仪等带有宗教色彩的民俗活动仍然存在，算命等数术活动也在农村秘密进行）。改革开放后，草塘的宗教活动逐步得到复兴，不仅传统宗教重新兴起，天主教、基督教等也活动频繁，到了今天，庙宇虽然在数量上与解放前仍不可同日而语，但也呈现一派繁荣的景象。本章将着重介绍草塘传统宗教的复兴状况，考察各种宗教组织和宗教人物是如何共同铸就了草塘新一轮的宗教热潮和宗教狂欢。同时，随着时代的变迁，宗教繁荣背后的社会含义也发生着变化，那么，这种变化的动力在哪里呢？

第一节　草塘传统宗教信仰的基本状况调查

从今日普通草塘人家里的摆设来看，很多传统信仰的符号都得到了恢复。大多数人家的堂屋里都挂着神主牌（当地人称为"香火"），有的依照传统将"天地君（国）亲师位"写在中间，旁边是祖先和其他各位神仙的位置（见图4-1），有的只将自家的姓氏写成一个大字挂在堂屋。在很多人家的大门上或堂屋中，挂着各种各样的"符"（见图4-2、图4-3），这都是道士先生或其他一些具有与鬼神沟通能力的特殊人物画的，有些人甚至整天随身戴着符以求平安。笔者看到在草塘发往瓮安县城的几辆班车上也挂着符咒。有一个司机告诉我，前一段时间他开车不顺利，就在瓮安县城找范安平（县城最有名的道士先生）"shati"（"禳解"之意）了一下，范安平给画了几道符挂在车上，一共花了他600多块钱。在一些交叉路口，随处可见一些高宽四五十厘米的"挡箭碑""指路碑"（见图4-4），告诉人们各条路通向何方，这是一些人许愿得以实现后所立，很多人家为了生一个男孩都会许愿立这类指路碑。

图4-1　普通人家堂屋里的　　　　图4-2　大门上的符咒
　　　　"香火"与符咒

大多数学者都承认传统宗教是中国人宗教生活的主要部分，在草塘这样一个汉族社区也不例外。目前草塘虽有天主教等外来宗教组织在活动，但毫无疑问，绝大多数的宗教消费者还是以传统宗教作为消费对象的。这可以从笔者所做的一个问卷调查中看出。在填写了自己宗教信仰的88份问卷中，被调查者的宗教信仰分布如下（见表4-1）。

图4-3 道士龚六品家门上的符

图4-4 路上随处可见的指路碑

表4-1 被调查者的宗教信仰状况

无宗教信仰		民间信仰		佛教		道教		基督教		天主教		无神论		其他	
人数	比例（%）	人数	比例（%）	人数	比例（%）	人数	比例（%）	人数	比例（%）	人数	比例（%）	人数	比例（%）	人数	比例（%）
14	15.9	38	43.3	14	15.9	0	0	1	1.1	1	1.1	19	21.6	1	1.1

　　从调查结果看，明确表示有民间信仰的人占43.3%。很多宣称没有宗教信仰或坚持无神论的人，实际上也可能经常到庙里去烧香、在家祭祀祖先等，人类学家一般也将这些视为宗教信仰行为。因此，这些人也可能是宗教消费者的一部分。

　　沃尔夫、王斯福等学者提出的中国民间宗教"神、祖先和鬼"的象征体系，得到了很多学者的赞同。在中国民间，"神"是一个异常庞杂的体系，在各地流行的信仰形式都不一样。草塘也是各路神灵并列，并没有大家普遍供奉的某一个神灵存在。观音菩萨的信仰范围可能稍广，但更多时候观音菩萨只是作为名气最大的一个菩萨，成为一些不可知的超自然力量的象征，有时，拜祭者自己也不知或没有兴趣搞清他所崇拜的对象为何方神圣。由此，要捉摸"神"，我们只能从一些草塘流行的宗教信仰和风俗来理解。以下是笔者对草塘的祖先崇拜、鬼的信仰，以及其他流行的民间信仰和习俗的问卷调查结果，笔者力图通过这样一些具体的数据，对草塘的宗教消费者的信仰状况有一个更加直观的认识。

笔者共发出 120 份问卷, 收回 98 份, 回收率为 81.67%。被调查者的基本情况如下 (见表 4 - 2)。

表 4 - 2   被调查者的基本情况

调查内容	候选答案	调查结果(人)	所占比例(%)
性别	男	56	57.44
	女	42	42.56
年龄	16 岁以下	1	1.03
	16~40 岁	48	48.99
	40~55 岁	29	29.58
	55 岁以上	20	20.40
受教育程度	文盲	3	3.06
	半文盲	7	7.14
	小学	13	13.27
	初中	31	31.63
	高中和大专	19	19.39
	大专以上	25	25.51
婚姻状况	未婚	19	19.65
	已婚	79	80.35
目前的经济情况	很好	2	2.04
	好	27	27.55
	一般	11	11.22
	不太好	41	41.84
	很不好	17	17.35

调查者受教育程度为文盲和半文盲的只占 11% 以下, 这并不表示草塘人口中文盲和半文盲的比例偏小。在调查中, 由于文盲和半文盲的被调查者填写问卷有困难, 笔者试图以问答的形式帮他们填写问卷, 但后来觉得这样效果不好, 真实性也值得怀疑, 最后只好放弃这种方式。总体上, 本问卷可作为了解草塘宗教消费者的基本信仰状况的参考。

一 祖先崇拜方面

祖先崇拜是中国各民族、各地域普遍存在的民俗信仰现象，但其在不同民族、地域中的表现形式和内涵均存在程度不一的差异，以下是作者在草塘对祖先崇拜进行的问卷调查的结果（见表4-3~表4-7）。

表4-3 你参加祭祖活动吗？

经常		节日		很少		没有	
人数	比例（%）	人数	比例（%）	人数	比例（%）	人数	比例（%）
4	4.08	57	58.16	16	16.33	21	21.43

表4-4 你赞成"人死后要有子孙拜祭才好"的说法吗？

很赞成		有点赞成		不太赞成		很不赞成		不知道	
人数	比例（%）	人数	比例（%）	人数	比例（%）	人数	比例（%）	人数	比例（%）
33	33.60	39	39.80	14	14.30	10	10.20	2	2.10

表4-5 你赞成"不按时祭拜祖先，祖先会生气"的说法吗？

很赞成		有点赞成		不太赞成		很不赞成		不知道	
人数	比例（%）	人数	比例（%）	人数	比例（%）	人数	比例（%）	人数	比例（%）
11	11.22	26	26.54	30	30.61	22	22.45	9	9.18

表4-6 你赞成"按时祭拜祖先会得到祖先的保佑"的说法吗？

很赞成		有点赞成		不太赞成		很不赞成		不知道	
人数	比例（%）	人数	比例（%）	人数	比例（%）	人数	比例（%）	人数	比例（%）
18	18.37	33	33.67	23	23.47	14	14.29	10	10.20

表4-7 你赞成"一个人为善为恶会影响子孙的幸福"这种说法吗？

很赞成		有点赞成		不太赞成		很不赞成		不知道	
人数	比例（%）	人数	比例（%）	人数	比例（%）	人数	比例（%）	人数	比例（%）
26	26.53	44	44.90	2	2.04	16	16.33	10	10.20

可以看出，有 58.16% 的人会在节日祭祖。当然，也有近 40% 的人很少或没有参加祭祖活动。据笔者了解，当地人普遍有一种"一辈不管二辈事"的观念，各个辈分之间的责任分得比较清楚，父辈还在的时候，祭祖主要是父辈的事，儿孙辈不用管，当父辈年老，退出社会交往舞台或家长位置的时候，祭祖的责任自然就落到了下一辈的身上。调查中很多人没有参加祭祖，正是因为他们还年轻，父辈在世，他们认为还没有轮到自己来尽这份责任。有近 74% 的人赞成或有点赞成"死后要有子孙拜祭才好"，同时有近 52% 的人认为"按时祭拜祖先会得到祖先的保佑"，这表明大多数人认为祭拜祖先是对祖先和子孙双方都有利的事情。另外，有超过 70% 的人对于"一个人为善为恶会影响子孙的幸福"的说法表示很赞成或有点赞成，这表明人们对于基于血缘关系的"因果报应"具有相当程度的认同。

在草塘，很多人认为一些神灵（如坛神）是非常小气的，所谓"请神容易送神难"，菩萨不是好侍奉的，稍微疏于祭祀就会遭到报复（笔者在以后的章节中将有述及）。但是，调查显示，只有近 38% 的人赞成或有点赞成"不按时祭拜祖先，祖先会生气"的说法，这表明了祖先作为"自己人"的特色——祖先一般并不会因为一时的疏于祭拜而生气并带来不利后果。超过一半的人认为"按时祭拜祖先会得到祖先的保佑"，但是，大多数人并不是为了得到这种保佑才祭祖的，很多人是抱着慎终追远、怀念亲人的真诚在祭祀祖先，与其他宗教信仰活动相比，祭祖的"功利"色彩较淡。

二 流行的民间信仰和习俗方面

1. 择期

择期，是一种古老的传统习俗，是一种选择"黄道吉日"或"良辰吉日"的数术，它表明了人们对神秘的时间组合的认知（见表 4-8、表 4-9）。

表4－8　你认为结婚需要选日子吗？

非做不可		做总比没做好		做不做都无所谓		根本不必做		不知道	
人数	比例(%)	人数	比例(%)	人数	比例(%)	人数	比例(%)	人数	比例(%)
26	26.54	43	43.88	18	18.36	9	9.18	2	2.04

表4－9　你认为搬家需要选日子吗？

非做不可		做总比不做好		做不做都无所谓		根本不必做		不知道	
人数	比例(%)	人数	比例(%)	人数	比例(%)	人数	比例(%)	人数	比例(%)
29	29.59	39	39.80	19	19.39	9	9.18	2	2.04

　　婚姻和建房搬家是多数农村人一生的两件大事。从调查结果看，在这两件大事上，有超过25%的人认为是必须选日子的，40%左右的人认为做总比不做好，另有近30%的人认为做不做都无所谓或根本不必做。这表明，大多数人对于择吉日还是相当重视的，或者抱着"宁可信其有，不可信其无"的心态，对之并不排斥。

　　2. 风水信仰

　　风水术是中国古代术数的重要组成部分，是指导人们选择住宅（阳宅）和坟地（阴宅）的位置、朝向、布局等的主张和学说。[①] 对草塘人风水信仰的调查结果如下（见表4－10~4－14）。

表4－10　你家建新房子时如何选择新房位置？

选景色好的位置		老房子的位置或旁边		根据风水		其他		不知道	
人数	比例(%)	人数	比例(%)	人数	比例(%)	人数	比例(%)	人数	比例(%)
41	41.84	7	7.14	37	37.76	5	5.10	8	8.16

---

　　① 杨树喆、徐赣丽、海力波：《神秘方术面面观》，齐鲁书社，2001，第44页。

表4－11　你如何选择死去亲人坟墓的位置？

自己家的地		根据风水		其他		不知道	
人数	比例（%）	人数	比例（%）	人数	比例（%）	人数	比例（%）
10	10.20	63	64.29	6	6.12	19	19.39

表4－12　你认为阳宅和阴宅的风水对身体健康的影响如何？

影响很大		有影响		有一点影响		没有影响		不知道	
人数	比例（%）	人数	比例（%）	人数	比例（%）	人数	比例（%）	人数	比例（%）
7	7.14	28	28.57	28	28.57	20	20.40	15	15.32

表4－13　你认为阳宅和阴宅的风水对家庭的财富影响如何？

影响很大		有影响		有一点影响		没有影响		不知道	
人数	比例（%）	人数	比例（%）	人数	比例（%）	人数	比例（%）	人数	比例（%）
12	12.24	24	24.48	25	25.51	22	22.46	15	15.31

表4－14　你认为阳宅和阴宅的风水对子孙发展的影响如何？

影响很大		有影响		有一点影响		没有影响		不知道	
人数	比例（%）	人数	比例（%）	人数	比例（%）	人数	比例（%）	人数	比例（%）
8	8.16	28	28.57	25	25.51	23	23.47	14	14.29

从调查结果可以看出，有37%的人明确表示建房时考虑风水，而有超过64%的人根据风水来选择死去亲人的坟墓，可见人们的阴宅风水信仰比阳宅风水信仰要甚。60%左右的人相信阳宅和阴宅的风水对身体健康、家庭财富、子孙发展有影响。可见，风水在草塘这样的农村——小城镇社区有相当高比例、稳定的信仰群体。

3. 菩萨、神灵信仰

菩萨是草塘当地人对超自然神灵的统称。对草塘人菩萨、神灵信仰的调查结果如下（见表4－15～表4－17）。

表 4 - 15 你相信菩萨或神灵存在吗?

很相信		有点儿相信		不太相信		很不相信		不知道	
人数	比例(%)	人数	比例(%)	人数	比例(%)	人数	比例(%)	人数	比例(%)
9	9.18	42	42.86	22	22.45	18	18.37	7	7.14

表 4 - 16 你认为最灵验的神灵是什么?[※]

观音		财神		佛		大树		猪头菩萨	
人数	比例(%)	人数	比例(%)	人数	比例(%)	人数	比例(%)	人数	比例(%)
40	50	18	22.5	16	20	5	6.25	1	1.25

※ 另外，有 1 人表示所有的神灵她都信，有 8 人回答没有，5 人表示不清楚，5 人认为最灵验的是自己，还分别有 1 人认为父母、自信、勤奋、聪明、送子观音是"最灵验的神灵"。

表 4 - 17 你经常找庙宇烧香吗?

从不		一年一次		一年多次		非常频繁	
人数	比例(%)	人数	比例(%)	人数	比例(%)	人数	比例(%)
21	21.43	54	55.10	22	22.45	1	1.02

可以看出，有超过半数的人对菩萨或神灵有点儿相信或很相信，当然，只是有点儿相信的人占了近 43%，这可能意味着很多人对菩萨等神灵实际上是抱着半信半疑的态度，因为既不能证实其存在，也不能证实其不存在，就姑且信一点儿。笔者在访谈中也证实了很多人有这样的想法。当然，有超过 40% 的人表示对菩萨是很不相信或不太相信，但有近 80% 的人每年至少到庙宇烧一次香，这说明有些自称不相信菩萨或神灵存在的人，也不排除到庙宇烧香的可能性。在 2006 年农历六月十九的香会期间，笔者在草塘的一些庙宇上碰到很多青少年，笔者问他们来烧香的原因，大部分人说是好玩、不是信菩萨，而在笔者访谈大多数青少年或要他们填写问卷时，他们通常都很坚决地表示很不相信菩萨这些东西。一方面，这说明国家多年的破除迷信的教育对青少年产生了一些影响，使他

们在理性上表现出无神论的一面；另一方面，社会生活中大量有神论行为也让他们不自觉地卷入到一些宗教行为中。这同时也说明，很多宣称无神论或没有宗教信仰的人也可能在不知不觉中成了宗教消费者。

针对"你认为最灵验的神灵是什么？"这一问题，有50%的草塘人认为观音菩萨是最灵验的。一些人认为自己、父母、自信、勤奋、聪明等是最"灵验"的，这一方面可能出于一种戏谑的态度，另一方面也表明很多人确实不信菩萨神灵。

4. "神药两解"

"神药两解"是指有些人认为人之所以罹患疾病，既可能是因为生理上的问题，也可能是因为触犯了鬼神或受到其他一些不可知的神秘力量的影响，因此，要解除病痛，既要积极运用现代医学技术，也要求助神灵，通过两方面的作用使被打破平衡的身体和生活得以恢复。有时，"神解"和"药解"分别由不同的人来进行，比如既请医生来看病，也请巫婆神汉来"跳神"。草塘也有大量宣称既会请神禳解又会扯草药医病、集"神""药"两解功能于一身的人（见表4-18）。

表4-18 你相信"神药两解"吗？

很相信		有点儿相信		不太相信		很不相信		不知道	
人数	比例（%）	人数	比例（%）	人数	比例（%）	人数	比例（%）	人数	比例（%）
15	15.31	32	32.65	18	18.37	21	21.43	12	12.24

"神药两解"本身，实际上最典型地反映了人们对鬼神的一种半信半疑的心态。在现代医药不能完全医治所有病痛、鬼神也难以捉摸的情况下，将本来看似对立的两方都请来集中解决问题。当然，医巫一家、医巫不分是自古以来就存在的，"神药两解"也可以看成这种风尚的遗存。从调查结果来看，约48%的草塘人对"神药两解"很相信或有点儿相信。从笔者在草塘农村的调查和对

一些从事神药两解职业的人的了解来看，可能在农村信奉"神药两解"的人的比例比上述数据还要高。

5. 算命

算命大概是全国各地最为流行的一种术数活动，每逢赶集的日子，草塘街头的此类活动非常多。

表 4 - 19　你相信算命吗？

很相信		有点儿相信		不太相信		很不相信		不知道	
人数	比例(%)	人数	比例(%)	人数	比例(%)	人数	比例(%)	人数	比例(%)
1	1.03	33	33.67	33	33.67	28	28.57	3	3.06

从表 4 - 19 可以看出，对于算命，有 33.67% 的人有点儿相信，只有 1 人很相信，超过 60% 的人对此很不相信或不太相信。与其他民间信仰相比，草塘相信算命的人的比例较小。

6. 烧蛋

烧蛋应该是源于"鸡子卜"的一种占卜活动，是"禽占"的一种。许地山在《扶箕迷信的信仰》中记载："在原始时代，祭司杀牲供祭，常借所杀的禽兽来占卜，有时看验它的内脏，有时审察它的毛骨，无非为要知道未来的情状。其他如古代的龟卜，岭南的鸡骨卜，蜀的鸡子卜，粤西的鸟卜，乃至鼠卜、牛骨卜、田螺卜、虱卜等都是属此类。《睍闻录》卷十'北虎青卫'条，记雷州人新正于北虎神前占一年休咎，法：'束草为人，腹中满装鸡卵，仆于地而滚之。卵有一碎，有一妇堕胎。若尽碎，凡是村孕妇无不堕胎；即牛羊犬豕亦皆胎落。'这也是禽占的一种。"[①]"鸡子卜"流行于巴蜀一带，《太平寰宇记》"万州风俗"云："正月七日，乡市士女渡江南娥媚碛上作鸡子卜，击小鼓，唱竹枝歌。"烧蛋，是通过烧熟的鸡蛋或鸭蛋的纹路来对现实问题和将来处境进行判断、预

---

① 许地山：《扶箕迷信的研究·引论》，商务印书馆，2004。

测的一种术数活动。另外，烧蛋这一行为本身也被认为可以起到一定的治疗、禳解作用，也算神药两解中的"药解"方式之一。在草塘一带，从事和信仰此项活动的人数众多（见表20）。

表 4-20　你相信"烧蛋"吗？

很相信		有点儿相信		不太相信		很不相信		不知道	
人数	比例（%）	人数	比例（%）	人数	比例（%）	人数	比例（%）	人数	比例（%）
4	4.08	33	33.67	20	20.41	28	28.57	13	13.27

从调查结果看，只有约38%的人对烧蛋很相信或有点儿相信，但就笔者调查中所感，烧蛋应该是草塘乃至瓮安一带最为流行的民间信仰之一，这一方面可以从数量众多的烧蛋从业者以及他们红火的"生意"看出；另一方面也可以从人们的日常行为看出：小孩得了小病，很多父母或爷爷奶奶首先想到的就是去给他"烧个蛋"，而不是去医院。烧蛋的流行可能和"烧蛋"本身简便易行、成本低廉有关。调查中，一些老年妇女对烧蛋的作用深信不疑。

7. 拴胎、叫魂、看水碗

拴胎、叫魂、看水碗也是草塘街头常见的民间宗教活动。拴胎的功能主要是为孕妇稳住胎儿，预防流产，有些会拴胎的人还声称可以改变胎儿的性别，将女孩变成男孩。叫魂也是一种治病的方式。在草塘，如果小孩生病，有的家长认为是小孩的灵魂被神秘的力量偷走或拐走了的缘故，通过叫魂，就可以把小孩的灵魂找回来，病也就会随之痊愈。看水碗是通过碗里的水纹运动来预测和禳解的行为。上述活动不如"烧蛋"流行，但也有一个相对稳定的信仰群体（见表4-21）。

表 4-21　你相信"拴胎、叫魂、看水碗"等活动吗？

很相信		有点儿相信		不太相信		很不相信		不知道	
人数	比例（%）	人数	比例（%）	人数	比例（%）	人数	比例（%）	人数	比例（%）
2	2.04	20	20.41	25	25.51	40	40.82	11	11.22

8. 对灵魂、轮回等的认识？

下面是人们对灵魂、轮回等的认识的调查结果（见表 4 - 22、表 4 - 23）。

表 4 - 22　你相信人有灵魂存在吗？

很相信		有点儿相信		不太相信		很不相信		不知道	
人数	比例（%）	人数	比例（%）	人数	比例（%）	人数	比例（%）	人数	比例（%）
4	4.08	42	42.86	14	14.29	21	21.43	17	17.34

表 4 - 23　你相信"投胎转世、轮回、因果报应"这些说法吗？

很相信		有点儿相信		不太相信		很不相信		不知道	
人数	比例（%）	人数	比例（%）	人数	比例（%）	人数	比例（%）	人数	比例（%）
5	5.10	30	30.61	21	21.43	23	23.47	19	19.39

泰勒认为，万物有灵观念是人类宗教起源和发展的基础。[1] 而灵魂存在、灵魂会投胎转世以及因果报应等观念，也是佛教思想的重要组成部分，通过佛教在中国近两千年的广泛传播，这些思想作为一种近乎常识的观念为广大民众所熟知。在草塘，我们看到，有近一半的人相信或有点儿相信灵魂存在，对于投胎转世、轮回、因果报应的说法，也有超过 35% 的人表示了赞同。

三　鬼的信仰方面

在沃尔夫等人关于汉族民间宗教的"神、鬼、祖先"这一信仰体系中，神灵对应的是官僚，祖先是宗族成员、鬼是外人。[2] 中国各地民间，各种关于鬼的信仰和仪式神秘、漂浮而恐怖。在草塘

---

[1] 〔美〕泰勒：《原始文化》，连树声译，上海文艺出版社，1992。

[2] Wolf, A. P. "Goda, Ghosts, and Ancestors", in Wolf, A. P., *Religion and Ritual in Chinese Society*, California: Stanford University Press, 1974.

人的信仰体系中，也有鬼的存在，但大多数人只是听说过鬼的存在，关于鬼的信仰和仪式在人们的生活中影响相对较小（见表 4 - 24 ~ 表 4 - 25）。

表 4 - 24　你见过或听说过鬼吗？

见过		听说过		没有	
人数	比例（%）	人数	比例（%）	人数	比例（%）
5	5.10	90	91.84	3	3.06

表 4 - 25　你认为鬼是什么？

生魂		其他		不知道	
人数	比例（%）	人数	比例（%）	人数	比例（%）
55	61.11	22	24.44	13	14.45

从表 4 - 25 可以看出，绝大多数人都听说过鬼，甚至有 5 人表示亲眼见过鬼；有 61.11% 的人认为鬼是生魂。这在一定程度上表明很多人是相信有鬼存在的。

从总体上看，在草塘，关于"神、鬼、祖先"以及与之相伴的一些民间信仰活动都有一个相当高的比例的信仰人群，从而构成了一个相对稳定的宗教消费者"市场"。

第二节　丧葬习俗、年度祭祀、节庆礼仪

一　丧葬习俗

丧葬习俗往往直接体现了一个地方民众的宗教信仰等多方面的社会文化信息。一般来说，中国普通民众长期浸淫在儒、释、道三教之下，各地丧葬习俗中多少都融合了三教的色彩，但由于具体的民风民俗不同，各地丧俗具体的表现形式也就各异，体现了浓厚的

地方特色。

草塘一带目前还没有火葬场，实行土葬，很多老人很早就为自己准备好了棺木和寿衣，甚至少数人家还会在老人去世前事先看好坟地和立上墓碑。人死后，孝子挨家跪请邻居帮忙，趁死者身体还没有僵硬的时候为死者梳头、擦身、穿寿衣（寿衣数量必须是单数）。然后把死者停放在堂屋，用一张水纸或白纸盖在死者脸上，防止死者见光，同时表示阴阳相隔；再用谷草将死者双脚捆绑在一起，这一方面是为了停放得稳当，另一方面据说也是为了防止"诈尸"等事情发生。在整个葬礼期间，死者的主要晚辈亲属（一般是子、女、孙、媳、婿）要吃素，有些孝子还会守斋至死者死后七七四十九日。晚辈亲属都会为死者"戴孝"（在头上包一块白布做的孝帕），正孝子在戴孝之外还要"披麻"（用一大股麻线捆头上的孝帕），并在腰间拴一根粗大的谷草绳。因此，在一个葬礼上，很容易区分死者的儿子。

接下来通知各路亲属，请道士先生。亲属到来时，孝子会拿着哭丧棒（一般是两三截竹竿做成）在家门口跪迎（称为"下礼"）。整个葬礼期间，稍微有点亲属关系的晚辈都会包上"孝帕"吊丧。主家请的道士先生称为掌坛师，掌坛师自己决定带几名助手和徒弟，一般的道场至少需要 5 人才可以做下来。主家还会应掌坛师的要求找一个香灯师（一般乡村和社区都有人长期专门扮演此角色），负责在做道场的过程中点燃大量的香、蜡、纸、烛，并负责主家和道士先生之间的联络。掌坛的道士先生来后，与主家就一些具体情况进行沟通，然后葬礼的整个活动就交给他来安排，① 根据笔者对龚六品、袁安荣、赵祥俊等当地著名道士先生和何能富等对葬礼比较了解的人进行的访谈，一场普通的民间葬礼主要包含以下活动。

（一）悬幡：道场开始前，道士先生会先将三匹幡悬挂在死者家屋外的大树或电线杆上，表示为死者招魂，在道场结束后拆下。

---

① 葬礼当中的俗事由主家自己安排。

（二）择时：根据主家的要求，确定埋葬的具体时间。

（三）择地：一般先由主家根据实际情况选定大方位，再由道士先生确定小的方位和坟地具体位置。择地以后，道士先生要在确定好的位置做一场法事，称为"招山买地"，在这个过程中除了念经之外，还要烧文书和契约，相当于由道士先生向地府发出请求、地府发出土地使用证。

（四）做道场：做道场是为亡灵超度，是一场葬礼中最主要的活动。道场时间根据死者寿数和主家的经济实力而定，一般死者越年轻，道场时间就越短，最简单的是早起晚散，最长有做七七四十九天的，现在做三、五、七天道场的比较多，其中又以做五天道场的为最多。道场专门设置在一间屋子里，里面挂上道士先生带来的各种佛像画册；在门外设置一道纸扎的门，贴上门联和佛像；纸门后设置一道柏香树和柏香树枝做成的大门，形成一个临时性的神圣空间（见图4-5）。整个做道场期间，只有吃素的人才能进入道场之内（在丧礼期间，道士先生、香灯师都必须吃素）。做道场主要包含以下程序。

1. 开路：当地传说人有三魂七魄，死后120天内不会散开，开路是由道士先生将死者的阴魂引开，从此不要轻易打扰活人。这是任何一个道场都必须有的，否则死者的邻人会认为死者阴魂不散，会给左邻右舍带来灾祸。开路又分为开大路和大绕天。

2. 起白：是准备开始念经，向上苍请求批准。

3. 敬灶：是将要开始的道场情况向作为一家之主和家庭守护神的灶王菩萨照会。

4. 关白：主要是向四方神灵发通知。包括：（1）打土地，这是向土地菩萨打报告，报告的内容是死者的生辰、四至（天地水阳）；（2）起白术（烧起白），这相当于将法事的内容贴告示，道士先生将要念多少卷经、经名，亡人的生辰、功勋等都用朱笔写了贴在道场里面，再扎一些宝塔（图4-6）、金山银山、金童玉女之类的东西。

图4-5 道场里的摆设

图4-6 道士先生扎的宝塔

5. 烧三华（绕棺）：发通告，即向天、地、水府三华通知这件事。在此过程中，全体孝子和近亲属手执蜡烛（正孝子持引魂幡走在前面）跟随道士先生绕棺。

6. 请佛爷：请佛爷来颁诏、放赦。

7. 经缘会：佛爷来后组织经缘大会，大念经文。

8. 迎尊：请上元（天上）、中元（人间中界）、下元（水府）的尊者神仙来颁诏、放赦。

9. 开方：开五方（东、南、西、北、中），为死者向各方神灵发出请求，打通各方关系。

10. 游城（破狱）：打开十八层地狱，把亡人拯救出来。

11. 招亡：请老祖宗、各路孤魂野鬼赴会，写文书通知他们来。在这个过程中要放一阴一阳两个孔明灯（当地称放"阳灯"）（见图4-7），作为发放通知的信号，通知孤魂野鬼来抢超生牒。

12. 坐台、赈孤（济）：发放超生牒，超度孤魂野鬼，道士先生会在台上撒粑粑（现在有时也以糖果来代替），小孩在下面抢，相当于布施（见图4-8）。

13. 供天（燃天）：以燃天对整场法事做总结，感谢上苍（见图4-9）。

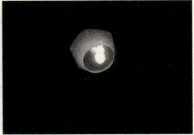

图 4 - 7　放阳灯

图 4 - 8　坐台（赈孤）

图 4 - 9　燃天

注：道场最后的总结，左图中点烛的为香灯师，右图中站在一旁者为掌坛师。

　　整个做道场的过程，实际上是为死者在天上、地上、地下、水府、阴间、地狱等各处鬼神衙门打报告，打通关节，疏通关系，并代替死者祈求的一个过程，整个过程要不断地烧文书和纸钱，多向天上地下的各路神仙请示。在一个道场上，笔者根据道士先生在"关白"中贴出的文书，看到他们念如下的经文：玉祖皇经三部、心印妙经三卷、诸天妙经一卷、观音真经一卷、三元妙经一卷、解释连经二卷、太阳真经二卷、灶王真经一卷、了义心经三卷、佛大乘经三部等接近一百卷（部）经文。

另外，在做道场时，道士先生首先要扎一个鬼王，找一个隐蔽的地方放起来，因为人们认为人死后阴气很重，各种鬼会乱窜，必须扎一个鬼王来统治这些乱窜的鬼，否则就会有鬼伤人，搅得四邻不得安宁。其次要扎几个灵房，作为死者在阴间的住所。再次要扎很多纸人，作为死者在阴间的仆人。最后还要扎一些金山银山、马、伞之类作为死者在阴间的坐骑、用品（见图4-10）。这些物品在死者埋葬后都要烧掉。数量往往也根据主人家的经济实力而定。

图4-10 葬礼上扎的灵房和仆人

（五）埋葬：抬棺材上山一般由村里的龙杆会专门负责，龙杆会的工具（主要是各种木棒和绳索）由大家出资购买，社区的每个家庭都是龙杆会的组成人员，有时外村寨的人也会来参加，有的家庭也会参加多个龙杆会。一般村落或社区每年或每隔几年就会组织大家"吃龙杆会"。抬棺材时，有32抬、16抬、8抬等几种形式，具体要看死者年龄及死者家属的经济能力和社会地位。抬棺在路上时，道士先生们拿着晓谕牌和车夫牌、护送牌在前面开路

（见图 4 - 11），大孝子抬灵牌、二孝子执引魂幡（见图 4 - 12、图 4 - 13）、其他孝子拿哭丧棒，众近亲属紧随其后，一路有人撒纸钱买路，走在棺材前，其他亲属朋友邻居跟在棺材后。到了墓地，埋葬由道士先生主持，要用罗盘为棺材定位（见图 4 - 14），要招山买地等（见图 4 - 15），要在墓穴里放黄烟驱邪。埋葬完毕后，要将纸扎的鬼王、灵房、车、金童玉女、执事等烧掉。当然整个过程都要由道士先生主持，要做一番简单的法事。

图 4 - 11　道场上用的晓谕牌、车夫牌、护送牌

图 4 - 12　抬棺出门上山埋葬　　图 4 - 13　灵牌和引魂幡

（六）送火烟包：在埋葬的前三天，死者家属要送谷草扎的火烟包到坟上去烧，表示人死后要到一个新的地方安身，为他送去火种。火烟包缠的转数约定俗成：天一转、地一转、娘一转、爷一转，再缠死者年龄的转数。传说火烟包烧得完全表示死者死得心安理得，燃烧得不完全表示死者有怨气，或者在世间有未完成的事

图4－14 埋葬时，道士先生用
罗盘为棺材定位

图4－15 道士先生做掩埋前
最后的仪式

情。实际上火烟包燃烧的程度和气候关系很大。

（七）回煞：回煞是埋葬死者后，死者灵魂回家。道士先生在做完道场时，会根据天干地支推断回煞的鬼魂从什么地方、从多高的地方、在什么时候来，再根据死亡时辰推定回煞地点。据说，回煞地点可能是在床边、屋内、室外，也可能是在厨房。道士先生会给主家写"七单"，告诉主家上述信息。到了回煞那天晚上，主家在道士先生告诉的地方，放上刀头肉、酒，点上香蜡纸烛，在地上筛上灰。主家如果当晚听到什么响动，都不能出来看，否则会惊扰亡灵，对主家也不利。第二天早上再看灰上有什么脚印、现什么行迹，据此来判断死者变成了什么东西。不过笔者就此问一些人在灰上看到过什么行迹，大多数人都说什么形迹都没有或者是猫、老鼠之类的脚印。其实，回煞之说表达了家人对死者的思念，希望死者会回来报告自己的来世。同时，回煞也表示一种阴阳相隔的决绝。回煞是阴魂最后一次回家了，从此轮回转世，尽管会彼此想念，但生者希望死者能保佑家人，但不应该再随便打扰家人了。

（八）烧福包：福包是将打好的纸钱用水纸包起来，然后写上死者的姓名，这称为登山包。同时，趁家里有人去世，也为已经去世的其他祖先烧请柬包。埋葬当天要烧一部分，然后每隔七天烧一次，一直烧到"七七"为止。"一七"时烧7个；"二七"时烧14个再加上前面烧的数量，是21个；"三七"时烧21个再加上前面烧的 28 个，是 49 个，依此类推，到"七七"时要烧 889 个福包。当然，具体数量也根据主家的经济实力而有所变化。

可以看出，整个丧葬仪式，除了将死者入土为安外，实际上也是一个死者所在村落（社区）以及死者家人、亲属、社会关系网络全面动员的过程。当一名村落、社区或社会关系网络中的成员死亡后，原有的生活和关系平衡被打破，于是动员大家集体将其安葬，一方面恢复被打破的平衡，安抚死者亡灵，另一方面也对上述社会关系进行整合与清理。

葬礼上做的道场是一个安顿、超度死者灵魂的活动，从道场的众多摆设、道士先生穿的佛教的袈裟这些外在方面以及道场上的内容、所念的经文来看，道场主要是一种佛教的安魂仪式，它一方面安顿、超度死者灵魂，另一方面也为亲属和邻人带来安慰。道场中也不乏道教和民间鬼神信仰的因素（如使用罗盘定位），做道场的人虽然穿着佛教的袈裟，但长期以来人们固执地将他们称为"道士先生"，从这一点也可以看出道教曾经在当地有很大的影响。事实上，今天我们在草塘葬礼上所看到的一切宗教因素，肯定是佛教、道教、民间宗教长期斗争和高度融合的结果。[1]

二　年度祭祀、节庆礼仪

草塘的年度祭祀和节庆礼仪活动主要是敬神和祭祖。草塘人的信仰体系中虽也包含着"神、鬼、祖先"这三个象征系统，但似乎没有形成单独的对鬼的系统祭祀，也没有单独的鬼节，鬼只是在祭祖和敬神活动中需要附带照顾一下的角色。根据祭祀活动的主体不同，年度祭祀和节庆祭祀又可分为以家庭为单位的家庭性祭祀活动和以村落等为单位的集体性祭祀活动。

---

[1]　关于传统葬礼的材料来源于 2006 年 3 月 23 日对龚六品（男，40 岁）、2006 年 4 月 2 日对袁安荣（男，73 岁）、2006 年 7 月 2 日对赵祥俊（男，78 岁）等道士先生的访谈，另对何能富、蒋兴华、张明权、周裕鑫等众多人物的访谈也涉及葬礼方面的问题。

解放前，草塘集镇的宋家、谢家，下司的傅家、宋家，宋家寨的宋家，都是远近闻名的大家族，很多人都记得当年规模宏大的宋家祠堂和傅家祠堂。祠堂不仅是家庭或个人祭祀祖先的场所，还是宗族集体祭祀的场所。一些老人也回忆，像以前下司的傅家，逢年过节都会在族长的带领下集体到祠堂去祭祀祖先。可见以前是存在以宗族为单位的集体性祭祖活动的。但是，解放后，宗族活动受到打击，祠堂遭到毁灭，集体性的祭祖活动没有再举行。改革开放后，草塘的宗族活动也没有像东南沿海一带出现复兴，祠堂和集体性的祭祖活动再也没有恢复。因此，总体上，草塘的年度祭祀和节庆宗教活动可以分为三类：家庭性祭祖、家庭性敬神、集体性敬神。

（一）家庭性祭祖

家庭性的祭祖又可以分为家祭和墓祭。家祭是在节庆以及其他一些重要的日子，在家里进行的祭祀活动。草塘一年当中重要的节庆包括：春节、元宵节、清明节、五月初五的端午节、七月十二（或十三）的"月半节"（当地人称"七月半"或"过月半"）、八月十五的中秋节、九月初九的重阳节，与一般汉族地区的节日无异。在这些节日都会举行祭祖的活动，节日当天，各家各户都会准备丰盛的晚宴。在桌上摆好各种饭菜后，就会把大门打开，倒上酒，烧上香蜡纸烛，请各位老祖宗回家吃饭，小孩还会跪在饭桌前磕头。根据节日的不同，祭祀的隆重程度也不一样，其中春节的祭祖是最隆重的，祭祀必须在堂屋进行，一般会放鞭炮。有些人家，在年夜饭之前，男主人会以整个煮熟的猪头和公鸡摆在堂屋大门前祭奉祖先。祭祀的食物在各个节日也不同，如端午包粽子、元宵节供汤圆、中秋节供月饼等，生人在世间享用的一切食品都要在祭祀中请祖先来享用。

七月十二或十三的"月半节"是一年中仅次于春节、中秋节和元宵节的重要节日，是道家的节日，在其他地方被称为"中元节""鬼节"，有"抢孤"等祭鬼的活动。在草塘一带，虽然也有"七月半，鬼乱窜"的说法，但其主要活动不是祭鬼，而是祭祖，也很少敬神，在这个节日里祭祀祖先的隆重程度甚至超过春节。"七月半"当天，除了在家庭晚餐上的祭祖活动外，更重要的是晚间给祖宗"烧福包"。"月半"时的"福包"与葬礼时的"福包"基本是一样的，都是用水纸包起来的纸钱，但葬礼时的福包写上了死者和祖宗的姓名，"月半"时的福包则一般不用写祖宗姓名。在烧福包时，将其分成很多堆，烧的人会喊"这堆是给妈妈的""这堆是给爷爷的"，或者就在心中冥想是烧给谁的就行了。最后，会再烧一大堆福包给其他各位不知名的祖先，由他们自己来领受；还会单独烧一小堆福包给一些孤魂野鬼。2005年和2006年的两次"月半节"，笔者正好在草塘调查，从晚上八点左右开始，小孩开始提着各种灯笼四处走动，各家各户也开始在自家门前烧"福包"，也有很多人拿着"福包"到河边烧，各个街道烧"福包"的火焰熊熊燃起，整个集镇都被照亮了，不一会儿，烟雾笼罩了集镇上空，确实有点鬼气森森的感觉，直到深夜12点左右才散去。这期间，很多人家特别是做生意的人家忌讳别人在自家门前烧"福包"，认为会使自己倒霉，因此要长时间守在家门前直到深夜。笔者看到，河边有一家私营企业，业主和好几个员工一直站在河边守着，不准人们在工厂大门及厂房对着的那一段河边烧纸。可见，祭祀自家祖先、给自家祖先送钱，可以获得祖先的保护，但别人家的祖先就变成了"鬼"，成为可能作祟、带来晦气的"外人"，"神、鬼、祖先"这一信仰体系中，"自家人"和"外人"的界限是很分明的。总体上，"七月半"是一年当中给祖宗送钱最集中的节日。

家祭中的其他重要日子包括已去世的重要亲属的诞辰、忌日以及房屋上梁、搬新房、子女订婚、子女结婚、孩子上大学等喜庆日子。诞辰和忌日祭祀往往是对新近去世的亲属和感情深厚的其他近亲属的祭拜活动，家属一般会做死者生前喜欢的饭菜请死者回来享用。而搬新房等喜庆活动中对祖先的祭祀活动，一来是祭奠祖先，感谢祖先，二来也是家有喜事，可以告慰先灵。

墓祭是在祖先坟茔上的祭祀活动。在草塘，春节和清明节是最重要的墓祭的日子。春节期间的墓祭称为"上亮"，除夕夜以及初一、初九和十四夜是"上亮"的重要日子，其中初九被称为"上九"，更是不应该错过的。在这些日子，全家老少一起到祖宗的坟茔前，点上香蜡纸烛，放起鞭炮，祭拜祖先。对于离家近的祖先坟茔，从除夕夜到正月十五晚上，更应该每晚都去点上香蜡纸烛。清明节期间最主要的活动称为"挂青"，在清明前十天、后十天，俗话说"前十天，后十天，懒人还有再十天"，而四月初五清明节当天却是不能去"挂青"的。这期间，全家老少出动，在祖先的坟头上挂上一些白纸做的"青"，点燃纸钱、香烛，放上鞭炮进行祭祀。清明期间可以对祖先的坟茔进行修缮，这一天，家庭成员拿上镰刀、锄头等工具，砍掉坟上长的小树、锄掉小草，如果坟茔有塌陷等问题的，还会挖土取石将坟茔修缮好。这也是一年当中唯一可以在坟上动土的日子，其他时间是绝对不能动土的，否则被认为非常不吉利。而且，只有埋葬超过三年的"老坟"才可以动土，三年以下的"新坟"即使遇到塌陷、损坏等，也不能轻易修缮，实在万不得已需要修缮的，必须请道士先生来问明情况，并且做一定的法事禳解以后才能修缮。

按当地传统风俗，在春节期间，嫁出去的女儿是不宜回娘家"上亮"的，据说这样会把娘家的运势抢走，其他节日也是如此。清明节则是嫁出去的女儿可以名正言顺回家祭奠父母及其他祖先的日子，除了"挂青"外，还可以在祖先的坟前烧纸，但不能烧香（嫁出去的女儿不是传香火的人，任何时候都不能在父母坟前烧香，随着时代的变迁，上述风俗已有移易）。

在家庭的祭祖活动中，也会有一些祭鬼的活动。最常用的祭鬼方式，除了在"七月半"给祖先烧"福包"时顺便给孤魂野鬼烧一小堆，另外常用的形式就是"泼水饭"：在每个节日给祖先供饭时，会在一个小土碗里放点米饭和一些菜，再加些水，就成了"水饭"，在夜深人静的时候，由家中的主妇带上"水饭"，在离屋子稍远的地方烧点纸，将"水饭"泼在地上，碗反扣在地上后，头不回地走回家。"泼水饭"的碗不能要了,大抵因为这是鬼用过的东西,不吉利。"泼水饭"虽然被看成行善的行为,但也有主动与鬼修好、祈求鬼不要来找麻烦的意思。总体看来,草塘人祭鬼的活动很随意,更像敷衍,只是象征性地安慰一下孤魂野鬼而已,并没有专门的祭鬼节日和活动。但是,年度祭祀和节庆礼仪中没有祭鬼活动,并不表示鬼在草塘人的宗教生活中不重要,相反,他们日常生活中大量的不顺事件被视为鬼作祟的结果,因此有很多与"鬼"有关的巫术活动和人物。

(二) 家庭性敬神

在春节、清明、端午、七月半等民俗性的节日,都是以祭祀祖先为主要内容的,其中也存在部分敬神的内容。比如除夕之夜,在吃过年夜饭以后,会在厨房里进行拜祭灶神菩萨的活动。灶神菩萨同时也是财神菩萨,与其他地方一样,草塘人也相信灶神菩萨要在年终即除夕夜上天去向玉皇大帝报告主人家一年的所作所为,这时自然要对他进行一些祭祀,希望他上天后能尽量向玉皇大帝报告一些对主人家有利的东西,同时祈求来年发财。敬灶神的方式与祭祖差不多,一般要用刀头肉、公鸡、猪头等,放在灶上,再点上蜡烛和香就可以了。

还有一些传统节日是家庭专门敬奉菩萨的特别日子,这样的宗教节日在草塘并不多,主要是与观音菩萨有关的三个日子:农历二月十九是观音菩萨的生日,六月十九是观音菩萨的得道之日,九月十九是观音菩萨的上座之日。在这三个日子的活动也被称为赶香会,有些许愿或还愿的人到寺庙去烧香拜佛。其中,六月十九的香会是最热闹的,很多人也会选择这一天去寺庙进香,二月十九和九月十九去寺庙烧香的人也比平日多一些。其他的日子,有些人或家庭有特殊需求的,也可以随时到寺庙去,并没有太多的限制。

草塘农村有很多人家"顶"菩萨。"顶"菩萨意味着将某一菩萨供养在家里,成为私家的神灵,所顶菩萨会为这一家人提供特别保护，但是，作为代价，顶菩萨的人家必须为所顶的菩萨提供特别的供奉，这样的人家会在特殊的日子对所顶菩萨进行祭祀。人们顶的菩萨各种各样，观音、药王、南海老母、送子娘娘等菩萨都有人家顶，特别是从事"神药两解"职业的人家，一般都顶了药王菩萨。不过，在草塘一带，顶"坛神菩萨"的人家最多，几乎各村子都有人家顶坛神，比如在新河村周家寨有四五家、太平潘家寨有三家顶坛神。顶菩萨的人家一般比较神秘，他们的坛神来源也不会轻易告诉别人，都说是很久以前从别的地方"请"来的。据说坛神菩萨分为上坛和下坛，上坛供在"香火"上，一般是在竹笼里放一些各种颜色的丝线（表示菩萨的肠胃等内脏）；下坛是一块石头，放在"香火"下。祭祀坛神菩萨是三年两祭，隔三五年就要杀一头猪来祭祀。传说坛神菩萨虽然很护主人家，一般会保佑主人家发大财，但坛神非常小气，不好服侍，一不小心就会让主人家倒霉，甚至会把主人家的房子给烧了，或者让你"杀猪都杀不死"（天主教徒黄志全语，他家曾顶过坛神）。而且一旦顶了菩萨，以后要想甩掉非常困难，所以一般人家也不敢轻易去顶某一菩萨。据周家寨的周光华（男，43岁）介绍，他们寨子上有一家供了坛神菩萨的，女人得了病老是不好，她男人就非常生气，说敬了那么多坛神还治不好老婆的病，从此懒得敬了，但也没敢把坛神菩萨给砸了，还得小心侍奉起来。天主教会的人也给笔者讲了很多传教过程中与坛神菩萨战斗的惊险故事（第六章有详述）。

（三）集体性敬神

在草塘人的记忆中，集体性的敬神仪式主要是农历三月三的土地会（或称为山王会和牛王会）和孃孃会，而凉水井村的田兴文（男，近70岁，农民）介绍，以前三月三、六月六、九月九都会办会。当年的土地会都是以村落为单位的，由村里有威望的男性组织，孃孃会则是由女性组织的，解放后，这些活动都中断了。改革开放后，大多数村落和一些自然寨的土地庙或山王庙相继恢复，比如就集镇上的村寨而言，对门场村1995年修建了一所土地庙，2005 年又对它进行了翻修；对门场村桐子湾寨也修建了一所土地庙；凉水井村在 2003 年修建了土地庙（见图 4 - 16）；上街村也在 20 世纪 90 年代中期修建了山王庙；金星村陈家湾在 2003 年修了土地庙。笔者调查过的其他离集镇稍远的村寨，如下司、宋家寨、太平、桃子冲等，无一例外都恢复了土地庙，而土地会和嬢嬢会，也一定程度上得到了复兴。比如，对门场村在十多年前就恢复了土地会，上街村的土地会也恢复了多年，凉水井村的山王会也在 2004 年恢复。2006 年，凉水井村和下司村都恢复了嬢嬢会。

图 4 - 16 凉水井村和对门场村桐子湾寨的土地庙

2006 年笔者在草塘进行田野调查时，适逢农历三月初三的土地会和嬢嬢会。这一天，对门场村、上街村和凉水井村都办了土地会（山王会），对门场村和下司村办了嬢嬢会。以下是笔者调查所了解的关于土地会和嬢嬢会的情况。

1. 土地会（山王会）

对门场村是集镇上的村落中土地会恢复得最早的，有十多年历史了。2005 年，村里每家出 30 元钱，将土地庙进行了翻修，塑了新的土地菩萨和土地娘娘，因此，2006 年的土地会搞得很热闹。多年来，对门场土地会的主要组织者是杨文英和谢忠云夫妻，他们同时是草塘最主要的寺庙——白虎山观音寺的主要负责人。据他们介绍，参加土地会的人主要来自对门场村，其他村的人若愿意参加也没有问题。当天中午，笔者在土地庙为所有的土地会会首照相时，发现白虎山观音寺的赵元英、鞠泽荣等人也在其中，并且功德榜上也有她们的名字，而她们并不是对门场村的人。今年参加土地会的总人数约有140人，几乎村里每家都派出了一个代表。也有些人说，杨文英的大儿子是对门场的村支书，由她来组织，大家都得给点面子。2006年的土地会，对门场村每家出了20元。

三月三那一天，对门场村的土地会主要进行了以下活动。

（1）拜祭土地菩萨和土地奶奶。早上9点左右，土地会全体会首、道士先生陈慧源（见图4-17）以及一些村民共二三十人，拿了12只大公鸡、刀头肉、香蜡纸烛、酒、鞭炮等物品，集中到了土地庙前，大家先在庙前摆了一张桌子，把道士先生的经书、木鱼、锣以及其他一些做法事的工具摆好。整个拜祭仪式由陈慧源主持，他指挥大家把香蜡纸烛点起来，倒了一碗酒放在桌上；然后开始念经，大意是感谢土地菩萨去年的保佑，祈求来年保佑全村五谷丰登、六畜兴旺、无病灾瘟疫等；接着是宣读文书，为全村的人、牲畜祈福，文书是一大张黄纸，上面写了所有会首和出了功果钱的人的名字，宣读文书时，所有的人都排队站在土地庙前作揖；文书宣读完毕，他抓了一只公鸡，把公鸡的嘴在酒碗里浸了一下，然后掐破公鸡的鸡冠，挤了一滴血在酒碗里，还扯了一些鸡头上的毛粘在庙门上；接着他指挥大家开始杀鸡，今年（2006年）一共杀了十二只鸡来拜祭土地菩萨，鸡血洒在庙门前的路上和庙的四周；杀完鸡后，就把文书烧了；一些人燃起了鞭炮，整个拜祭仪式结束，用了差不多一个小时。接下来的时间就是坐在土地庙前敲着木鱼念经，主要是陈慧源在念，谢忠云似乎也会念一些，念的经文主要是《观音经》《地母经开经偈》《地母宝忏》《川主、龙王、财神经》《龟王经》《血海、雪湖、血河、血池、血盆经》《丰都、牛王、普光、高兰、五谷经》等。中午吃完午饭后，大家又一起到土地庙，要将其彻底打扫一番，道士陈慧源根据庙门的大小，临时写了两副对联。其一是：东西南北方方应，春夏秋冬季季灵；其二是：保四方太平，佑各家平安。横批：有求必应。大家将对联贴在庙门上后，又派村子里的一个男青年将土地菩萨和土地奶奶搬出来洗澡（见图4-18），洗干净后放回原位。下午接着念经，一直到5点左右。

图4-17　对门场村土地会会首和道士先生（后排右三）

图4-18　对门场土地庙，土地会上将土地公公和土地奶奶搬出来清洗

（2）吃会。土地会的另一个重要内容是在对门场村的场坝吃会（见图4-19、图4-20）。凡是出了20元的人家，都可以

派代表来吃会，包括中午和下午两顿饭。据杨文英介绍，今年两顿饭都有十四五桌人一起吃，除了拜祭土地菩萨的 12 只鸡以外，他们还专门杀了一头猪，请专人负责办菜。笔者看到，吃会的大多是一些中老年妇女，也有少部分老年男性以及个别青年男女参加。

图 4－19　人们在土地会上为　　　　图 4－20　吃会
　　　　　"吃会"做准备

集镇上的上街村和凉水井村当天也在举办山王会，笔者在两村的山王庙访察并访谈了一些主要的组织者，基本了解了这两村的山王庙和山王会的情况。

凉水井村的山王庙修在草塘至瓮安县城的大马路旁，笔者在对其访察时，发现山王庙旁立了一块"山神庙修建碑"，以下是碑文：

主办人　蒋志伦　李国良　郑永吉
资助人士　蒋志伦　王复宪　蒋家胜　蒋家雄……
公元二零零四年甲申岁三月初三立
中国书画人才丁互　画
石阡县　　　杨鹏刻字

在庙内，张贴了 2005 年和 2006 年庆贺山王庙会的一些人员名单和资金收支情况。

二〇〇六年庆贺山王庙会名单

会首：郑永吉 伍拾元 蒋志伦 伍拾元

会员：刘昌学 拾元 刘 畅 拾元

……

总收入389.10元　付出现金393.7元　下余4元　买烟、肉类179元　60元租碗

4元烟、车费8元　香料27.5元　杂水费15元　小菜74.2元　火炮、香纸烛26元

大米30斤30元　工资24元

二〇〇五年指路碑山王会人员名单

会首：邓永杰　蒋胜　会员：王良华 拾元 蒋家富 拾元……

庙门上有一副对联，上联：镇守山冈虎豹豺狼皆拱伏，下联：护卫峻岭士农工商尽沾恩，横批：一方平安。

2006年4月2日，笔者找到"山神庙修建碑"记载的主办人和资助人之一的蒋志伦（男，57岁，广东湛江一个船公司的退休工人），他向笔者讲述了修建山神庙的起因和经过：

我们这个生产队叫"指路碑"，这个地方原来就有一个山王庙，但解放后给毁坏了。前些年，我们生产队丁家的儿媳妇一直没有生儿子，他们家老奶奶郑永吉比较信菩萨，许愿说如果儿媳妇生下孙子就给菩萨修庙。她许了愿后又来给我们讲，恰好我家大儿子蒋胜的媳妇前两胎生的都是姑娘，于是我们也许愿说如果大儿媳妇生下男孩就修庙。住在上街的李国良长期生病，早就许愿说如果菩萨保佑他的病好了，他要为菩萨修庙子。后来，我们三家的愿望都实现了，李国良听说了我们要修庙的事情，就来加入我们。本来应该由丁家来承头的，但丁家老爷子死了，老奶奶郑永吉承不起这个头。我是从湛江一个修码头的船公司退休回来的，现在有1500多块钱的退休工资，在这种地方还是比较宽裕的，我有时间又有些钱，于是最后就由我来承头组织修山王庙和办山王会。第一年（2004年）我

们主要在凉水井村化钱，也有瓮安和贵阳的人来参加，那年很闹热，共有二十多桌人吃会，除了修庙，我们塑菩萨花掉了600多元，杀了很多鸡来祭祀，请（道士）先生来念了一整天的经。第二年（2005年）的人少一点，今年（2006年）就更少了，只有9桌人一起吃会。郑永吉已经去贵阳了，后面两年她没有来参加山王会，但是都叫人带功果钱下来的。李国良后面两年就都没有参加了。一般来说，参加这种山王会，一参加就必须参加三年，否则就不吉利。不过，现在好多人都不知道这些东西了。

同村的田兴文（近70岁，农民）也向笔者介绍："山王菩萨是管豺狼虎豹的，据说有三张脸、六只手，与土地菩萨还是有些区别的。自从凉水井的山王庙修起来后，现在街上的人都经常来这里放火炮。我们这个山王庙靠近路边，有很多坐车路过的人都来这里拜，有些街上的老奶奶去山上掐茶叶回来一定会在这里来拜一下。"

上街村的山王庙修在草塘烈士陵园侧的小山坡上，今年三月三也同样举办了山王会，笔者第二天在山王庙上看到山王会时贴的功德榜仍在：

庆祝　　山王天子胜会佳期约集众姓人等家家请吉户户平安男臻百吉女纳千祥豺狼虎豹远遭他方祈保人口清吉五谷丰登六畜兴旺百般顺遂祈祥保安领。　首士 刘成英

丁金秀　张国连　陈启碧……　左国书　杨明忠　彭吉珍　石少菊（共149人）

伏愿　经通天界　福临人间　行行灭罪　句句削怨

若有私心　神仙监察　南无护法藏菩萨　宝杵下

天运丙戌年三月初三日

山王庙门口是新贴的两副对联，一副是：昔日商朝为天子，今朝土地作山王；另一副是：山王殿前日扫地，高坡顶上月为灯。横批：威灵显应。

笔者发现，庙里现在并没有山王菩萨雕像，只有一个菩萨牌位，上面粘了鸡毛。据路过此地的村民说，这里原来也有菩萨塑像，但几次都被附近学校的学生拿出来烧了，所以后来就没塑像，只有一个牌位了。

笔者从对上街山王会的主要组织者刘成英（女，50多岁，个体工商户）、左国书（女，75岁，农妇）等的访谈中得知，改革开放以来上街的山王会办了十多年，今年每家出了5块钱，来吃会的主要是上街村的，租住在上街村的外地人和其他村的人，只要愿意也可以来吃，今年一共有十多桌人吃会。祭拜的方式主要是杀公鸡祭祀和请道士先生来念经。左国书还介绍："上街的山王会很早就有了，解放后第三年他们办会，政府派人来拿着棍子打，我当时跑得快没被打着，但是被打得厉害的那家人不敢再信了，结果后来全家都死绝了；而打人的粟登祥也没有好下场，他打了人后就没有升成官，后来连领导都没得做了。"左国书还说，现在这个山王庙修好后，不仅本村的人拜，而且很多远处村庄的人也来拜，庙前经常烧起很高一堆灰。

2. 孃孃会

孃孃会也是在三月三举行。草塘人一带人习惯把已婚的年轻妇女称为"孃孃"，因此，顾名思义，孃孃会主要是由年轻妇女组织并参与的一项活动。解放前孃孃会在草塘一直是有传统的，据道士先生陈慧源介绍，三月初三这一天不能动土，地里有一种蚕虫，如果这天动土就会冲撞它，一年中所有的庄稼都会被蚕虫啃光，因此大家必须到山上去娱乐。

2006年，对门场村和下司村的孃孃会在改革开放后第一次恢复举办。

对门场村2006年的孃孃会主要由王昭萱（30多岁）和另外两个20多岁的妇女组织，共有50多人参加，参加的每人出10元钱。孃孃会的仪式下午1点左右在山上举行。上山的路上，笔者问孃孃会的组织者她们拜的是什么菩萨，大家均表示不知道，只是听老人说办孃孃会要敬一下菩萨，就请道士先生来做一下。大家拿着食物、供品到了举办孃孃会的山上的一块平地，有五六十人聚在那里，大部分是年轻妇女，也有几个年轻男子。大家东一堆西一堆坐着，有的在打麻将、有的在打牌、有的坐着闲聊，很休闲的样子。还有四个看上去只有十多岁的女生，很害羞地坐在一边，道士先生介绍说是四个捧香侍女，祭拜菩萨时需要的。

道士先生陈慧源将所带的物品放下后，就在一个背风的地方做祭拜菩萨的仪式（见图 4-21）：

陈先生首先将写有"琼瑶台上仙子娘娘"的一个黄色纸牌放在地上，这就是孃孃会要祭拜的菩萨了。再摆上供品，供品包括刀头肉、公鸡、豆腐、糍粑四样。供品摆好后，在四个酒杯里倒上酒，将鸡嘴在酒杯里浸了一下，陈先生掐一下鸡冠，把鸡冠中的血挤了一滴滴入碗中的水里。陈先生说碗中的鸡血没有散开，证明明年还可以办孃孃会。然后，陈先生指挥四个捧香侍女撕纸、焚香烧纸烛（见图 4-22），他就开始敲着锣念经，念完一段又开始念文书（文书是所有在孃孃会出了功果的人的名字），再念经祈福，最后边念经边烧文书，烧完文书，仪式就结束了，共持续了约40分钟。

图 4-21　道士先生在孃孃
会上做法事

图 4-22　孃孃会上的四个捧香
侍女和参加的人群

在整个过程中，陈先生一刻不停地念经，可以看出他对主持这样的仪式已经非常熟练。在仪式进行的时候，除了四个捧香侍女在场外，其他参加嬢嬢会的妇女都在一边玩，可以看出她们对这个仪式根本不在意。据陈先生介绍，按照规矩，在念文书时，所有参加者都应当在香烛前作揖，现在大家都在旁边聊天、打牌、打麻将，没人过来作揖，也就无所谓了，不过自己的"手续"要做周到，否则大家会遭到菩萨怪罪。做完仪式后，陈先生拿着刀头肉和公鸡，就下山了。参加嬢嬢会的妇女们则继续在山上玩耍，下午就在山上做饭吃，吃完饭后所有的碗筷都扔在山上不要了。

第三节　日渐模糊的"地方"认同
——朝山会和龙灯会的变迁

一　朝山会的恢复和衰落

在 20 世纪 70 年代初期，来自上层的高压稍微放松，一些宗教活动开始复苏，朝山会就是在该时期恢复的。老朝山会的杨海亭、张某某等成员去世后，杨洪德成了朝山会的领袖，马绍全、曾俊钦、卓泽仙（女）等人也成了朝山会的重要组织者。

朝山会恢复的初期，其规模和影响已大不如解放前，一般都只能组织二三十人，并且时断时续。不过，朝山会的活动形式还是与解放前差不多，也是众人步行到梵净山朝拜，其他如念经、吃会等活动方式也没有改变。从 20 世纪 80 年代中后期开始，草塘的白虎山观音寺兴起，朝山会于是与白虎山观音寺结合在一起，当时白虎山观音寺的杨文英、谢忠云、蒋兴华、袁安荣等人也成了朝山会的骨干，又组织了几次到梵净山的朝山活动，从梵净山回来后也到白虎山观音寺缴香。后来，由于蒋兴华与谢忠云、杨文英夫妻等人闹矛盾，带领袁安荣等一帮人从白虎山观音寺退出，白虎山观音寺于是也从朝山会退了出来。此时，朝山会的领袖杨洪德已经去世，一时之间，朝山会缺乏强有力的领导而难以继续。杨洪德的儿子杨贵才不忍看到这种情况，企图解开蒋兴华和谢忠云夫妻的矛盾之结，但最后没有成功。杨贵才于是联合堂兄杨贵龙把朝山会的活动顶了起来，松坪等地的人也开始加入，其中，松坪的肖树华（女）、赵玉芝、陈久明等人成了草塘朝山会的重要参与者和组织者。

1995 年前后，后岩观在蒋兴华、周裕鑫、罗智身等人的组织下得以恢复，朝山会于是又开始与后岩观结合。随后，杨贵才、杨贵龙相继去世，蒋兴华成了朝山会的主要领导人。其他如马绍全、叶德发、肖玉书、赵玉芝、曾俊钦等人都是主要的参加者，但这些人年纪都比较大了，有些已经年过九十，不能够理事；一些较年轻的人参加了进来，曾祥贵目前是主办会计，在医院工作的范林刚是出纳，黎大托、谭光前等也是主要的组织者。虽然主要是后岩观的人在组织朝山会，但朝山会作为一个松散的组织一直是独立的，近些年除了吸引一些松坪的人参加外，也开始找一些福泉市和都匀市的人来参加。

朝山会目前仍然是在每年六月初一开始，在派出所门前的空地上摆开桌子，只要交 20 元钱就可以来吃 5 天会期，其间会请道士先生念 5 天皇经、做道场，人们都可以来挂香钱，据说现在每年可以筹三四千块钱，出发前一天依然会抬着檀香炉、挂着写有"佛"字的香袋在集镇上游行。朝山活动在形式上也出现了一些变化：朝山回来缴香从到白虎山观音寺改为到后岩观；没有人愿意再走 13 天的路到梵净山去了，改成包车或搭车去，因此朝拜的范围相应也更宽广。1996 年大家去了贵阳的黔灵山、仙人洞，去了几次遵义的金鼎山，还去过镇远县的青龙洞、施秉县的华严洞、黄平县的飞龙洞等省内几个著名的佛道教圣地，2002 年大家又去了浙江的普陀山，还顺道参观了杭州的灵隐寺和湖南湘潭的韶山冲，2003 年又去了遵义的金鼎山。据曾俊钦介绍，目前朝山会的账户上还有两千多块钱，今年（2006 年）大家准备在黎大托家办会（不过，

2006 年的朝山会后来并没有办成），去朝拜峨眉山、青城山。笔者问他如何选择朝拜对象，他说："哪里的庙修得好就去哪里，遵义的金鼎山这些年修得很好，因此去了几次。"曾俊钦还向笔者描述了朝山过程中发生的一些神奇事件："我们朝山时都是要吃素的，去年去金鼎山时，在遵义县团溪镇，我们吃凉粉，而掌坛师袁安荣吃了鸡肉糯米饭，结果后来他在金鼎山病了六七天，差点死了，后来我们还嘲笑他鸡肉可不是好吃的。松坪的陈久明是个老朝山了，他朝山时也没有持戒，在金鼎山上喝酒、吃牛肉，结果现在都病在家中还没有好，现在他每年都去鸡鹅田（白虎山观音寺）还愿，家人背着都要去。"他认为朝山会对草塘不遭受冰雹是有很大作用的。出去朝山时，朝山会的组织者每人只交 25 元，其他要同去的人都是自己出车费。

现在朝山会朝拜的地方越来越远，笔者在草塘调查时，很多人却对此有些看法，一位以前的老朝山会的人说："以前组织朝山会的人都是为大家着想，不会吃大家的钱，也不用多交钱，自己用多少就带多少，现在据说每人都要交 2000 多块钱，越搞越巫教（醒龊）了。"很多人还嘲笑去年朝山会去金鼎山时，所有的人都被雨淋得通透，十分狼狈。在镇上，当笔者问起一些人是否常去附近的庙上烧香时，他们都笑着对我说："现在敬什么菩萨？死菩萨是得不到的，全都是敬了活菩萨，他们现在每年都拿大家敬菩萨的钱去搞旅游，搞得欢得很哦。"2005 年 8 月 18 日，笔者在后岩观调查时，当就庙里抽签算卦的事情问一位守庙的女士时，这个自称守庙治好了她的精神病的女士说："你不要信他们那一套，都是假的，这些（后岩观的）领导都是骗大家的钱拿去旅游。"由此可见，在很多人的心中，朝山会的宗教意义已经极大地消退，朝山会不再被认为是保护地方清明、祈求地方平安的一件重要的事情，而完全被理解成一种休闲旅游活动了。笔者在访谈谢忠云时，他也坦言，朝山会不仅是宗教活动，也可以顺便旅游，是一项对老年人的身心健康有利的活动。

2003 年以后草塘就没有再办朝山会，草塘的主要寺庙——白虎山观音寺和后岩观都因为庙会期间人太多，要处理庙上的事务，无暇顾及朝山会的事情了。离开了这两座寺庙，其他人来组织这项活动似乎越来越力不从心。看起来，有数百年历史的草塘朝山会越来越难以为继了。

二　龙灯会的盛与衰

龙灯会在改革开放后得以恢复，在 20 世纪 80 年代初期曾经盛极一时。据说当时区委的王书记比较喜欢这些传统的和"迷信"的东西，非常支持，因此大家干得也比较卖劲。现在的领导对这些都不感兴趣了，草塘的龙灯会开始走下坡路，到 2005 年春节，一共只有 4 拨龙灯到草塘街上来玩，很多老人回忆起当年的热闹景象，对现状都直摇头。

2006 年农历正月初九到十四，笔者在草塘就龙灯会的情况进行调查。初九中午，笔者找到上街村的支书李中华，向他了解 2006 年草塘龙灯的状况，正好今年上街村准备了一拨龙灯。李中华介绍说："现在很多年轻人都出去打工了，他们也没有兴趣参加这些活动，也不太懂，不会玩。因此，如果不是村领导来组织，根本玩不起来，今年镇政府答应每拨龙灯给 1000 元，大家也觉得现在过年冷冷清清的，才决定扎一拨龙灯，听说其他好几个村也有。"李中华还介绍说，组织玩一拨龙灯需要三十多个人，包括一些懂老风俗的老年人，一些有力气玩龙的青壮年人，还有拿各种牌灯、鱼虾灯、横幅的小孩（见图 4 - 23），组织起来非常不容易。组织一拨龙灯会大概需要花费 3000 元，除了镇政府给的 1000 元，其他要靠大家在村里向各家各户化钱，不过现在主要都是找镇上的一些大的单位如医院、供销社、烟叶站、工商所、信用社等化钱，它们一般会给得多些。

不过，现在玩龙还是遵循一些传统的习惯，比如，以村寨和街道为单位来组织；只有上街村的龙是黄龙，其他村寨都是红龙，据

图 4-23 在龙灯会里，除了懂规矩的老人和青壮年男子之外，
儿童和妇女也是重要的、积极的参加者

说若不照此做，当年一定会有火灾；正月初九出龙，十四化龙，不能保存；每个龙灯会若组织起来，必须连续玩三年，否则不吉利；另外，男子玩大弯龙，女子玩彩龙也仍然遵照传统。据介绍，每拨龙都必须把大街小巷走完，否则也不吉利，街上的龙就在街上转，乡下的龙除了正月十三、十四上街，其他时间在乡下各村寨转。以前草塘的龙是从来不到外面玩的，现在偶尔也会组织到瓮安县城玩。

下午六点左右，参加上街龙灯会的大人小孩陆续聚集到李中华家的照相馆门口，准备去接龙。六点之后，天逐渐黑了下来，二三十人在李中华的带领下，打着"上街龙灯会"的横幅，提着一只公鸡、一方块刀头肉、一瓶酒及香蜡纸烛、一串鞭炮去接龙。今年的龙是在水沟边村的曾俊钦家里扎的，到了曾俊钦家，大弯龙已经扎好放在院坝里，龙头和龙身、龙尾是分离的，龙身一共有九节。院坝里还有另外一条龙正在进行开光仪式。

接龙时必须先进行开光仪式，扎龙的曾俊钦就是一位道士先生，因此开光仪式由他主持。院坝里已经摆好了一张四方桌，上街龙灯会的人将香蜡纸烛、刀头肉在桌上摆好，倒了两碗酒。开光时，人们将龙头抬到四方桌前，开光先生先在地上烧了一些纸，点燃香烛，将公鸡嘴抓住放在酒碗里浸了几下，然后将鸡冠掐下一点，将伤口浸入酒中，于是鸡血进入酒中。开光先生看了一会儿酒中的鸡血慢慢散开，然后将公鸡提起对着龙的口、眼、身、尾等各个部位，口中念念有词，逐一为龙的各个部位开光（见图4－24、图4－25）。龙灯会的会首下令点燃龙的各个部位的蜡烛，然后把牌灯、宝灯、鱼灯、虾灯等都点燃，不一会儿，整条龙及各种灯都亮了起来，活灵活现。最后，开光先生拔下几根鸡毛粘在龙的下巴上，旁边的人燃起了鞭炮，开光先生扔下公鸡，再把剩下的纸点燃烧了，会首李中华放了四元钱在方桌上，开光仪式就此结束。

图4－24　道士先生曾俊钦　　　　图4－25　道士先生为龙的
　　　　准备为龙开光　　　　　　　　　　各个部位开光

随后，会首李中华一声喝令，大家拿着灯和龙缓缓地走出大院，路上经过的人家都燃起香蜡纸烛、放起鞭炮接龙。龙在街上游走了一圈，经过一些政府机关和医院等大的单位，就会停下，众人将龙头放在单位的大门前，龙灯会的会首会进去化钱、索取红包。

正月初九当天晚上，笔者在草塘街上共看到八拨玩龙的，分别是：（1）上街龙灯会；（2）下司"三八"龙灯会（彩龙）；（3）下司宋家湾、笪箕湾龙灯会；（4）双木井龙灯会；（5）水沟边龙灯会；（6）对门场龙灯会；（7）老年协会（猴场社区）龙灯会；（8）太平龙灯会。

各拨龙在街道上游走一番后，最后都会在镇政府门口报到。

到了镇政府大院,龙呈一字形蹲下(见图 4-26),政府工作人员燃起鞭炮,表示迎接,同时政府给每拨龙发放承诺的 1000 元大红包。

图 4-26　每条龙都会到镇政府门前蹲下,表示对政府的尊崇,同时接受政府的红包

到了晚上 9 点半左右,所有的龙就各自散了,喧闹一时的街道也恢复了平静。

其后几天,有一些龙在街上玩,但都比较冷清。到了正月十四的晚上,所有的龙灯会又都聚集到草塘集镇上,很多人买来了焰火对着龙放,各拨龙灯会也使出浑身解数,将龙舞了起来,一时间,鞭炮声声,焰火飞舞,彩龙翻滚,煞是热闹。当天晚上 11 点左右,街道上又逐渐冷清了下来,玩累了的各条龙像残兵败将一样,陆续到了河边,道士先生依然点起香蜡纸烛,念念有词,然后大家将龙烧了,各自散去,一年的玩龙活动就此结束,生活又归于平静。

2006 年 3 月笔者再次拜访曾俊钦时，问起有关给龙开光和化龙的仪式，他表示这都是按照《西游记》记载的唐朝时的"迷信"延续下来的，具体是《西游记》中的哪些情节，他也说不清楚。说到今年初九为龙开光的事，他说："今年初九那天我在为水沟边村的第一条龙开光时，从酒碗里点的鸡血看到要出问题，本来想再做点仪式来'解'的，结果水沟边龙灯会的人举着龙跑了，我就知道要出事。结果，当晚在河滨花园有三十多个烂崽拿着匕首等在那里要和他们（水沟边龙灯会）扯大皮，纠缠了一番，后来是周强三、周子贵来解交才没有出大麻烦。所以，这个开光的手续一定要周到。"曾俊钦也认为玩龙灯对保证国泰民安、风调雨顺有很大的作用，草塘这个地方的冰雹很少，大家都认为和玩龙灯有很大的关系。龙灯嘴里的宝也经常被偷走，传说偷了那个东西的人家可以生男孩。曾俊钦还说，曾经把水沟边村的龙宝拿走的人家，家家都生了男孩，他们灵验了以后，就会出钱支持第二年玩龙。

尽管龙灯被老人们赋予了那么多社会意义、宗教内涵和灵验传说，但与解放前甚至 20 世纪 80 年代初期比起来，现在的草塘龙灯会的确在走向衰落，以至于现在必须依靠政府的奖赏诱惑才能艰难地组织起一拨龙灯会。在谈到其衰落的原因时，草塘人提出了各种不同的看法：李中华认为是现在的领导没有以前的领导那么喜欢这些"迷信"的东西了，另外现在的年轻人大多数出去打工了，他们对这些东西也不再感兴趣；蒋兴华则认为以前的人讲究得很，旧社会街上每家都挂檐灯、玻璃灯、走马灯、八角灯，贴对子、门神，过年的气氛很浓厚，现在生活中的东西丰富了，讲究吃、穿、用，年味就完全不行了，玩龙灯这些事大家自然就不感兴趣了；袁安荣认为："现在电视、麻将多，再加上草塘的秩序不好，经常打架。以前放烟花都是往天上放，现在对着人放，经常引起纠纷。玩龙的人怕打架，在街上绕一圈就跑了，没有什么意思了。"

龙灯会可以调动一个村的青壮年男子、老人、妇女和儿童广泛参与，可以说是最能动员村民的活动之一，它整合地方和制造村落认同的象征意义非常明显。但现在，由于年轻人对此缺乏兴趣，这一带着民俗、宗教和地方特色的活动也就难以为继了。2006年8月，黔南州50年州庆，作为"龙狮艺术之乡"的草塘被县里指定扎十条龙到州府都匀参加8月8日的庆祝大会，参加者每人每天补助30元，报名者踊跃，据说很多人还要搞关系才能去；8月8日，很多草塘人通过电视看到州庆大会上草塘的龙灯飞舞时，都很自豪，草塘人对玩龙本已麻木的神经再次被政府的政治任务给拨动了起来。从过去到现在，每拨龙灯会都会到镇政府门口一字蹲下，接受政府的封赏，也是象征各个村落对国家权力的一种认同和尊崇。但是，当只有依靠国家权力才能使这项活动延续的时候，龙灯会背后的社会文化意涵也就完全不同以往了，龙灯会的衰落也就难以避免了。

第四节　自然崇拜

自然崇拜是以山川、河流、古树、岩石等自然界存在的事物为崇拜对象的宗教信仰，是宗教崇拜的一种比较初级、原始的形式，是万物有灵论的反映。在南方地区，自然崇拜比较普遍。在贵州这样的喀斯特岩溶地区，到处是溶洞和奇石，再加上原来森林茂盛，很多地方形成了对石头和古树的崇拜。自然崇拜的痕迹在草塘也是随处可见，经常可以看到一些石头和树上挂满了红布（见图4－27、图4－28），有两个自然崇拜的处所更是远近闻名。

一是位于那乡村的白果树（见图4－29）。该树高约50米，底部直径约3米，处在草塘到瓮安县城的大路边。笔者2006年4月8日在白果树旁边转悠，发现树上挂满了红布，树下也有很多碗、酒杯、小鞋、衣服和大堆的香纸灰。一些村民看到笔者照相，都好奇地围过来，问笔者是不是来烧香的，接着就很热心地

图4-27 对石头的自然崇拜　　　图4-28 对山洞的自然崇拜

介绍白果树是如何"灵验"，说求子、生病等事情，来拜了都很灵，他们都说白果树早就成精了。问起白果树的历史，老人们都说不知道，说从他们生下来就有这棵大白果树了。20世纪90年代，白果树曾经被雷击过一次，枯死了，但后来又重生，现在长得郁郁葱葱，这更加使它具有了神秘灵异的色彩。据村民介绍，不仅六月十九香会时人很多，平时也经常有远方的人在这里停车烧香、放鞭炮。

二是位于金星村陈家湾的五棵柏香树（见图4-30）。这五棵树高六七十米，最小的一棵一个大人也环抱不了。这五棵柏香树很突兀地长在一个小山包上，周围没有树林，平时很多人在那里烧香挂红。陈家湾曾走出一位将军陈靖，陈靖在草塘这样的地方可是难

图4-29 那乡的白果树　　　图4-30 陈家湾的柏香树

得的大人物，本来就是乡亲们的骄傲，只是不曾想他也成了这几棵柏香树的神异性的一个注脚——这几棵树被说成陈将军小时候栽的，保佑陈将军在以后的人生岁月里不断取得成功。陈将军的成功和树的神异性被相互注解，增添了树的神奇。

第五节　民间神异人士群落

在草塘街头和广大农村，活跃着一群从事各种宗教活动的人。本书姑且把这些人称为"民间神异人士"，他们有的是专职的，以宗教职业为生；有的则是兼职的，平时务农或从事其他工商业活动。有的在固定地点从事宗教活动，有的则活动地点不固定，居无定所，甚至全国各地跑（这类人被俗称为"跑江湖"的）。与那些仅仅热心于组织修庙或拜菩萨等宗教活动的人不同，这些"民间神异人士"大多自称具备一些超自然的能力，他们或者因为"机缘"或者因为学习而自称能够联络、控制鬼神，预测命运，判断吉凶，参透未来。他们散落在民间，以广大民众为服务对象，融入人们的生活之中，有那么一点神秘，但日常生活与周围的人没有太多差别；他们自称具备"神异"能力，但总体上又没有太高的社会地位，有的名声不好甚至经常成为人们开玩笑的对象。平时他们与普通人似乎关系不大，但是，在一些特殊的时刻，他们又成了人们离不开的对象。这些民间神异人士，承袭着几千年流传下来的或随时代变化而进行了创新的宗教活动，成为草塘宗教市场重要的参与者和推动者。

由于这些民间神异人士从事着不同种类的宗教职业，因此，人们对他们也有各种不同的称谓。当然，他们中的大多数人都自称不只有一种能力，有些甚至声称自己是无所不能的。但这类人士往往也有一个主攻方向，比如某人被称为算命先生，但他可能同时也会择日、叫魂等。对那些没有什么突出特长的，人们就将他们统称为巫婆或神汉。

一 道士先生

道士先生是最常见的此类宗教从业人员，他们都是男子，手艺一般是代际相传、师徒相传。他们被认为具备某种超自然能力，如能够超度亡灵、预测未来和吉凶等。不过，与一般的巫婆神汉不一样，他们的超自然能力不是来自某些偶然际遇或某次特殊的事件，而是来自长期的学习，是一种代代相传的知识。有些道士先生因此又加上了一些文化的色彩。

道士先生的主要工作是做道场，即超度亡魂。只有一个道士先生是做不下来一台道场的，因此，他们必须联合起来招揽生意或者找三四个助手或徒弟。主家请的领头的道士先生称为"掌坛师"，他是一台道场的总负责人，做道场所得也是由他分配给助手或徒弟。

道士先生虽名为道士，但是他们不认为自己属于道教。笔者在一场葬礼上看到，道场里挂的都是观音菩萨、佛等的图像。袁安荣认为他们做法事是佛兼道，佛教的东西多一点，做道场时都是穿袈裟而不穿道袍。龚六品认为他们学的东西包括三大类：一是以佛为主，道、儒为辅的，包括为死者超度等；二是以道为主的，包括送鬼送神、驱邪等；三是命学，指看风水、阴阳八字等，涉及周易的东西。

目前，草塘的道士先生很多，有的一直在草塘街上居住，这几年从周边农村和外地搬来的道士也逐渐多了起来。刘前云（80多岁）和袁安荣（72岁）是老一代道士先生中比较有名的，刘前云以做道场做得好并且打卦很准而有名，袁安荣则是草塘朝山会多年来的掌坛师。另外，新河文家湾的文培志（86岁）、大林湾的罗经书（80多岁）、一碗水的田兴富、下司石灰窑的王福寿、金星村石家湾张道昌家三兄弟、草塘街上的曾俊钦等人都是大家熟知的道士先生。据说原来金星村的袁仲远（40多岁）也很有名气，是袁安荣的徒弟，同时也是同辈的亲戚，他因私下里不太尊重袁安荣，与袁安荣闹翻，被袁安荣诅咒"（袁仲远）以后做一家（道场）死绝一家"，大家都知道了这件事，不敢再请袁仲远了，因此，现在袁仲远做不了掌坛师，只好给别的道士先生打下手。

不过，上述的道士先生都有点过气了，现在大家公认草塘街上最有名气的道士先生是龚六品，他是个大学生，原来做过教师，因为超生被开除，才转行做道士先生。关于龚六品超生的原因，吴素珍老人说，当初龚六品老婆怀孕后，他一直在做思想斗争要不要把胎儿打掉，结果有一天晚上梦见神仙给他说，他儿子是个天上的什么星，必须生下来，如果打掉，他们全家都会死光。后来就只好把孩子生了下来，龚六品也因为超生而被单位开除，据说他儿子现在十来岁，真的从来没有生过病。这些传言都给龚六品增添了一些神秘色彩。笔者在草塘调查期间，很多人都说龚六品的道场做得非常好，问具体好在什么地方，大家也说不清楚，只是说他做道场的人家从来没有出过事。

道士先生将做道场称为"文坛"，其他的比如收鬼、叫魂、"打替身"、为凶死的人做"水火炼度"、爬刀山、过火海等属于"武坛"。一般道士先生都能做"文坛"，"武坛"则不是每个人都会做的，据说功夫不深的先生，做武坛时翻不动跟斗。袁安荣称择时、择地、kashi（通过手指关节计算天干地支来测算不可知事情的一种方法）、shati（相当于禳解、处理）、烧蛋、拴胎、叫魂、破胎、画符驱邪等都可以做。2006年4月2日上午笔者去访谈袁安荣时，他正在给一对二十来岁的年轻人择结婚日期，他打开了好几本书放在桌上，反复核对，还在一张纸上不停地画着，用了差不多两个小时，才择出了日期，然后用红笔将择出的日期写在一个专用的类似请柬的东西上，放入一个红纸口袋交给两个年轻人，两个年轻人交了12元钱，拿着择出的日期高兴地走了。无独有偶，笔者在访谈龚六品时也遇到类似的事情。笔者经过多次电话预约，才等到龚六品有空闲，结果刚到他家里，就有一个人上门找他，说家里出了不顺当的事，让龚先生给"shati"一下。龚六品在内屋经过一番推算后出来说是遇到鬼了，然后他要笔者回避一个小时，他要给那人"shati"一下，笔者只好回避。一个多小时后，笔者再次登门拜访，刚坐下没说几句话，又有一个四十来岁的汉子找上门来，说他家里有个人正月初五就出门，至今两个月了一点儿消息都没有，让龚先生给"kashi"看一下情况，龚先生问了那人出门的具体时间、生辰、属相，就进了内屋，不一会儿，他出来很肯定地对汉子说："那人到东北方向去了，目前没什么问题，不出一个月，逢七的日子，就会有一个姓张或者杨的人来报信。"汉子又问是一个人出去的还是几个人一起出去的，龚先生有点儿不耐烦，只是重复了一下刚才的话，说多少人一起出去的看不出来，多半是几个一起的。汉子还想再问一些东西，龚先生说不用多问，很快就有人报信，然后把那人打发走了。汉子走时，要给茶水钱，龚六品推辞不要，汉子放下2元钱走了。

当然，也有道士先生不是以做道场出名，像上文提到的道士陈慧源，就是以做各种庙会上的法事而出名，他自称在草塘周围的好几个乡镇都有名气，每年农历三月和六月庙会多的时候，他常常忙不过来，要提前几个月下定金才请得到他。草塘白虎山观音寺的负责人谢忠云就是有一次在别的庙会上看到他做法事，觉得他做得非常好，于是将原来在庙里的一个道士先生炒了，请他定期到白虎山观音寺来做庙会的法事。

人们对于道士先生的预测、禳解等能力多有传说，这也为他们增添了一些神秘的色彩。新川的王满舅在说起龚六品时，很佩服："他说得准、做得好，他说要现什么就会现什么；有一年他说我家门前有一个年轻人会凶死，说是我开门可以见到，我开始还不相信，后来对门那家兴国突然就死了，我才相信是真的。"龚六品也给笔者讲述了他自己办过的一件神奇的事情："前段时间贵定县邮电局长的老婆（封俊华）鼻子莫名其妙地出血，到贵阳、上海等地就医后，鼻子不出血了，但她莫名其妙开始害怕，到后来怕到要家里的帮工和她一起睡，后来请我去给她'收拾'了一番后，她就一点儿都不怕了。"龚六品说他学了三十多年的手艺，感觉很多东西是假的，但真假参半，有些东西连自己都解释不清楚是什么原因，比如为凶死的人超度时，要做"水火炼度"，就是将手伸进滚开的水里捞出 36 个硬币，只要按照师傅传下来的方法做，的确不会被烫伤；爬刀山、赤脚走烧得火红的铁板等也是如此。袁安荣也向笔者证实，只要"手续"做得周全，他们做"武坛"时确实不会被烧伤。

人们对道士先生职业技能的评价，是影响其生意的重要因素。此外，人们对道士先生职业操守的评价也是影响其生意的重要方面。在这方面，刘朝华的例子很典型的。刘朝华当初从乡下搬到草塘街上时，因为道场做得好，所以基本占领了草塘做道场的市场。后来他逐渐和香灯师勾结起来，支使香灯师不断向主家索要"利是"钱，搞得很多人家都很生气。有一次，刘朝华在李在华家丧事上做掌坛师时，双方讲好了以 1500 元钱全包，但在做道场过程中，刘朝华又支使香灯师去向李在华要"利是钱"，结果李在华大怒，表示"已经讲好全包了，连'跪经'（在道士先生念经时，孝子在桌前跪着）都得包，你还敢来要钱"。结果刘朝华没办法，只好找人来跪经，从此以后，大家都知道道士刘朝华乱要"利是"钱被跪经的事情，名声臭了，没有人再请他，刘朝华在草塘混不下去，走了。龚六品则是大家公认的好人，守信用，从不乱要"利是钱"，因此目前在草塘龚六品基本占领了市场。可见，在神异资源的经营中，适用于世俗商业经营的一些重要品质，如诚实守信、为人和气等，也都是确保其成功的重要因素。

二 端公先生

除道士先生外，还有一类男性宗教从业者叫"端公先生"。端公先生不做道场，专门从事预测吉凶、沟通鬼神和禳解的工作。比如"打替身"：如果有人发生病痛或其他不幸，经端公先生断定遇到了鬼，端公先生就用茅草扎一个茅人，按照一定的程序做一些禳解活动，然后将茅人烧掉，病痛的人就会逐渐好起来。

道士先生袁安荣认为，端公先生的活动是以道家为主，而道士先生的活动是以佛家为主。赵祥俊说，道士先生和端公先生都喊得动鬼神，但端公先生没有经书，他们是乱跳；道士先生做文坛是讲道理，因此要写文书，有具体的要求，有明确的接受文书的部门，端公先生则不是讲道理，而是凭武力"硬取"，哪里有消息就去哪里捉拿鬼神。这样看来，道士先生做的"武坛"与端公先生所做的工作相同或近似。从所从事的职业内容来看，端公先生和一般"神汉"并没有多少区别，不过，很多端公先生的手艺是祖传或师傅教授的，因此，他们做手艺时要显得更专业一点，老百姓的认可程度也要高些。而一般的神汉，很多人都认为他们只是装神弄鬼骗钱的。在草塘民间，有时人们也将道士和端公混淆，二者并没有非常严格的分野。

三 烧蛋者

烧蛋算是草塘比较流行的民间信仰活动。虽然从统计来看，只有近40%的人对烧蛋很相信或有点儿相信，但就笔者在草塘长期调查的情况来看，这一活动的流行程度比其他民间信仰更高。

笔者到草塘调查没有多久，就听说草塘有一个远近闻名的烧蛋先生，大家都叫他王蛮子。人们都说王蛮子烧蛋预测十分准确，逢七的日子，人们拿来找他烧的蛋要装几大箩筐，过几天后才能拿到结果。对于他烧蛋的收入，一些老人说"那至少相当于一个省委书记"。有些人还对笔者说："你读多少书都是冤枉的（白读），不如王蛮子烧蛋。"笔者开始总认为这些说法有些夸张，后来了解到王蛮子就住在建设街，正好与笔者在草塘的居住地（草塘法庭）相隔不过30米。经过几天观察，发现王蛮子家门口每天都有两个老人在卖蛋，生意不错，看来找他烧蛋的人的确很多。2006年3月8日，农历二月初九，是一个赶场天，早上10点左右，笔者走到王蛮子烧蛋的地方时，虽然事先有些心理准备，还是被拥挤的场景吓了一跳：一间约 10 平方米的小屋里，至少有 30 人左右，挤得密不透风，大家都伸长脖子在往屋角观看，窗子上还趴着几个人，屋外坐了 10 多个人在等待，还源源不断地有人赶过来（见图 4 -31）。烧蛋的王蛮子有 40 多岁，靠墙坐着，面前是一个燃烧着的炉子，屋角一个香炉烧了些香烛，专门有一个年轻女子坐在王蛮子的旁边接人们拿来烧的蛋并写上各人报出的名字，同时负责维持屋里的秩序，看样子是王蛮子的助手。王蛮子则在快速剥着蛋壳，嘴里毫不停顿地向前来烧蛋的人报告他从蛋里面看出的信息。从地下的蛋壳数量看，他至少已经剥了 50 个蛋了。笔者挤进去观察了一个小时左右，王蛮子烧蛋的程序如下。

图 4 -31　王蛮子在烧蛋

　　烧蛋的人自己带鸡蛋或鸭蛋，给王蛮子旁边的女子，女子用笔在蛋上写上烧蛋的人报出的名字，然后将蛋按 15 个一堆放好，王蛮子将 15 个蛋放入火炉的灰箱中，焚香念咒语，待蛋烧熟以后，拿起一个鸡蛋，叫出人名，打一卦（卦是六块用竹头做的黑色物品）。打卦后，就问烧蛋的人想看的人年龄多大，是男还是女，哪年出生，是否出门；然后一边看卦一边剥蛋壳，一边解释卦好不好，人有没有问题，是什么原因，哪几个月要注意些什么，求财如何，等等。问题严重的需要"解"，问题不严重的则不需要"解"。不需要"解"的，会把烧过的蛋给前来烧蛋的人吃下；需要"解"的，王蛮子就会用墨笔在蛋上写上"解"的方向，"解"的方法一般是：烧上香烛，往写在蛋上的方向泼水饭。每烧一个蛋的费用是2元钱。笔者观察，在烧蛋时，王蛮子一直处于清醒的状态，没有"入神"的样子。2006年3月8日一整天，王蛮子的屋里一直挤满人，有的一人就带了十多个蛋来烧。下午2点到3点，笔者又在屋里观察了一个小时，初步统计，王蛮子在一个小时里烧了约30个蛋，平均两分钟1个，他几乎一刻不停地在说话。下午4点多，笔者看到地上还堆了五六堆蛋，至少有上百个。晚上近12点时，笔者再去看了一次，还稀稀拉拉有几个人在屋里。笔者统计，以3月8日这一天为例，从早上8点到晚上12点，王蛮子都在不停烧蛋，共16小时，960分钟，每2分钟一个，也就是说，这一天他至少烧了400个蛋，收入800元以上。后来笔者又多次到他烧蛋的地方观察，一般情况下都有好几个人。

前来烧蛋的人中，中老年妇女最多，年轻妇女其次，然后是中老年男子，也不乏年轻男子。笔者和他们聊天，知道他们有来自永和镇的，有来自各水坝村的，也有草塘街上的。有的是问小孩夜哭、出门求财、一年运势等，有的没有明确目的，就是觉得不太顺，来烧个蛋"解"一下。他们大多早就知道王蛮子的大名，不是第一次来。

其后在草塘调查的日子里，笔者听到关于王蛮子及其神奇的烧蛋技术的传说越来越多。比如草塘新川的王满舅（男，50多岁，农民）就说："草塘烧蛋的多得很，但除了王蛮子没人能搞得到，他八九岁就跟他公（爷爷）王利成学习烧蛋了。其他那些烧蛋的都是胡扯骗钱的。"新河村周家寨的周光华（男，43岁，农民）说："我这个人是个牛二蛮筋，什么神都不信，就是我们鸡鹅田的庙子（白虎山观音寺），大家都说灵得很，我也不太信，只是香会时去烧把香。但是说到王蛮子，我还是有点信他，有一次别人拿了个蛋去给我烧，人多得很，第二天我去拿，我假装说是给别人拿的，他说这个烧蛋的人会有大折财，还会有内伙子（熟人）搞他的名堂，我不信，认为他说得不准，结果不到一个月所有这些东西都现了，我丢了一辆摩托车不说，还被一个非常非常熟的人搞了名堂，折了不少财，所以我还是有点信了。"王二姨妈（女，74岁，农民）说："我都比较信神，有点什么事我都会找街上的王蛮子去烧个蛋，家里有人出门就会烧蛋，有时小孩生病烧个蛋就好了。有一次，你老表长久（笔者与长久的表弟王资刚一起做的访谈）身体一直不好，我去烧蛋，王蛮子说你老表整天没有精神，坐着就想打瞌睡，确实是这样的。寨子里的人都比较信他。为什么信王蛮子，有些事情他确实能够说得到。"王三姨爹（男，75岁，农民）说："王蛮子确实算得准，我有次去烧蛋，他说我要折1000元以上的财，最后真的就没有躲过。我一个孙子有些问题，王蛮子叫我'搭桥'解一下，我在家里扎好了'桥'，今天（2006年3月18日）晚上我就要到草塘街上去找先生来做，先生来念了经才能收拾好。"王蛮子的邻居吴素珍老人（女，78岁，退休工人）也对王蛮子的烧蛋技术赞不绝口，她说："余庆、天文、永和的都来找王蛮子烧蛋。他确实能够看到一些东西，比如一次有一家人屋里进了蛇，他说家里进了'冷物子'；一次算到有个人家里老鼠学鸡叫，说是他家有人不死也要脱层皮，后来那家果然发生了大事；家里有口角、折财等事情他都说得到。如果有人出去没有消息去找他算，他能够说出哪天有信，经常很准。其他那些烧蛋的都是些老奶奶、没文化的妇女，话都说不清楚，哪里看得到哦。"笔者在街头随意和一个姓许的男子（50多岁，农民）聊天，聊到草塘的一些宗教活动，他对寺庙里的活动不以为然，认为"巫教"得很，他说："敬菩萨，都给活菩萨（指主持寺庙的人）吃了。"不过在说到王蛮子时，他还是肃然起敬："他确实能搞得到一些东西，也不知道是什么原因。有一次，张福二（草塘人，在外做官）家出了很多蚂蚁，找了好几个道士先生来收拾都弄不干净，最后没办法，找王蛮子去收拾，也是奇了，收拾得干干净净的，后来人家提了很多好烟好酒来感谢，你一般的人想吃他家的烟酒，那是想都不要想。"在草塘调查的整个过程中，笔者几乎没有听到不信王蛮子的人，有的人知道笔者在调查宗教活动时，对笔者开玩笑说："调查什么宗教，王蛮子就是草塘最大的宗教，那两个庙子（白虎山观音寺和后岩观）都搞不赢他。"

2006年3月9日下午4点，为了亲身体验一下王蛮子烧蛋的神奇，笔者去找他烧蛋。在王家门口买了一个蛋后，到了王蛮子烧蛋的地方，只有五六个人，不过从地上剥下来的蛋壳数量看，他今天至少已经烧了上百个蛋。烧蛋的程序与3月8日所见一样，轮到笔者时，王蛮子先往地下打了一卦，问了笔者的年龄和属相，然后边剥蛋边说："卦象不错，1月、2月都有点不顺，会亏点小财，4月开始就会很不错，7月份应该注意一点。"又说求财不要往西方，往南方走会好一些。笔者问他往广东好不好，他说很好，能赚到钱，总体上整年都不错。又说笔者这一段可能会感觉不太舒服，坐着都感觉没精神，想打瞌睡，身上有点痛。最后告诉笔者没什么问题，不用解，烧个蛋什么就都会好的。后来又看了他为几个妇女烧蛋，如果来烧蛋的人是为了小孩，几乎都是小孩夜哭、横睡、睡梦中惊醒等问题，说小孩是梦到鬼了，有的有血光星，有的犯财星，等等，大家一般都点头称是。有的需要解的，王蛮子就用墨笔在蛋上写上方向，叫前来烧蛋的人回家后往那个方向泼水饭或者淘米水。

等人都走后，笔者问王蛮子什么时候开始干这行的，他说他爷爷是个家传的道士先生，他从1974年就开始跟着爷爷烧蛋，现在他四十五六岁了，烧了将近30年了。

笔者通过多次的观察，的确没有看出王蛮子烧蛋的特别之处，甚至隔不了几个人就会落入重复的俗套，如成年人总是没精神、坐着都想睡觉，小孩子则几乎都会夜哭、横着睡、蹬脚，并且都是遇到了鬼。王蛮子家旁边的很多算命先生和烧蛋者在与笔者聊起王蛮子的"好生意"时，也对他的烧蛋技术不以为然。一个姓周的先生说他亲自找王蛮子试过，说得并不准，不过他们均认为，王蛮子能有这么好的生意，那肯定是他的命上有某种因缘。笔者也问了很多前来烧蛋的人是否觉得王蛮子烧蛋很准，有些人确实对他很相信，但大多数人似乎也是半信半疑的，有的甚至说："这个东西，谁都会多少蒙到一些。"问他们："既然如此，那为什么还要来找他烧？"很多人都说："也就是花两块钱，王先生不像街上那些（指其他民间神异人士）乱敲人，他从来都只收两块钱，就是有大的事情需要解的，也最多要一个'花盘'，不像外面那些（指其他民间神异人士）乱宰人，动不动就要你的大公鸡，有的甚至要花几百块钱。"

四　算命先生

算命也许是中国最普及、最为人们熟悉和津津乐道的一项民间术数活动。每逢赶集的日子，齐聚草塘的民间神异人士当中，算命的总是最多的，他们算命的方式有算八字、看相、看麻衣相、摸骨、抽牌、卜卦等。

在观察的同时笔者也亲自参与了一番，找了其中一名老者要求算一算命。通过与算命先生交谈，知道他姓周，来自余庆县的齐坡，离草塘有十多公里。周先生说"文革"时他们也偷偷给别人算命，只不过是躲在家里或在赶集的路上摆摊子，不像现在这样大张旗鼓地在街上摆，现在周围大一点的乡场他都会去赶。周先生说他不敲人，上次在木老坪看到他隔壁的算命先生敲了别人360块钱。后来笔者一直坐在他身边看，有一个30岁的妇女因长期受大她十一岁的丈夫虐待，来算一算何时能转运，算了以后，周先生说他与丈夫的命相克，因此两个人合不来，不过以后会好一点，算完后，本来要收她4元，但她只能拿出1.5元，然后忧心忡忡地走了。另一个69岁的老头来算他和老伴的命，周先生说他们姻缘合适，有外财，并具体要求他在79岁时要注意健康，等等，算完后老头没说话就走了。旁边看热闹的人说老头是街上的人，有十多个门面，很有钱，以前"雄"得很，去年他孙子去打外地来的马戏团的人，结果马戏团的人有真功夫，反把他孙子打死了，因此老头现在恢了。

五 "神药两解"者

在前面的统计中我们看到，在草塘，相信或有点儿相信"神药两解"的人接近50%。笔者在调查中还发现，一些声称不怎么相信的人，有时在自己或家人患病久治不愈的时候，也会尝试去找有"神药两解"技艺的人解决一些问题。广义上，像烧蛋、看水碗之类的也属于"神药两解"的方式，比如烧蛋除了可以预测未来、吉凶之外，烧蛋的过程本身就被认为具有治疗和禳解的作用。狭义上的"神药两解"则专指一些不仅能够控制鬼神、与鬼神沟通，还能够认识和配置草药的人，他们将药的功效和与神鬼打交道的能力结合起来，双管齐下，为患者治病。本书中的"神药两解"是从狭义而言的。

"神药两解"者的技艺一般都是祖传的，有的传男不传女，有的传女不传媳，据说每家都有一些秘密，且家里通常都"顶"了菩萨。有个张姓妇女，传言她会通过"神药两解"医治不孕症和保证生男孩，因而在草塘、鱼河、天文等几个东部乡镇和县城一带比较有名，她的技艺就是由她母亲传下来的。笔者在她家里看到，她家顶了三个菩萨：药王菩萨、观音菩萨、送子娘娘。有人来找时，她会问清楚夫妻双方的状况，比如双方的年龄，是"有还是没有"（指不生小孩的夫妻双方生理上有没有毛病），女方的月经情况、妇科疾病史，男方的身体、生理状况，等等，然后焚香祷告，开始在菩萨面前念经、作法，经过一番折腾后，她表示已经在菩萨面前为求子者"请"了小孩；然后叫夫妻双方在某一个特定的日子进行一些特定的仪式，比如丈夫在门槛外反手抓七把米给门内的妻子，将盐茶米豆缝在小袋里放在夫妻的枕头下，在特定的日子一起朝太阳升起的方向走三步然后饮酒，等等；然后她给了来人三包药，让女方泡酒喝，当然，喝酒、泡酒的时间，酒杯放置的地点、方式都是有特别交代的。最后，她还特别叮嘱双方，如果想生男孩，只能在哪个月行房；如果生男生女无所谓，那就不用选择行房的时间。

关于张氏可以帮助夫妻"生男孩"的神奇，好些人都能举出例子，其中有几家是笔者认识的，他们家里的小孩确是男孩。在笔者对他们的访谈中，他们也不否认当年曾经找过张氏（张氏母亲去世前是找她母亲）帮忙，至于其中是否真有"神灵"相助，就不得而知了。很多人还对张氏的母亲印象深刻，张氏的技艺由她传授，大家呼之为"老菩萨"，据传当年"老菩萨"满头银发飘飘，精神饱满，经常在山路上打坐，在大家的印象中，颇有点仙风道骨的神秘感。

2006年7月14日，笔者在后岩观的香会上还碰到两个"神药两解"者。一个是住在天文钵上的石国碧。她告诉笔者她的技艺是婆婆传的，她家里顶观音菩萨、药王菩萨、龙王菩萨等，她顶菩萨多年了，称自己很会扯草药，对于治疗妇女病、吃不下饭等毛病很有经验。庙里的几个老太太对她很感兴趣，都报出了自己的病要她帮忙治一下，她十分热心，当即就拿了一把锄头出去了。转了半小时左右，她空着手回来说找不到药，但给两个妇女开出了治妇女病的方子，让她们自己去找药。一个方子是：红芍药、鸡冠花、红芭蕉煨肉吃；另一个方子是：老草帽、老蓑衣烧成灰泡水喝。她说如果到她家里"请"了菩萨后，效果会更好，同时表示自己会"抱灯火"，即把麝香用纸包起来，然后烧香、纸，念咒语，最后猛地将麝香包杵在病处，病就会好。其他还有化九龙水、走游坛这些治病的方法，但是她不会。

与石国碧同来的有一个黑黑的中年男子，石国碧表示他的"功夫"比自己还要深一些。这个男子也很谦和，说他是松坪的，姓王，也会"神药两解"，会扯草药，是祖上传下来的手艺，家里顶的是观音、药王菩萨等，要经常敬。王姓男子表示，除了"抱灯火"之外，他还会化九龙水、走游坛。所谓化九龙水，就是念咒语后，将筷子头砍成九段化在装水的碗里，然后生病的人喝下去。据说道行不深的人，化的九龙水会把人卡住。而走游坛，就是设坛收鬼。当然，与这些手段相结合，他们都会给病人吃他们所扯的草药。守庙的张老太觉得最近不顺，让这个王姓男子给他画道符"解"一下，他当即借笔在一张黄纸上画了一道符，拿到观音菩萨面前念了一会儿咒语（见图4-32），然后把符烧了化在一碗水里，给张老太喝了下去。

图4-32 "神药两解者"王某在香会上为张老太制作符咒

六 其他"跑江湖"的神异人士

还有一些人，通常被人们称为"巫婆神汉"，他们可能无法归入上面的某一类，有些人也声称自己精通上述所有神异人士的技艺。这些人与上述的民间神异人士一起，每到草塘赶场的日子，就会聚集在草塘街头，他们有的就是周边村寨的，逢赶场天就来摆摊，有的是外地来的，会在草塘住一段时间后再去其他乡村，大家喜欢把这类人称为"跑江湖"的。

他们在草塘喜欢聚集在进出集镇的街口，主要是两个地方：一是建设街的草塘小学门口，下司、木老坪、天文方向的村民赶集都从这条街道进出；二是新川，这是松坪方向的村民到草塘赶集的必经之路。建设街是这类人员最集中的地方，因此也被一些草塘人称为"迷信一条街"（见图4-33）。好几个赶场的日子，笔者在建设街对他们进行观察，赶场天早上8点左右，他们陆续在这条街道上出现。建设街人员相对比较固定，基本上21个上下，只有两三个人偶有变动。算命先生最多，主要是几个胡须飘飘的老人，摆上一张桌子，放上几本书，上面铺上一块红布，写上他们的业务内容，画个八卦，还包括一些自吹或别人吹捧的话。算命先生中还有两三个瞎子，就拿了一张凳子呆坐在那里，手里拿着几块竹片，不停地敲打以招徕生意。还有一个年纪较轻的男子是看相的，据大家介绍，整条街上就数他的生意最好。女的也不少，人们都把她们称为"神婆"，神婆的业务内容看起来比神汉的要多些，如有个神婆面前的红布上写了烧蛋、叫魂等8种业务。有一个老太太的业务是"看水碗"，她在一碗水上作法，可以医病、看出吉凶、预测未来。

图4-33　草塘人所说的"迷信"一条街

她也会打广告，每次都会挂上一面写有"妙手一双疾无影，神水一碗病皆除"的锦旗，上面显示是一个四川的病人送的；还有一个"名扬四方"的大横幅也是感激她治好病的人送来的。总体来看，这条街道上的江湖人士的业务主要有以下种类：算八字、看水碗、叫魂、择期、择字、取名、翻书（有什么不顺时帮助翻书看是碰到了什么鬼）、烧蛋、看相、看麻衣相、摸骨、择屋基、唱清醮、打替身、抽牌、卜卦等。据笔者观察，每一个人的业务似乎都不止一样，主业之外都兼顾其他，而如果你问其中任何一个人会不会他明确标示的业务之外的活动，答案几乎都是肯定的，他们几乎无所不能，如一个自称能拴胎的女士就说她能够看到孕妇肚子里怀的是男孩还是女孩，并且还有能力改变其性别。

他们开展活动的行为方式五花八门，即使同样的业务，也没有哪两个人的具体行为方式是相同的。比如，同样是烧蛋，有的会用墨笔在蛋上写上问卜者的名字，而有的是烧了香在蛋上方划几下。有的烧蛋的妇女和人说话时一直在唱，有的是说几句、唱几句，有的还做出已经入神的样子，而有的就一直很清醒地在说话。有一个烧蛋的妇女，每次似乎要和鬼神接通的时候，她都会做打电话状说："喂、喂，是什么情况，请讲……。"引得很多路人侧目。有些妇女在烧蛋过程中还负责"打鬼"，打一次鬼好像费用不低，笔者看到要求打鬼的人都拿出了12元。打鬼的神婆画了一些符，上面粘些鸡毛，然后念念有词，摇头晃脑，做出把鬼引到符上来的样子，然后赶紧用红纸包住，点上香不停地念咒，不一会儿，揭开红纸说鬼已经被打死，不必担心了，要求打鬼的人也满意而去。

这些跑江湖的神异人士都很积极主动地招徕生意。一次，笔者刚在一个烧蛋的女士旁边停了一下，她就鼓励笔者烧个蛋看下运程，笔者表示已经找人烧过了，她就不再说话。过了一会儿，她又定定地看着我说："兄弟，我知道你最近正在走背运，你知不知道你这一生已经走过了两个大关，今年你的运道还是不好，有些话不知道该说不该说，你还是烧个蛋比较好……"

总体上，大家生意都不错（见图 4 - 34），生意差的一天接待了七八个人，生意好的桌前经常围满了人。当然，有的人生意一直比其他人的生意好，比如同样是算命，烧蛋王家门口的老头生意就比周先生的好，有时还能搞到一两只大公鸡回去。五点以后，随着集市的散场，他们又从街头消失了。

图 4 - 34　街头的民间神异人士"生意"都不错

第六节　小结：集体宗教产品供应之衰和个体宗教产品供应之兴

如果将复兴后的草塘宗教市场与解放前的草塘宗教市场进行对比，我们会发现有一些宗教形式始终没有变，这主要是以葬礼、年度家祭和墓祭为表现形式的祖先崇拜，人们在祖先崇拜方面的宗教感情和热情依然如故。虽然改革开放后的祖先崇拜在一些具体的形式上有所变化，但是在基本内容上变化不大。当然，在草塘，复兴后的宗教市场变化是主流，这种变化主要表现为以下方面。

1. 集体性宗教产品的供给明显减少，并且复兴乏力

在形式上，草塘宗教市场的很多宗教活动都得到了恢复，但在集体性宗教产品的供给方面，明显复兴乏力。

第一，集体性的庙会活动没有以前多。以前在三月三、六月

六、九月九，都有一些以村落为组织的庙会活动，但现在只是恢复了三月三的土地会和孃孃会。

第二，朝山会在草塘得到了恢复，龙灯会、土地会、孃孃会这些明显具有整合社群和制造群体认同的宗教性组织，只是在部分村落得到了恢复。近年来，即便这些恢复没有多久的集体性宗教活动，也已经出现了走下坡路的趋势。草塘最大的两个寺庙相继对朝山会失去兴趣，至此朝山会已经停办3年；凉水井村的土地会虽说已经连办了3年，但参加的人一年比一年少，在退休工人蒋志伦等2006年还愿期满后，很多人都担心2007年的土地会是否还能够继续办下去；上街村的土地会尽管有刘成英、左国书等热心人士参与，但参加的人数这几年也是越来越少。唯一的例外是对门场村的土地会，这几年越来越红火，但是这里有两个因素值得注意：一是对门场村土地会的组织者是白虎山观音寺的杨文英和谢忠云夫妻，他们长期在白虎山观音寺经营，因此在组织土地会方面轻车熟路、游刃有余；二是谢家在对门场是个大家庭，其儿子是对门场村的支书，很多村民私下里说他们愿意在土地会时出20元是看的谢家大儿子的面子，而上街和凉水井的土地会，都只能在每家收5元钱。可见，对门场土地会的红火有其特殊的世俗原因。

在龙灯会方面，龙灯会无疑是最能够动员全村男女老少的组织活动，对于村落和地方的认同与整合具有重要的价值。但是，在经过20世纪80年代的红火后，龙灯会现在只能靠政府的赏金和激励才能维持下去。

第三，从宗教活动的组织者和参与者来看，他们都不是社会舞台的中心人物。上述的宗教活动，除了龙灯会之外，基本上都是由一些赋闲的老人来主持的，他们已不是这个社会政治和经济生活的中心人物，更完全不具备传统士绅的影响力和号召力。因此，他们所能够号召的，大多是一些老人和妇女，很少有青壮年男子参与。这说明，这些宗教活动本身是边缘化的，不再作为社会生活的中心事件，其整合与制造社群认同的作用和象征意义也就大大减弱了。

2. 个体性宗教供需市场出现非常繁荣的局面

与集体性宗教产品的供应复兴乏力相对应的，是个体性宗教产品供应的极大丰富。可能有些人没有意识到这一点，在以前的人"迷信"还是现在的人"迷信"这一问题上，恐怕大多数人会毫不犹豫地选择"以前"，因为有太多的资料显示解放前的中国社会，城乡庙宇众多、庙会频繁，而解放后随着教育的普及和科学的昌明，"迷信"理应越来越少了。[①]

表面看来，草塘的情况似乎也是这样，解放前草塘集镇和下司村就有18座寺庙，而现在草塘周边只有4座寺庙，其中有两座影响还不大，庙会也没有以前频繁了。但是，由此就可以得出以前的草塘人比现在的草塘人"迷信"的结论吗？如果就集体性宗教产品的供应而言的确如此，但在个体性宗教产品供应方面就不能说"不言而喻"了。笔者在草塘调查时，曾就"在草塘，你认为以前到庙里烧香的人多还是现在到庙里烧香的人多？"进行问卷调查，结果如表4-26所示。

表4-26　现在与以前到庙里烧香人数与比例

现在		以前	
人数	%	人数	%
18	56.25	14	43.75

有近60%的人认为现在到庙里烧香的人比以前多，虽然调查的样本很少（对解放前的宗教活动有记忆并且识字的老人不多了），但也一定程度上反映了人们对以前和现在的草塘宗教状况的

---

① 李景汉在《定县社会概况调查》一书中也认为受教育越多的人就越不会信宗教。他记载："定县一般民众，尤其是妇女，崇拜偶像，几乎无所不信。……但入过学堂的青年对于宗教的信仰显然薄弱。中学以上的教育程度的人有任何宗教也不信的趋势。"见李景汉《定县社会概况调查》，中国人民大学出版社，1986，第417页。

认识。2006 年 6 月的一个下午，笔者在何能富老师处与他聊天，不一会儿就聚集了一大堆老人，他们大多对以前下司的"三山九座庙"和庙会活动的热闹情景记忆深刻。谈到后岩观以前的热闹情景时，笔者顺便问了一句："我发现现在到后岩观烧香的人也挺多的，究竟以前到后岩观烧香的人多还是现在的人多？"对此问题，众多老人没有一个回答以前多，最后何能富老师认真思考了一会儿说："可能现在的人还要多些咯！现在好多当官的最迷信这一套。"对此，竟然没有老人反对，有老人补充说："解放前我确实没有看到过像王蛮子这样生意好的人。""以前那些庙真没有鸡鹅田（指白虎山观音寺）和后岩观闹热。"从我们前面讲述的王蛮子等民间神异人士群落以及他们的生意来看，草塘个体性的宗教产品确实是供需两旺的。根据问卷再辅以访谈资料，笔者认为在个体性的宗教供应方面，现在比以前更繁荣绝非不可能的事情，也就是说，"现在的人比以前更迷信"至少在草塘是成立的。

而现在的个体性宗教供给与以前相比又存在两个明显的特征。

第一，在解放前的传统社会，官僚、文人、士大夫、知识分子甚至部分地方乡绅和落魄文人等，受儒家人文主义和理性主义的影响，与大众的信仰是有一定区别的。他们有的人也会积极地参与集体性宗教产品的供应，但打的是保佑地方清明的旗帜或以"神道设教"的名义。傅玉书在《桑梓述闻》中记载说，民"有小疾患，则以水饭泼之，曰泼水饭。送以香钱，曰铺化盘。疾患重则延巫跳神，曰冲罗，又曰背星辰。然知命者则不道也"[1]。钱邦芑在《草塘后岩记》中也认为："道人侈楼殿之观，以土木之构造掩密岫之真趣，岂非名胜之一厄乎？"[2] 表现了文人、士绅对民间的求神拜佛等个体性的宗教供需行为确实不热衷参与甚至抱着蔑视的态度，也就是说，他们往往不是个体性宗教产品的需求者。而现在，这一

---

① 傅玉书：《桑梓述闻卷三·风俗》。
② 钱邦芑：《草塘后岩记》，见《桑梓述闻卷十·纪述》。

情景正在发生变化，个体性宗教产品的需求热几乎遍布各个阶层。老百姓口中"现在当官的最迷信这一套"的说法，的确不是空穴来风。从全国来看，我们经常可以见到落马贪官"不信马列信鬼神"、迷信成风的报道①，至于一些楼盘开盘时大打风水牌而热销之类的也早就不是什么新闻了。而从草塘的白虎山观音寺和后岩观来看，一些当官的动辄上万元的捐赠和对寺庙的频繁拜访，都说明了各式菩萨在他们心目中地位的重要。可见，与解放前相比，个体性宗教产品的需求群体更加广泛了。

第二，作为解放前宗教活动重要象征的寺庙，其角色性质和定位发生了重大的转变。我们前面已经论述，解放前的众多寺庙（不是全部）是作为集体性宗教供给的客体而存在的，是社区、社团、宗族等组织展示权力和整合社群的象征，它不依赖于取悦大众来生存，而是由社区、社团或宗族来集体供养。但是，改革开放后草塘复兴的寺庙，却发生了根本的转变，大多数寺庙都不是以社区、社团或宗族的名义建立的，白虎山观音寺的建立、后岩观的复兴几乎都与其所在的村落无关，桃峰寺完全是由外地人建立的，这些寺庙也不再被认为是某个村落的寺庙，其香客范围也大大地突破了草塘的界限，即便是上街和凉水井的山王庙这些明显具有村落认同特征的小庙，也引来了众多外来的香客。因此，这些改革开放后复兴的寺庙，不再作为集体性宗教供给的客体而存在，而是作为一个完全的宗教供给主体而出现的。同时，它们失去了原有的供养体系，必须要依靠取悦大众和迎合大众的需求才能生存。

那么，如何理解草塘传统宗教复兴中的上述变化呢？

---

① 比如，据报道，已被处以极刑的贵州省交通厅原厅长卢万里极端迷信，早在1994年，时任贵州铜仁地委书记的卢万里就导演过铜仁全城卫生大扫除。将某位江湖术士请到地委礼堂为地直机关全体干部做报告的荒唐事。卢万里逃亡前夕，还请这位大师为他掐算平安。在家里，卢万里供奉着观音菩萨，只要在家，卢万里都要拈香膜拜，净巾拂拭，求菩萨保佑。搜查发现，卢万里在一套住宅里专辟了一大间屋子供奉各式菩萨。见 http：//www.fzhighway.gov.cn/2006 - 9 - 10。

首先，解放后社会结构的变化基本消灭了集体性宗教的供给者，而现代性又加速了这一进程。很多学者都对封建时代中国乡土社会中地方相对自治，以及乡绅等地方精英在这一相对自治的社区中的作用进行了深入的描述，① 但解放后，"公社化造就了一套自上而下的经济控制与行政控制网络，使得国家权力对乡村社会的渗入和控制达到了前所未有的规模和深度"②，"随着解放后国家权力的扩展，最重要的关系已经换成国家政权与农民的关系"，③ 这种令研究 1949 年以后中国问题的学者印象深刻的全面渗透和绝对控制，使村落作为一个经济、文化的自治团体的功能大为减弱。另外，宗族的势力受到打击，士绅等地方自治的精英自然失去了展示的舞台，商业经济的凋敝也使商会等地方社团消失，事实上，存在于国家领域之外的一个独立"精英"阶层完全消失了，这就使地方集体性宗教产品顿时失去了供给者。而改革开放初期，朝山会、龙灯会等的复苏，一方面可以看成宗教活动在被禁绝几十年后的一种习惯性强力反弹，另一方面也是因为农村小农经济在 20 世纪 80 年代得到了一定程度的恢复，村落、社区的认同感加强，从而再次以朝山会、龙灯会这些象征资源的形式表现了出来。但是，我们注意到，由于草塘的宗族、商会等社团一直没有得到恢复，上述象征资源的复苏也是十分有限的。并且即便是有限的集体性宗教产品供应的复苏，也随着国家现代性的进程而再次被打断了。20 世纪 90 年代，随着国家市场经济的发展并逐渐深入农村，农民对土地的依附性进一步减弱，职业范围和生活方式的转变以及谋生手段的多元化，使原来由于土地和自然经济而建立起来"生于斯、长于斯"

① 参见费孝通《乡土中国》，北京出版社，2005；〔美〕黄宗智：《长江三角洲小农家庭与乡村发展》，中华书局，1992；〔美〕杜赞奇：《文化、权力与国家》，王福明译，江苏人民出版社，2010。

② 王铭铭：《乡土社会的秩序、公正与权威》，中国政法大学出版社，1997，第418页。

③ 〔美〕黄宗智：《长江三角洲小农家庭与乡村发展》，中华书局，1992，第194～195页。

的村落、社区的认同进一步受到破坏，特别是在草塘这样有经商传统的地方，年轻人从事农业生产的比例大幅度降低了，① 他们对所居住的村落甚至对草塘这个词汇的地域认同感进一步减弱，② "地方"在人们的认同概念中日渐模糊了。由此，作为草塘集体性宗教产品供应的最后一个基础也逐渐丧失。

其次，个体性宗教产品供需的旺盛甚至高度繁荣，可以看成对集体性宗教需求缺失后所留下的空白的一种补充，同时也使个体性宗教产品的市场明显扩大。但是，仅有需求存在是不足以造就宗教的繁荣的，个体性宗教产品的供给者有效的经营，是这种繁荣的重要条件之一。我们看到，草塘的个体性宗教产品供应商主要包括两部分：一是民间神异人士群落；二是各个寺庙（寺庙的宗教经营在本书第五章再详述）。通过前面的叙述，我们看到，民间神异人士群落在改革开放后逐渐壮大，并且确实在草塘街上摆摊设点开辟市场，他们的活动和经营大大推动和吸引人们进入这种个体性的宗教消费。于是，与世俗商业市场相似，神异资源的经营也显示了很多世俗商业市场的特征，比如神异人士中最著名的烧蛋者王蛮子，我们且不论其是否真的神乎其技，其为人所称道的诚信、不敲诈人的精神就为他带来众多的消费者，③ 而消费者的增多也有助于证明其神乎其技。龚六品也是如此，他一贯谦和对待每个顾客的优秀品质也为他赢得了好名声。当然，王蛮子祖上烧蛋的传统、龚六品的

---

① 在对门场村，笔者虽然没有展开普遍的调查，但所调查过的十几家中，30 岁以下的年轻人中，没有一个是专门从事农业生产的。

② 在 20 世纪 80 年代以前，草塘由于悠久的历史、众多的城镇人口、相对发达的商业，而在县内地位比较特殊，草塘人也自称为"贵州的犹太人"，深以为豪。不过在草塘期间笔者感觉到，县城等地现在发展快速，已经与草塘等乡镇形成较大的城乡差别，草塘人的自豪感逐渐减弱了。

③ 笔者调查发现，很多人其实"不知道王蛮子是否真的看得准"，并认为"可能谁都会蒙到一些"，可见好多人对王蛮子也是半信半疑的。由于王蛮子不乱敲诈人，他们认为只需要花 2 元钱就可能换来很大的好处（对未来的把握、疾病的痊愈等）还是值得的，即使王蛮子什么也没有做到，花 2 元钱他们也不会在乎。

受教育程度和教师身份都为他们的成功经营增加了资源。

通过对草塘解放前和改革开放后的传统宗教市场的对比，我们看到了这两个市场各种供需关系的变化以及所带来的不同宗教图景。在解放前，宗教作为社会的中心事务之一，成为乡土社会中各种宗族、社区、社团以及代表他们的地方士绅所角逐的舞台，宗教在这种情况下往往成为象征资源，宗教组织如寺庙只是宗教供应的客体和对象。而当20世纪80年代宗教复兴时，宗教已经从社会的中心舞台退出，曾经在这个社会中角逐的各种社区、宗族、社团等势力也不复存在或不再构成社会政治、经济舞台上的重要经纬了。集体性、地域特征明显的宗教产品的供给链条被斩断了，但给个体性的、跨地域的宗教供给者提供了更大的市场。于是我们看到，具有更大社会活动能力和内引外联能力的宗教人物发现了传统缺失后的"市场机会和市场突破口"，从而以一种做生意、经营现代企业的模式来经营神异资源，他们不再注重宗教的地域化和集体性供应，而是专心于提供个体性的宗教产品，并最大化地扩大自己宗教企业的地盘。他们不是社会中的权力阶层，或对社区、地方怀有责任感的地方士绅似的人物。"精英"消失了，却为一些普通人提供了机会，他们是一些具有现代经营意识和内引外联能力的人物，在宗教经营中逐渐发展了这样的能力，将地方的宗教市场推向繁荣。但是，这时的传统宗教，已经不是地方民众连接和认同的精神纽带（当然，在民间宗教的这种蜕变过程中，传统的影子也会偶尔闪现），而是宗教组织和宗教人物自我实现和获取经济利益、宗教影响的手段了。这样，原来被客体化的寺庙等宗教组织，就恢复了宗教供应主体的地位，以其掌握的宗教资源，开始在宗教市场上经营，从而使新时期的草塘传统宗教市场呈现出新的图景。

第五章

寺庙宗教市场与公司化经营

在改革开放后的二十多年里，全国各地成千上万的寺庙被修复、重建和新建。目前，这些源于佛、道教及各式民间信仰的寺庙无疑是中国最重要的公共宗教场所，其在数量上远远超过教堂等其他公共宗教空间。寺庙所吸引的宗教朝拜者的数量也是最多的，在各种民俗和宗教节日里，大小寺庙里总是人流滚滚，拥挤而繁忙。寺庙，无疑是中国宗教市场最重要的组成部分之一。

在探讨寺庙兴建的热潮时，很多人习惯或理所当然地把着眼点放在了寺庙"滚滚的人流"上，探讨他们为什么到庙里来。然后把滚滚人流到庙里来的原因认定为寺庙兴建及宗教复兴的原因。2006年7月14日的草塘观音香会上，笔者也试图从草塘最大的两座寺庙——白虎山观音寺和后岩观的滚滚人流中得出一些有用的结论。通过就"你选择来白虎山观音寺/后岩观烧香的原因是什么？"这一问题进行调查，从一些香客口中，得出了这样一些答案："好玩""这里闹热""许了愿的、必须来还""这里庙修得好、修得大""听说这里的菩萨灵得很""没什么原因，就是每年都来一次""不是大家都来这里吗？我也跟着来了"……。看来，促使人们到寺庙里来的因素多种多样，并没有一个统一的或统治性的原因，甚至在不同时期，人们对自己到寺庙来的原因，也可能会有不同的表述和不同的解释。而且，引人注目的是，从"这里闹热""这里庙修得好、修得大"等原因来看，似乎不仅是人流造就了寺庙，有时是寺庙造就了人流。

由此，仅从"滚滚的人流"上找原因，是否显得片面？可以肯定，有宗教需求才会有寺庙的产生，但是，仅有需求并非一定能够造就"巍峨的寺庙"。那么，是先有巍峨的寺庙还是先有滚滚的人流？这似乎是一个"先有鸡还是先有蛋"的终极性问题。笔者在这里并不准备探讨这一终极问题，但在"寺庙"和"人流"的关系上，似乎比较明确的是：庙修得越大越好，越能够吸引更多的人流。比如草塘朝山会选择朝拜对象时，就是"哪里的庙修得好就去哪里"。这也提醒我们：在探讨宗教的复兴和繁荣时，绝不应该只单向度地考察"滚滚的人流"，庙宇本身就是一个非常值得考察的方面。与考察"人为什么到庙里来"这一很主观而易变的问题相比较，"庙宇是如何兴起的"则是一个非常客观理性的问题，它对于我们认识宗教的复兴和繁荣，是极有助益的。在这一点上，宗教市场论可以提供很好的理论支持和视角。

当宗教市场理论把我们的注意力引向宗教产品和服务的供给者时，它告诉我们，这些供给者致力于满足那些潜在宗教消费者的需要，根据宗教消费者需求的变化或其他供给者竞争的情况而不断调整其服务。同时，宗教消费者会在不同的宗教供应商之间进行比较，选择那些与他们付出的时间、精力以及目标、需要相符的，具有最佳投资回报的宗教供给者。

着眼于整个宗教市场时，宗教市场理论告诉我们，除非有国家的残酷垄断，否则宗教市场将是不断竞争的，吸引和获得追随者能力的不断提升、周期性的革新、偶然对他人手段的抄袭、销售宗教产品策略的多样化等世俗商业社会常有的情况，都将在宗教市场上发生。一些宗教供给者可能没有超越它所处的小环境的雄心，甚至孤立于宗教市场之外，或被动地参与竞争。但更多的宗教供给者会致力于获得尽可能多的追随者，它们在与其他具有同样雄心的供给者的积极竞争中，不断调整和设计新的策略，以图占领最大的宗教市场。

笔者认为，中国寺庙市场特有的竞争性和中国大众宗教高度的非排他性特征，也许为宗教市场的上述理论提供了一个绝佳的实证注脚。中国的寺庙虽然可能声称属于某一宗教或教派，但即便属于同一宗教的寺庙，一般也是互不归属、各自独立的，有着各自的宗教或世俗利益。因此，无论是相同还是不同宗教的寺庙，它们之间几乎天生就具有竞争性。而且，由于中国传统宗教的非排他性和多神化，信众很容易同时选择几个寺庙朝拜或经常在不同的寺庙之间摇摆，寺庙没有任何强力可以干涉信众的选择，也没有任何寺庙试图这样做；寺庙与公众之间也几乎不存在任何社会网络、情感依附等联系，信众从一个寺庙转向另一个寺庙并不会导致这些社会资本的丧失。并且，各个寺庙往往没有特定的宗教教规和礼仪，这种转换也不会导致宗教资本的遗失①。中国宗教、寺庙、信众的上述特征，使一个特定区域的信众很可能基于他们的朝拜经验、所感知的朝拜结果（该寺庙的菩萨是否灵验、是否保佑了他），或者基于随大流（跟随大家对某个传说中灵验的寺庙或朝拜人数众多的寺庙进行朝拜）等因素而很轻易地改变他们朝拜的对象。因此，特定地区不同的寺庙，几乎会处于不间断的竞争之中，要不断变换花样以吸引信众。寺庙在竞争压力之下，就会出现很多世俗商业社会的特征，各种类型的寺庙犹如"公司""超市""专业卖场""专营商店"等，会不断地试图扩大其规模，丰富其产品，了解学习竞争对手，总结成败得失经验，甚至利用广告、攀附等手段，以吸引更多的顾客（信众），获取更大的

---

① 在西方排他性宗教之间，从一个宗教或教派转向另一个宗教或教派，不仅意味着原有社会资本的遗失，而且由于要学习新的教规教义，也会导致原有宗教资本的遗失。因此，在排他性宗教之间，在不同宗教、教派甚至教堂之间进行变换，所付出的代价都是相当大的。

（宗教）市场份额。因此，可以说，中国的寺庙宗教市场，较之西方排他性宗教市场，更适合于宗教市场理论。笔者在调查中也发现，在草塘这样的地区，寺庙往往不是由专业宗教人士而是由其他社会人员来兴建和主持的，这些人心中很少有宗教的界线和藩篱，对其他任何寺庙的成功做法都可以随意"拿来"，这使寺庙的世俗化特征更加明显，竞争更加激烈。可以肯定，在促使草塘宗教市场变动的各种因素之中，主要的宗教供给者——寺庙处于主导地位。

第一节　草塘寺庙重建

前已述及，解放前草塘的庙宇众多，集镇及邻近村寨就有近 20 座寺庙。解放后，这些寺庙全部被毁，大多数僧尼也被迫还俗。改革开放后的 1984 年，在邻近集镇的新河村何家堡兴起了白虎山观音寺。20 世纪 90 年代中期开始，各种寺庙复建的脚步加快，后岩观在 1995 年得以重建并逐步与白虎山观音寺一起成为草塘最大、最主要的寺庙，各村寨的土地庙、山王庙也在这一时期渐次恢复。2000 年以后，草塘又掀起了新一轮的建庙热潮，不仅很多村寨的土地庙得以翻修，各种名目的寺庙也开始雨后春笋般兴起。综合考察草塘改革开放后兴建的这些庙宇，可以将其划分为几个层次。

第一层是白虎山观音寺和后岩观。这两座寺庙已经具备相当规模，其影响波及草塘甚至更大的范围。白虎山观音寺和后岩观目前在草塘的寺庙宗教市场上占主导地位，对其他寺庙具有示范性作用。后文将对这两个寺庙的经营进行重点论述。

第二层是一些由专人组织修建、管理和维护的寺庙。这种寺庙规模不如上述两座寺庙大，但也经过专业人员的装修和装饰，如庙顶用了黄瓦、飞檐等。这种庙宇一般也有正庙、管理人员卧房、储藏室等，设施相对齐全。目前为大家熟知并且具有一定影响力的这类寺庙主要有三座：太平村潘家寨的猪头菩萨庙、桃子冲村风子坳的观音庙、凉水井村白岩顶的观音庙。这一层次的寺庙有超越其现有小环境、在宗教市场上取得更大份额的雄心，它们的进取心较强，扩大寺庙规模的愿望强烈，但该类寺庙组织人员在社会网络、动员能力等方面存在差异，使这类寺庙逐渐出现分野，部分寺庙（如桃峰寺）有上升为更高层次寺庙的可能，其他寺庙（如白岩顶观音庙）则可能进一步衰败。

位于太平村潘家寨的猪头菩萨庙，现在香火较为旺盛。其拜祭对象是洞中的一块像猪头一样的石头，其源自这样一个传说：潘家寨几个孩子在山上发现了一头小野猪，一直追赶进了一个洞中，发现里面有一块石头颇像猪头，其中一个孩子就说那是猪头菩萨，另一个不信，说"什么猪头菩萨，你要是能够让这一湾的猪都死个精光，我就说你是猪头菩萨"，后来，胡家湾一整湾的猪当年都离奇死光（笔者在胡家湾访谈过一些村民，他们证实确有其事），于是人们才知道那是真正的猪头菩萨。随后，这件事情传到了草塘，刘成英、左国书等人希望通过修庙来治病，于是筹划修建猪头菩萨庙。他们在草塘街上化了一些钱，后来，胡家湾的张立书、杨胜碧等人参与并组织把庙建了起来。现在，关于猪头菩萨的传说越来越神，甚至有人说它的下巴上长了一颗痣，把它和毛主席联系到了一起①。笔者曾爬进猪头菩萨庙狭小的洞中去看过那块石头，的确长得很像一个猪头，但所谓下巴长痣却属子虚乌有。据说，草塘的杀猪匠和养猪的人家每年都会去猪头菩萨庙拜祭一番，六月十九的香会时，来拜祭的人越来越多，很多人还会抬猪来祭祀。不过，总体来看，猪头菩萨庙显出几分山间小庙的粗陋（见图5-1），碑刻、

---

① 农村地区将菩萨与毛主席、朱总司令、周总理联系在一起的情况不在少数，这可能与很多老人对过去时代、对自己青春岁月的怀念有关。

对联十分粗糙，词句不通，字迹歪扭，塑造的几个菩萨也十分简陋，几次接待笔者的几个掌庙人也都是些农村妇女，没有太多的文化。

位于桃子冲村风子坳一个山坳里的桃峰寺，所处更加偏僻，离草塘集镇有七八公里，方圆几里都没有人家，交通十分不便，只有在天晴时搭乘摩托车或步行可以到达。但是笔者在桃峰寺看到，该庙宇竟然盖得十分堂皇，红砖黄瓦，在空旷无人的偏僻山坳里显得十分突兀（见图5-2），在交通如此不便的地方修建此等规模的寺庙，没有10万元以上的资金难以完成。桃峰寺拜祭的也是一个黑乎乎的山洞里的几块石头，模样并没有特别之处；这里曾有个小观音庙，但已破败多年。笔者几次到桃峰寺，都没有遇到管理庙宇的人，香火也不旺盛，通过访谈附近村民得知，它是由草塘街上的几个老头和一个出家的女大学生一起修建的，据说有贵阳的寺庙资助，但更具体的情况无人知晓。笔者从桃峰寺贴出的"公告"看到，该庙正在积极筹备扩大。

图5-1 猪头菩萨庙比较简陋　　图5-2 桃峰寺在偏僻山坳里
　　　　　　　　　　　　　　　　　　　　 显得堂皇而突兀

公　告

广大的信众：

　　我寺观音莲台、大佛殿在广大信众的支持下，圆满完工，现经有关人员共同协商，在今明两年计划修建观音殿、住宿、塑大佛等菩萨，预计要七万多元，望信众及有关人员继续出功德、献力、献钱，争取按时完成任务，保佑大家平平安安、无灾无难、五谷丰登、心想事成、万事如意。（出20元的上碑）。

此告

桃峰寺筹备小组

二〇〇六年二月十七日

笔者在桃峰寺附近的桃子冲村和太平村、双泉村调查了一些村民，他们都说，桃峰寺虽然在附近化过功德钱，但是基本和这三个村的人没有多少关系，它的主要组织者和管理者都不是这几个村的人，而是外来的。笔者在桃峰寺看到，寺里的各种碑刻、公告、对联均很精致，字迹漂亮，塑造的菩萨、佛像也很精美，寺庙具有一定的佛教文化意味，总体上比猪头菩萨庙要精致许多，基本摆脱了山间小庙那种一眼便可感知的粗陋。桃峰寺肯定有一些具有文化和宗教知识的人参与修建，附近村民所言桃峰寺有贵阳的寺庙资助、有出家的女大学生参与其中，应该是可信的①。

第三层是各个村寨各种类型的土地庙、山王庙等。这类庙宇修建在路边、桥头、水井旁，规模一般就是一间，里面供奉了土地公公和土地婆婆（见图5-3）。土地庙平时没有专人守护，因此其境遇各不一样，如对门场村的土地庙原来很破败，但后来花了上万元重建成水泥房，就有了点堂皇的味道；有的土地庙修建后没人管理，就破败不堪，甚至连土地爷也不见了。土地庙虽然没有专人维护，但因为它与社区的天然亲和力，大多数还是能不时得到香火的

---

① 历史更长、香火旺盛的白虎山观音寺出资40万修建寺庙，尚需贵阳弘福寺资助20多万，香火尚不盛的桃峰寺在短时间内要修建耗资10多万的寺庙，没有外界资助、仅凭在四周农村的化缘是不可能完成的。

垂青，如果遇到村中有这方面的热心人士，其境遇可能就更好一些。

图 5 - 3　各式小土地庙在各村落随处可见

第四层是一些更小、更简陋的小庙。这类小庙往往是一些人出于特定目的（还愿、辟邪、顶神等）而建，如下司养老院门口的一个小庙，就是因为这一路段发生了好几起车祸，四周群众为了辟邪而集资修建；金星村陈家湾五棵大柏香树下的小庙由一个被媳妇赶出家门的老妇搭建，也能赢得几把香火。它们可能就是几根柱子、棍棒撑起来的小屋，也可能就是几片油毛毡搭起的小房。这类小庙一般无人管理，或虽有人管理，但名声不播，香火很少，存在一段时间后就销声匿迹了。

应该注意的是，除了土地庙相对稳定外，不同层次的庙宇之间是流动的，主要是下一层次的庙宇向上层流动，比如目前在草塘影响很大的白虎山观音寺就经历了一个从第四层次到第二层次再到第一层次庙宇的流动过程。

在以下的两节中，笔者将从宗教市场和宗教经营的视角出发，对目前草塘最大、最兴旺、最有代表性的两个庙宇——白虎山观音寺和后岩观进行研究，探讨它们如何兴起、发展、竞争，如何通过运用各种经营技术提高各自的核心宗教竞争力，在占领了宗教市场的同时，又将草塘的宗教市场进一步推向繁荣。

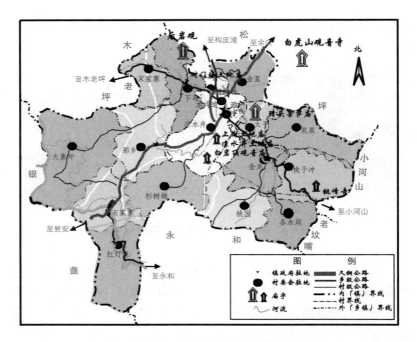

图 5 - 4　目前草塘的庙宇分布

注：庙宇图例🏛的大小表示庙宇规模的大小。

第二节　白虎山观音寺：从"灵验"
到"宗教公司"

一　白虎山观音寺的概况

　　白虎山观音寺无疑是目前草塘宗教市场上最红火的庙宇，在草塘调查时，只要笔者问起关于草塘寺庙的有关问题，首先被介绍的都是白虎山观音寺。白虎山观音寺所在地事实上并不属于草塘，而是位于松坪乡新河村何家堡寨子上，但它距离草塘集镇非常近，只有约 1.5 公里路程，交通方便，而距松坪乡政府所在地有 7 公里远，交通也不是很方便，再加上草塘作为本地区的中心城镇对四周村寨有相当的辐射力，主持白虎山观音寺的也主要是草塘集镇上的人，因此大家都一直把它当成草塘的寺庙。

白虎山观音寺建在高约100米的白虎山上，1984年成形，到2001年左右建成为现在的规模。寺庙主要由两部分构成（见图5-5）：一部分是白虎山观音寺起源时在峭壁上修建的两层小庙。小庙由几根柱子撑起，是当地民居的建筑风格，每一层有三间小屋，还包括相邻的两间厨房。小庙第二层中间的屋子连着一个山洞，就是因为这个山洞的传说才有了白虎山观音寺，而且这个洞现在依然是白虎山观音寺最大的卖点。不过现在洞边及上下两层的几间房屋摆满了观音菩萨、财神菩萨、药王菩萨以及各种不知名的菩萨塑像。

图5-5 白虎山观音寺

寺庙的另一部分是2001年在小庙的上面建成的大雄宝殿，建造在山坡开辟出的一块平地之上。大殿主体建筑高24米，里面供奉着大佛和十八罗汉像。与大殿相对的是韦驮殿，供奉韦驮将军。大殿左右两边的厢房是生活的地方，也有一间厢房里供奉了很多不知名的菩萨塑像。

二 "灵验"的经营

白虎山观音寺的出现被当地人称为"横空出世"，意指其没有任何历史的根基；它的出现和发展，被很多人归结为菩萨"灵验"的结果。

白虎山观音寺的出现时间是 1984 年，传说何家堡一位陈姓老太长期脚痛（也有传说是陈老太丈夫的腰痛），夜梦菩萨点化，次日在今白虎山观音寺所在荒坡的一个山洞里挖出金光闪闪的菩萨，陈老太的脚得以痊愈。何家堡挖出菩萨的消息很快在周边村寨及草塘街上传开，吸引了不少人前去烧香挂红。这种现象很快引起了几个人的注意，他们商量要在何家堡发现菩萨的地方盖庙。最终有八个人（六女两男）将这种想法付诸实践，成了白虎山观音寺早期的几个主要会首，他们是：赵玉芝、肖树华（已去世）、杨文英、姚怀礼（男，已去世）、肖万碧（已去世）、张光众（男，已去世）、石邦蓉（已去世）、刘玉书。他们通过集资和化缘建了一个简易棚子，并为该庙取名"白虎山回龙寺"。这八人时常在白虎山下小坝子里野餐聚会，还发动了不少的老奶奶和各自的一些家属、亲戚参与，一些能说会道的老太太被派到周边农村、草塘集镇、瓮城县城甚至州府都匀、省城贵阳等地去为白虎山观音寺化缘。当然，每到一家，那些灵验的故事就会被老太太们讲述一遍，何家堡的菩萨"灵验"的传说很快得以传开，同时，通过老太太们化缘所得也建起了一个更大一点的庙。有了庙，自然可以开始收集功德款，其后，利用收集的功德款和在外面的化缘，对小庙进行了三次翻修，最后形成了现在的两层楼的格局。

"灵验"的传说在以后的岁月里得以流传，在今日，何家堡（当地很多人并不知道白虎山观音寺这一正式名称，大家习惯上就用其所在地"何家堡"或"鸡鹅田"来代替寺庙）的菩萨很

"灵"在整个瓮安县都是有名的。在白虎山观音寺以后的发展中，这种灵验故事就越来越多了，"灵验"似乎也一直被当成白虎山观音寺最大的优势和最核心的竞争力，被寺庙经营着。今日你若去白虎山观音寺，守寺的老太太们会向你讲述几个这样的故事。在调查中，笔者就听了好几个这样的灵验故事，有拜了菩萨病好的、发财的、当官的，还有在菩萨面前骂老人后当场昏厥、口吐白沫的，这些故事的主角都有名有姓，有的还是你身边的熟人，让人不由得对该寺庙产生几分敬畏。一次笔者在庙里时，守寺的几个老太太惊呼菩萨"显身"了，指给笔者看菩萨的脸、身、帽，还说菩萨金光闪闪的，而笔者在被香火熏得黑乎乎的山洞里什么也没有看见。

根据伊利亚德（Mircea Eliade）的理论，空间具有神圣与凡俗两种模式。从凡俗的经验来看，空间是同质的、中性的，但在宗教人看来并非如此，他们会经验到空间中存在着若干断裂点（interruptions）与突破点（breaks），这就是宗教人所经验到的神圣空间与其他空间之间的对立关系。神圣空间的建构往往需要以"显圣"（hierophany）为突破点，唯此而使一地由凡俗转为神圣。神圣借助各种"圣显"显示自身的同时，也使世界得以建构，每一种空间中的显圣，或空间的祝圣，都相当于一种宇宙创生。[①] 白虎山观音寺的灵验故事，就具有这样一种"显圣"的功能：白虎山本是一座普通小山，没有"神圣"的历史，灵验故事的流传，就使在这样一座普通小山上建立起来的几栋房子在不断的"显圣"中从一种凡俗空间转化为神圣空间，具有了作为宗教场所吸引人的必备条件。可以说白虎山观音寺的经营者就是在各种"灵验"故事的不断讲述中，反复强化了这种空间神圣性。如果说最初的"观音投梦"可能还缘于某种神秘的宗教体验的话，那么，其后众

① 伊利亚德：《圣与俗——宗教的本质》，杨素娥译，台北：桂冠图书公司，2000，第112页。

多的灵验故事就不能排除是一种经营策略。

　　当然，空间"神圣性"的建立只是使白虎山观音寺作为一个宗教场所具备了基本条件。但是，白虎山观音寺真有很"灵"的菩萨吗？在中国所有的庙宇中，不都飘浮着几个这样那样神秘的灵验故事吗？就是草塘的众多大树、石头、土地小庙，不也有人宣称它们很"灵"吗？那为什么最后成功的是白虎山观音寺而不是其他的寺庙？而且，很显然的是，即便菩萨真的很"灵"，这种"灵验"也是需要传播的，那么这种传播的动力来自哪里？笔者在随后的不断调查中，才逐渐找到一些头绪。

三　结缘弘福寺

　　尽管有"灵验"之名的广泛传播，但白虎山观音寺直到1996年也还只是拥有三间小房的山野小庙，没有更大的活动场所，没有通车的马路，仅由几个老奶奶在折腾。它仅是一个民间信仰的处所，和国家所认同的五大宗教无关，一直处于未经政府登记的非法状态，随时有被拆毁的可能①。如果一直这样的话，白虎山观音寺很可能至今仍然只是一座山间野庙。但是，谢忠云及弘福寺的介入改变了白虎山观音寺的命运。

　　谢忠云是白虎山观音寺早期八名会首之一杨文英的丈夫，居住在草塘集镇上的对门场村，谢家在对门场是比较大的家族，谢忠云的大儿子是对门场村的支书，与草塘另外一些大家族如曾家有亲戚关系，因此，谢家在草塘算是家境人缘颇好的。谢忠云在白虎山观音寺建立初期，虽然也参加庙上的一些活动，但并没有很积极地介入，其妻杨文英倒是庙上活动最积极的参加者和有力的组织者之一。在20世纪90年代中期，年近七十的谢忠云开始积极参与白虎

---

① 草塘政府曾多次试图炸掉它，但当时镇委的书记进行了阻止，后来该书记高升，多次回来给白虎山观音寺捐2000元以上的款，2006年他在白虎山观音寺和后岩观各捐了1万元。这也是老太太们经常讲述的灵验故事之一，认为是书记对菩萨的善心才使他高升的。

山观音寺的活动，一些人退出了白虎山观音寺（一些早期会首由于年老而退出，而后期加入的蒋兴华等人因与谢家夫妻产生矛盾而退出，转而去修建后岩观），他们夫妻二人逐渐成为庙上最重要的人物。

1996 年，谢忠云到贵阳黔灵山弘福寺烧香，并在弘福寺皈依为佛教俗家弟子。弘福寺号称贵州第一大佛教丛林，它依托位于省城贵阳的优势而香客云集，资金雄厚。谢忠云在弘福寺碰到了老乡兰永海，兰永海是与草塘邻近的木老坪乡人，他的一个儿子与谢忠云的一个儿子是姨佬（连襟）。兰永海原来是一名道士先生，20 世纪 80 年代 50 多岁时出家到了弘福寺当和尚，法名释通常。兰永海在贵阳做法事做出了名气，很有钱，在弘福寺也取得了一定的位置，是弘福寺的八大执事之一，得到弘福寺住持和监院的赏识。谢忠云在弘福寺向兰永海提到了在草塘修庙的事情，不过最初谢忠云并不知道可以向弘福寺寻求资金支持。1997 年，谢忠云再次到弘福寺时，又提到了修庙的事情，兰永海问谢忠云为什么不向弘福寺要钱，并表示弘福寺在下面很多地方都出资修了庙。谢忠云于是请求他向弘福寺寻求资金支持。兰永海答应并成功游说弘福寺的住持和监院。不过，兰永海并不是想修建白虎山观音寺，而是想恢复他家乡木老坪的岩家婆庙，但是，最后谢忠云和兰永海向住持慧海大师汇报时，慧海认为岩家婆太偏远，吸引不了香客，最后决定将钱投向白虎山观音寺。谢忠云分几次从弘福寺得到了 13 万元（县宗教局称白虎山观音寺得到的是 18 万元），另得到了价值 8 万多元的 39 尊菩萨（有 10 尊是在白虎山观音寺塑的，另外 29 尊是弘福寺在塑菩萨时让两批人竞争，被淘汰的那一批菩萨塑像就转给了白虎山观音寺）。从 1998 年起，谢忠云利用这些钱和庙里原有的一些香火钱，买了庙前的一块土地作为停车场，从镇上修了一条路一直通到白虎山脚下，并在原来的小庙上面修建了一座在当地农村看起来非常宏大的寺庙，塑了大佛像，雕刻了龙、狮子等，还修建了厢房和场地，形成了今天白虎山观音寺的规模，并作为佛教寺院正式进行了登记，取得了合法的地位。

寺庙在2001年建成后，以其在当地难得一见的规模引起了极大的轰动，它的名声更响了，香客大增，很多人也由白虎山观音寺增加的人流进一步确认了它的菩萨"灵验"的事实。可以说，与弘福寺的结缘，是白虎山观音寺成立至今最为成功的一步，这不仅使白虎山观音寺摆脱了法律地位不明的尴尬处境并大幅度改善了物质条件，而且从宗教经营的视角看，与上层名气很大的正规宗教组织的结缘，也有效提升了白虎山观音寺的宗教"位格"，使它由乡间朴野的民间信仰场所变成了与省级佛教组织有关的一个宗教场所，增加了其对更大区位信众的吸引力。

现在若到白虎山观音寺，你会看到很多弘福寺的符号，白虎山观音寺也着力想表明这一点。为了更明确地标示它与弘福寺的关系，白虎山观音寺将弘福寺捐助款项的功德立传塑碑，放在寺庙显眼位置。谢忠云还为弘福寺现任住持慧海大师和监院圣中大师，各塑了一个大大的像（见图5-6），与十八罗汉一起享受着信众的香火，很多香客了解到他们跪拜的这二位原来是活人时，都不觉哑然失笑。另外寺院四周的墙上到处张贴着弘福寺三宝弟子印赠的吉祥经等各种经文（见图5-7）。寺庙里出售的宗教产品中，很多被声

图5-6　观音寺供奉的弘福寺住持
慧海和监院圣中的塑像

图5-7　白虎山观音寺到处贴着
弘福寺印赠的经文

称是经过弘福寺的高僧开过光的，比如有一种一元一个的过塑纸牌，就被说成是在菩萨面前开过光的，上面印了一些经文和菩萨像，同时印上了弘福寺的字样。以上的这些行为，看起来多少有点像商业经营中常见的"攀附"行为，但它的确可以大大提升白虎山观音寺的宗教"位格"。

四　参与朝山会

从 20 世纪 90 年代初期开始，谢忠云等白虎山观音寺的人便积极参与草塘朝山会的筹办，每年朝山回来以后，大家也是到白虎山观音寺缴香。朝山会的资金由参加者自出，至今组织的几届朝山会，都有 40 多人参加，分别朝拜了普陀山、峨眉山以及省内的梵净山等佛道名山。从宗教经营方面说，参与朝山会无疑是极为成功的。在朝山会期间，会在当地念皇经 5 天，每日三餐的"吃会"吸引了众多的人来参加，出发前还会组织众人抬上标牌、万名伞等在街上游行。这些宗教活动一方面扩大了白虎山观音寺的宗教影响；另一方面增加了朝山的人的宗教情怀，也增加了信众。更重要的是，同与弘福寺结缘一样，对全国性的佛道名山的朝拜，使偏僻的白虎山观音寺有了让人与全国最正统的宗教体系相连的想象空间，无疑也会提升白虎山观音寺的宗教"位格"，增加白虎山观音寺对更大区位信众的吸引力。但是，由于后来与弘福寺成功结缘，白虎山观音寺的香客来源更广，再加上谢忠云等人与同在朝山会的后岩观的蒋兴华等人不和，白虎山观音寺退出了朝山会。

五　内引外联

通过前面的叙述，我们看到，谢忠云与贵阳弘福寺的结缘使白虎山观音寺获得了最大的发展机遇。可见，外界的支持是一个寺庙发展的重要力量源泉，能否获得这种支持，往往就依赖于寺庙的领导人内引外联的能力。白虎山观音寺在这方面显然也做得不错。

首先，在寺庙与当地人的关系方面。由于寺庙建在新河村，在修庙、修路、用电、用水、用石料等方面都仰仗村子的支持，因此与当地人搞好关系是很有必要的。白虎山观音寺吸收了村里有点影响的刘开科等人参与寺庙的管理，并给予每月 150 元的工资，这样，与本村人打交道的事情就可以交给他们去办。另外，庙上允许村里两个生活困难的老太太长期在寺庙旁卖香蜡纸烛等宗教用品，帮扶了她们的生活。在香会期间，寺庙也会优先雇用本村的人来做斋饭，还允许本村的人在庙下的平坝里卖各种宗教商品和其他食品、货物。这样，寺庙增加了村里人的收入，使他们实实在在地感受到寺庙给他们带来的好处，他们也就不会来找寺庙的麻烦，并在多方面给予寺庙支持。

其次，在处理与宗教管理部门的关系上。县民宗局是寺庙的管理机构，虽然国家倡导宗教信仰自由，不干预宗教组织的活动，但民宗局事实上具有认定寺庙本身和寺庙的行为是否合法的权力，并且寺庙在用地、建设等方面都必须仰仗政府的支持。因此，与民宗局维持好关系并获得他们的支持是很重要的。通过以下几件事我们可以看出白虎山观音寺对民宗局非常配合甚至宁愿委曲求全，以求获得他们最大程度的支持。2005 年腊月初四，民宗局安排了一个姓赵的和尚到白虎山观音寺做住持，庙里不知道他的身份甚至姓名，但既然是民宗局安排的，寺里只好接收。该和尚自己有一辆车，他到白虎山观音寺后，就经常开着车到草塘街上玩，结果没几天就在庙对面的路上把人撞伤，和尚弃车消失。后来谢忠云在交警队查到和尚名叫周洪，白虎山观音寺代其向受害人赔偿了 4000 元钱。对于这件事情，民宗局本来是有责任的，不过，白虎山观音寺只是向民宗局汇报了此事，并没有多说什么。另外，白虎山观音寺每年还向民宗局交纳 1500 元的管理费，2005 年还出资由谢忠云等人陪同民宗局的领导一起到峨眉山参观考察。

　　前两年，旅游局要求白虎山观音寺把旅游与宗教结合起来，以发展旅游经济。从自然景观角度而言，白虎山观音寺所在的小山坡实在没有多少旅游开发的价值，但为了配合地方政府，白虎山观音寺也打起了寺院旅游的招牌。笔者在寺院的一面墙上看到一幅"白虎山观音寺风景旅游区"图。在这幅规划图上，未来的白虎山观音寺似乎将是一个规模宏大的寺院群落。谢忠云说："他们（地方政府以及民宗局、旅游局）叫怎么搞就怎么搞，要配合他们的工作。"由于这种配合，地方政府对寺庙的工作也挺支持，草塘镇政府曾给寺庙送过一些水泥。

　　最后，在资金筹措方面。寺庙的扩大有赖于筹措资金，除了在寺庙内部提高经营能力，让香客掏钱外，对外联系筹措资金也是重要的渠道，而这种在草塘之外的更大范围筹措资金，主要依赖的就不是"灵验"了，而更多要依赖寺庙人员的社会关系网络以及各种内引外联的能力。笔者从白虎山观音寺众多的功德碑上看到，在众多的个人捐款之外，还有诸如贵阳商校 200 元、都匀桥梁厂 500元等一些单位捐款，这些表明了白虎山观音寺的内引外联工作的确做得不错。

六　多神经营

　　白虎山观音寺虽是缘于观音托梦的故事，最初供奉的也只是观音菩萨，并由于与弘福寺的结缘而成了所谓的佛教寺庙，但谢忠云等人深谙中国民众"见神磕头、逢庙烧香"的多神信仰习性，因此，白虎山观音寺逐渐走上了多神信仰之路，与佛教寺庙弘福寺的结缘也没有改变这一趋势。在最初发现菩萨的山洞旁，塑起了几尊较大的女性神像，其中之一是观音菩萨，其他的是谁，笔者问过谢忠云和守庙的老太太，他们均语焉不详。而在这些大的塑像旁边，又供奉着一大群陶瓷做的各种小菩萨像，就更不知道是何方神圣了。在山洞旁的两间侧室里，塑了据说是地藏菩萨和药王菩萨的像，下一层的房屋里有财神和其他多位神仙。笔者数了一下，小庙中一共供奉了 24 尊各种菩萨雕塑。

在大殿里，除了高大的大佛雕塑外，与佛像并排坐的是稍小一些的观音菩萨、文殊菩萨、地藏菩萨、药王菩萨（当然，这四座菩萨也经常被庙上的人根据香客需要说成其他菩萨），弘福寺捐出的罗汉像有 39 尊之多，除了选出 18 尊作为十八罗汉环绕殿墙之外，其他罗汉像都又找地方供奉了起来。总体看，在白虎山观音寺里，找出 70 个菩萨是没有问题的。而伴随众多菩萨的，是众多的功德箱，众多菩萨的"灵验"名声所带来的，就是众多功德箱的"饱满"。

七　寺庙科层化与内部宗教经营

（一）从"会首民主管理制"到"科层化"

白虎山观音寺最初由八个人倡导建成，他们成为最早的八名会首，随后，不断有人加入或退出，长期以来会首都有几十名，热心的会首会经常共同商量庙里的事务。经过二十多年的岁月变幻，当年白虎山观音寺的八名会首，除了杨文英之外，大多已去世或因年老而退出，后期在寺庙的多次整修和运作中也新加入了很多会首，他们也大多在一项事务完成后淡出。现在名义上管理白虎山观音寺的是"白虎山观音寺学佛小组"，组长杨文英，副组长刘开科，保管谢忠云，会计赵元英、罗从亮。其中，杨文英是在宗教局登记的白虎山观音寺的负责人，刘开科和罗从亮是新河村人，谢忠云介绍说是因为寺庙在新河村，为了方便和村里人打交道才请他们来的。但是谢忠云言谈中似乎很瞧不起这两人，认为他们是乡下人，说"乡里的几个人不行，他们整天都巴不得一分钱能掰成两分钱来花"。另外，寺里还有几个老太太长期值守，负责接待香客和煮饭等日常事务，像鞠泽荣，她也是早期的会首之一，在庙里 20 年了，现在主要负责在最初发现菩萨的小庙里接待香客。寺里有一个和尚，谢忠云说他是通过兰永海（释通常）介绍来的，该和尚自称今年（2006 年）19 岁，贵州安龙人，是从普陀山佛学院毕业的。

另外，草塘街上很多人都说，兰永海本人和另外一名王姓老太太（草塘人，长期在都匀等地主持修庙）等人在修建白虎山观音寺时入了股份，他们要从每年的收入中分红。对此，笔者多次通过各种方式向谢忠云和其他寺庙人员进行了解，都没有得到证实，但街头的人确实对此言之凿凿。

不过，在调查中笔者感到，尽管存在一个管理小组，但谢忠云和杨文英夫妻很显然是目前白虎山观音寺真正的权威。笔者在见到杨文英之前曾多次造访白虎山观音寺，与鞠泽荣等几个守庙的老太太都很熟了，她们也很健谈。后来一次在庙上正好遇到杨文英，几个老太太见到我去，赶紧把杨文英介绍给我说："这是我们的主人。"杨文英在了解到笔者的身份后，向那几个老太太大吼一声："还愣着干什么？还不赶快站好让别人拍照。"几个平时很健谈的老太太都吓得哆哆嗦嗦，赶紧列队站在菩萨面前，双手合十，让笔者拍照，一声也不敢吭。后来笔者多次发现，只要杨文英在场，庙上的其他人都显得很局促。2006年香会期间，为了准备香会的各种活动，庙上请了大约40个人（主要是妇女）处理各种事情，谢忠云和杨文英穿梭其中，指挥着大家，不时呵斥那些办事不力的人，大家都不敢吭声，就是那个和尚，想偷懒不念经，找另一个老妇女在那里顶替着念，也遭到了谢忠云旁敲侧击的呵斥。

据谢忠云介绍，包括他们夫妻在内，长期在庙里值守和做事的人，每个月可以从庙里领取150元钱；那些在香会期间到庙里帮忙的人是临时雇的，每人每天20元；而庙会当天松坪乡政府派出了15个值勤警察和联防，庙里向他们支付500元的费用。

可见，白虎山观音寺的管理方式，已经从当初会首集体协商、决策的民主管理方式，变成了现在越来越科层化的管理模式。在谢忠云从弘福寺要钱来修了大庙后，白虎山观音寺的权力显然就越来越向谢家夫妻集中，寺庙也越来越向"宗教公司化"（科层制、股份制、更加注重经济利益）方向迈进，其通过"给工资"的方式将原来共同创业的老会首们逐渐变成了宗教公司里听话的员工，而不再是平等协商的对象。比如鞠泽荣，笔者在寺庙早期和近期的各种碑刻上看到，她都是排名靠前的会首或教管组成员，但是现在她显然丧失了话事权，只能战战兢兢地在这个"宗教公司"里领工资了。这种公司化、科层化的管理，是否可以提升寺庙的经营效率，促使寺庙提供更丰富的宗教产品，有利于寺庙占领更大市场呢？笔者通过对其宗教经营活动的调查发现，答案是肯定的。

（二）内部宗教经营

1. 观音香会期间的经营

如果平时到白虎山观音寺，也许并不能很好地感受到它管理有序，而在农历六月十九的香会前后，在万人云集、一派繁忙的景象下，你就可以很明显地发现白虎山观音寺在科层制管理下分工明确、人员专业、井井有条，你不得不佩服几个不识字的农村老头和老太太也可以很好地管理一个宗教公司。

观音香会是每年农历六月十九前后在寺庙烧香还愿的活动。六月十九被认为观音菩萨的得道之日，人们会到附近的庙里进香，有重大请求或许下大愿的人家，还会抬全猪等祭品或请戏班到寺庙还愿，它是草塘一带一年中最重大而热闹的宗教活动。在香会期间，到白虎山观音寺进香的人估计达 6 万以上。2004、2005、2006 年三年的观音香会期间，笔者正好都在草塘调查，下面从香会的组织活动（主要是 2006 年）来看白虎山观音寺是如何进行高效的宗教经营的。

香会前几天，寺庙就整修一新，一幅写着"宝鼎热茗香端为世界祝和平"的大红布标语被挂在大雄宝殿上，迎风飞扬。庙里各处大门新张贴了红纸对联，写着诸如"宝鼎热茗香端为世界祝和平，金台照贵烛祈求天下庆安乐""诸神有感鞭炮震地，观音圣会香火冲天""观音瓶中甘露洒，圆通浪头渡人舟"等。庙里的和尚从一大早就开始带领一班老太太穿上袈裟在大雄宝殿里高声念经和做着各种法事（和尚来以前都是请道士先生到庙上来念皇经），几乎一直到晚上才停。寺庙的大喇叭用一些大家很熟悉的曲调（如梁祝等）播放着一些佛教的音乐，在很远的大路上都可以听到；大佛像前台上一部大彩电用 DVD 播放着各种宗教仪式的热闹场景。接近白虎山观音寺，你就可以感受到它所渲染的那种热闹、喜庆的宗教节日气氛。寺庙制造的这种氛围，对于热爱赶集和凑热闹的周边农民来说，几乎具有"致命"的诱惑。①

寺庙在香会期间请了 40 个左右的人帮忙，大多是一些妇女和老年男子，杨文英、谢忠云夫妻是这场活动的总指挥，他们上下忙碌着，指挥各人有序地做各种工作。这些人绝大部分是负责煮斋饭的，香客吃斋饭每人 3 元。据谢忠云介绍，从六月十五左右开始，每天都有 15 桌左右的人吃斋饭，六月十九的正会那一天则需做上百桌人的斋饭。

寺庙内的各个"菩萨"和功德箱前都安排了专人负责，他们最主要的工作是在香客跪拜时敲磬和说吉利话。笔者注意到，他们分工细致，说话做事专业，对香客心理把握得非常准确，显然长期从事此事或者训练有素。有几个看起来不熟练的，都很快被杨文英或者谢忠云调换去做其他工作。下面通过笔者所观察到的一些具体活动来体会他们的这种"专业性"。

她们有的人负责指挥香客不要乱烧香，有几个负责维持香客的秩序，有的在香客跪拜时敲磬和说吉利话。说吉利话的工作相当重要，鞠泽荣老太就长期负责此事，她曾直言不讳地对笔者

---

① 施坚雅等学者描绘过成都平原上的农民热爱频繁地赶场和进城。其实，这种状况在中国农村应是普遍存在的，这一方面是出于交易的需要，另一方面是出于对农村日常精神文化生活匮乏的一种补偿。笔者在草塘调查的情况也是如此：在草塘赶集的日子，周边农家的大人小孩对于去赶集像是过节一般，有些人是去交易，很多人则几乎什么也不做，就是换上干净体面的衣服到集市上逛一逛，他们对于赶集的热衷和对"闹热"持续高昂的兴趣让人印象深刻。

说："搞钱主要就靠我们这张嘴会说了。"有时遇到吝啬的香客，她会给我抱怨说："嘴巴都说干了，都没有'搞'到几个钱。"有些吝啬的香客走后，她会幽默地对笔者说："烧香不出钱，就难得发财。"

鞠泽荣老太对于取悦香客显然很有经验，她会教香客怎么磕头、怎么烧香，一般的香客在这一过程中先被她那套"神秘"的方法弄得晕头转向了，而接下来她的吉利话张口就是一大串，并特别注意迎合不同香客的心理。比如，如果进香的看上去显然是个农民，她就熟练地念道："观音菩萨、文殊菩萨、普贤菩萨、如来菩萨……各位菩萨，某某来向你进香，他是诚心诚意的，你保佑他喂猪猪成山、喂牛牛成洞、喂鸡鸡成河，四方纳财，方方进宝，发大财。"如果香客像一个做生意的，她就求菩萨"保佑他全家平平安安、顺顺利利，做生意的发大财，卖什么都好卖、卖什么都赚钱，空手出门、抱财归家，一文去了万文来"，如此等等。接下来，她就会引导香客"给菩萨结点缘"（往功德箱里放钱）。大佛殿上的几个老太太也是如此，她们通常在问了香客的名字后，就敲磬说："观音菩萨、文殊菩萨、普贤菩萨、如来菩萨……各位菩萨，某某来给你烧香，你保佑他全家平平安安、顺顺利利，干工作的步步高升，做生意发大财，做手艺顺顺利利，学习考一百分，空手出门、抱财归家，一文去了万文来。"然后会有专人引导香客给菩萨结点缘，叫香客往功德箱里面放钱。据笔者观察，难得有香客在听了这些吉言后，在众目睽睽之下拉得下脸拒绝的，多少会往功德箱里放些钱。香客放钱时，老太总是会在旁边补上一句："一文去了万文来啊。"听到这句话的香客往往会非常满意。接着，又有老太上前来引导香客挂个红，"红"是撕成小条的红布，上面写上了"万事如意""平安吉祥""恭喜发财"等吉祥话。"红"也有各种类型，有普通的，也有开车用的；小的1元一条，大的5元一条，还有更大的要12元一条。出售"红"时，老太们会强调这是在弘福寺开过光的，平时在外面10块钱都找不到。

挂了红后，马上有老太太上来叫香客给旁边的菩萨磕头，一个拿了一本书的菩萨被老太们说成文殊菩萨，说是专门保佑考试升学的，一般带着小孩的香客对此都难以拒绝，马上带着小孩或代小孩跪在菩萨面前，磕头如捣蒜，这时又有老太在旁边敲磬，并说吉利话，一般是这样说的："文殊菩萨，你保佑某某学习好，头脑好，考试考一百五十分，将来考上北京大学，考上研究生，到时候他的父母会来给你还愿的。"旁边的父母听了这些话，一般会很高兴地表示"如果有那一天一定来还愿"，然后趁这些人高兴时，又被引导往文殊菩萨的功德箱里放钱"与菩萨结点缘"。接下来的观音、药王这些保佑平安、生子、不生病的重要菩萨当然也同样是让香客无法拒绝的，会继续演出同样的戏剧。从大殿烧香出来后，大门两边是挂"功果"的地方，也有妇女引导香客，说这里还要修大庙、塑菩萨，希望大家出点功果，出了功果的，以后会把名字打在石碑上，等等。

香客也是神态各异，有的表现得非常虔诚、恭恭敬敬，前前后后、大大小小的菩萨都要磕头、烧香，生怕漏掉一个；有的则一副大大咧咧、似信非信的样子。香客许愿也是五花八门，有的甚至对菩萨有很具体的要求，比如有个妇女要求菩萨保佑她丈夫今年在外干活挣到1万块钱；有个妇女要求菩萨保佑她女儿找到一个有百万元以上家产的婆家；有个中年男子要求菩萨保佑他生意好；有个青年男子要求功名；有个很虔诚的妇女跪在各个菩萨面前默默祈祷，要求菩萨保佑他儿子今年能考上公务员；有受到儿媳妇虐待的婆婆要菩萨惩罚一下儿媳妇。鞠泽荣老太太显然很会察言观色，那些表示有兴趣出很多功果钱的人，她在敲磬说吉利话时会非常卖力，说出很多吉利的词来，有时还会主动帮人打一卦；而那些只出了一两块功果钱的香客如果要求打卦，则往往会遭到拒绝。在观音洞旁边，塑的是一个大的女性菩萨，旁边还放了很多各种造型的菩萨，老太太们说那是财神菩萨，香客在观音洞磕头后，老太太们往往会要求他们"给旁边的财神菩萨烧个香嚓"，而香客们都会做出财神

185

菩萨当然不能忘的神态，又到旁边去演出同样的戏剧。

一些香客带了很多香烛、火炮，庙上的人会极力劝香客尽量少烧一些，他们劝的方法有几种：一是说香不要散、纸不要撕，这样菩萨可以保佑香客找整钱（大钱），而不是散钱（小钱）；二是说庙里正在由大师（就是那个 19 岁的和尚）组织念经，等到烧文书时一起烧更好；三是说有些菩萨面前不能烧香，要求香客在每个菩萨面前放几炷香，由庙里统一烧。庙里除了大佛、观音、普贤、文殊、地藏菩萨外，还有十八罗汉和其他大大小小共约 70 个菩萨，这些菩萨的像前都堆满了香客放的香蜡纸烛。至于这些香蜡纸烛是被烧了还是被收起来重新卖，就不得而知了。

在宗教商品方面，2006 年观音庙会的宗教商品明显比往年要丰富得多，庙里和尚还专门守了一个柜台，里面卖的是玉器等宗教产品，并用红纸标明"法师开光护身符"，这似乎是和尚私人的专柜，他自己保管着钥匙和该柜台的收付。另有几个柜台也卖类似的商品。引人注目的是，2006 年庙里多了一些一米多高的高香和大烛出售，据谢忠云介绍，他去年（2005 年）去了峨眉山，看到山上有 108 元一炷的高香出售，由此而受到启发。今年（2006 年）庙上的高香是从贵阳买来的，成本价是 3 元一炷，庙上是三炷捆在一起出售，售价 60 元。据谢忠云介绍，2006 年香会期间，白虎山观音寺的各种收入在 6 万元左右。

图 5－8　2005 年香会上白虎山
观音寺的人流

图 5－9　香会上吹唢呐还愿

图 5－10　香会吸引了大人和小孩

图 5－11　香会上的交易活跃

图 5－12　香会吸引了很多外地人

图 5－13　2006 年香会盛况

2. 其他宗教经营活动

除了观音香会期间，在平时或一些传统节日，白虎山观音寺也积极地创造一些宗教产品，满足民众的宗教需求，从而推动着宗教消费，促使宗教繁荣。从笔者 2006 年春节在白虎山观音寺调查的田野材料来看，其宗教经营内容相当丰富。

（1）放生法会。放生法会以在白虎山观音寺组织各种小动物的放生为内容。据寺内人员介绍，来报名参加的人不少。以下是笔者在白虎山观音寺看到的放生法会的通知：

通　知

春节到来时，本寺举办放生法会，祈求世界和平，人民身体健康，春节愉快，放生登记在观音殿办理。阿弥

187

陀佛。

白虎山观音寺

二〇〇五年十二月二十六日

（2）普佛。是为信众祈福的活动，以下是笔者在白虎山观音寺看到的"普佛"的通知：

通　知

本寺正月初一至十五期间，登记诞生普佛，祈求各信士消灾免难，增福延寿，身体健康，工作顺利，春节愉快。普佛每人拾元。阿弥陀佛。

白虎山观音寺

2006 年春节

（3）放平安灯（吉祥灯）。春节期间还举行了放平安灯（吉祥灯）的活动。平安灯有铜制的，有陶瓷做的，分大、中、小三种，只要分别出 20 元、10 元、1 元，寺庙就为你点燃一盏灯，据说具有祈求平安、吉祥、福气、好运等意义。大年初一那天，笔者在白虎山观音寺看到，很多人都很喜欢这一活动，白虎山观音寺的大院里，密密麻麻摆满了这种点燃的平安灯（见图 5 - 14），下面都压了一张写了主人姓名和愿望的红纸，看上去颇为壮观和庄严。

（4）随喜功德。春节期间，除了可以在烧香时向放在菩萨像前的各个功德箱里捐钱外，还可以明确地向寺庙捐功德钱，寺庙及时张红榜公布。笔者在寺庙看到红榜上不少人捐了功德钱，从 5 角到 200 元不等。这等于向诸神和公众马上"表彰"捐献者并为他祈福，对捐献者颇具吸引力。

（5）抽签卜卦。春节期间，寺庙里搞起了抽签的活动，据说平时有人有这方面的需求，寺院也会给予满足。春节期间的抽签活

图 5 - 14　燃点平安灯

动每次 10 元钱，由守庙的老太太解签。据观察，从解签的结果看，一般人都会遇到点小麻烦，但总体运气似乎都不错。围观的人不少，在气氛的带动下，再加上春节期间人们出手都比较大方，不少人都会摇一摇签看看来年运程。在白虎山观音寺的正殿里则是在佛祖面前的卜卦活动，情况与抽签差不多。

　　另据笔者访几位守寺人，白虎山观音寺在一年中大致还有以下一些宗教活动。

　　（1）放生：二月十九和九月十九举行放生等宗教活动，会在寺庙贴出通知，吸引信众参加。

　　（2）做阴佛事：在每年的农历七月十五左右，可以应信众的请求为死去的人做阴佛事，收费根据信众要求的规模而不同。

　　（3）做阳佛事：这是为活着的人祈福或消灾的活动，单独为一家人做一场阳佛事是 600 元；若很多人家凑在一起做，则每人只需 10 元，先在寺院登记，等凑到足够的人再在一起做。

（4）为信众放灵牌：有些皈依了佛门的俗家弟子去世，或者有些人亲人去世后，如果觉得死者死得冤、有怨气或者埋葬后觉得家庭不太顺利的，就可以将其牌位拿到庙上来供奉（见图5－15），以消除其怨气和不利影响，庙上适当收取费用。

图5－15 白虎山观音寺为信众寄放灵牌

在访谈中，几位守寺人还表示，除了上述活动，只要信众提出要求，他们尽量给予满足。可以看出，在日常宗教经营活动中，白虎山观音寺也很会抓住人们对健康、平安、幸福等的祈求，通过内容不同的活动，来满足人们的需求，极大地激发了人们的宗教参与热情。

可以看出，正是由于公司化、科层化的管理，白虎山观音寺对外和对内的经营才颇为有效，创造出了更多的宗教产品，督促和激发了宗教公司内员工的积极性，其影响范围由此逐渐超出了草塘及其周边农村。瓮安县城及其他乡镇，周边的余庆（属遵义市）、黄平（属黔东南州）、石阡（属铜仁地区）常常有香客过来，据说白虎山观音寺在州府都匀、省城贵阳也有了一定的名气。笔者在功德碑上看到，捐款最多（1 万元）的人名叫邓青岛，谢忠云介绍说她是贵阳人，当年放了 30 多万的高利贷出去收不回来，后来她听说了白虎山观音寺的菩萨"很灵"后，就许愿说如果钱收回来了，她就捐出 5% 来修庙，后来果然灵验，她也兑现了承诺，捐出了 1 万多块钱给观音寺，并且每年香会时都来烧香。2006 年农历六月十九的香会上，笔者特意留意了一下前来烧香的车辆情况。在上午 9：50 ~ 10：50 的一个小时之内，观音寺前共通过了 38 辆车（当时由于人多车多，路面狭窄，很多车辆均停在外面大路上没有进来）。从车牌号来看，外地车 13 辆，占 34.21%；本县车 25 辆，占 65.79%。① 车牌号显示，外地车主要来自遵义市（余庆县、湄潭县等）、黔东南州（黄平县等）、贵阳市、都匀市，很多车都是载着满车的香客而来；本县车辆很多也是来自县城和其他乡镇。据杨文英介绍，很多外地车和当官的人为了避开香会当天的人流，都是在香会头一天晚上来烧香，六月十八日的晚上，有贵阳车 3 辆，福泉车 2 辆，本县白水河的车 3 辆，鞭炮响了一晚上，他们整晚都没有睡觉。这些都一定程度上证明了白虎山观音寺在周边县市确实具有较大的影响。

下面，我们以草塘的另一个重要寺庙——后岩观为例，来看不是以"灵验"著称的寺庙是如何得以发展的。

---

① 外地车：贵 C5914×、贵 AF887×、贵 AA016×、贵 J6672×、贵 C6863×、贵 C6562×、贵 C6563×、贵 H9098×、贵 C5218×、贵 J0193×、贵 A6456×、湘 L3252×、贵 A8484×（贵 C 为遵义市车辆、贵 A 为贵阳市车辆、贵 J 为黔南州车辆、贵 H 为黔东南州车辆、湘 L 为湖南郴州市车辆）。

本县车：贵 J2304×、贵 J2142×、贵 J2237×、贵 J2302×、贵 J2253×、贵 J2300×、贵 J2220×、贵 J2137×、贵 J2209×、贵 J2252×、贵 J2169×、贵 J2150×、贵 J2307×、贵 J2275×、贵 J2112×、贵 J2168×、贵 J2234×、贵 J2298×、贵 J2299×、贵 J2191×、贵 J2271×、贵 J2235×、贵 J2267×、贵 J2301×、贵 J2300×。

第三节 后岩观：文化、"菩萨超市"、
内引外联与宗教经营

后岩观（见图 5－16）位于下司村，距草塘集镇约 2 公里，与白虎山观音寺的横空出世相比，后岩观具有较长的历史，同时还具有一些在当地不可多得的自然景观资源和文化资源。1995年，后岩观开始重建，重建的核心人物是蒋兴华，他在白虎山观音寺与谢忠云夫妇产生矛盾后转移到后岩观。显然，蒋兴华等人非常明白"灵验"资源的重要性，但是，在白虎山观音寺的"灵验"声名远播十一年后，重建的后岩观如果再以"灵验"资源来吸引信众，显然是不明智的。后岩观拥有白虎山观音寺不具备的自然、历史、文化资源，于是后岩观在开始重建时，就利用了这些资源。

图 5－16 冬日里的后岩观，萧瑟中透出秀丽

一 后岩观的自然、历史、文化资源

(一) 自然资源

后岩观所在山峰突起于下司大坝，风景奇特优美，是贵州典型的喀斯特地貌。民国《瓮安县志》曾将其列为"瓮安八景"之一，名为"洞蟠龙迹"。附近的下司石林，也是怪石耸立，绵延数里。民国《瓮安县志》曾对后岩观有过详细的描述：

> 后岩观，在县城东北 21 公里的下司街乡。平地突出一小山，高约 40 米，面积 5 亩左右，四周怪石嶙峋，山顶奇石屹立，有的如笔、如笋、如柱、如屏、如钟、如鼓，有的恰似呲牙猛兽，赳赳武夫，并有前人题名的笔架峰、天外峰、铁剪峰、五老峰、巨灵掌、蓬莱石、角端石、玲珑石等。岩壁上有"何异蓬莱"、"天然钟鼓"等石刻和其他碑文。岩上藤萝牵丝挂网，悬绿吊翠。岩间棕树高矮错落，四季长青。……山脚有一洞，东西相通，宽可容人，有石如鳞。传说中有龙潜伏其间后破石远飞，故名"飞龙洞"。原以洞为路曲转攀登上山，后于山北辟路拾级而上，小路两侧奇石林立，仿佛夹道欢迎。后岩观东有三佰佬万亩大田坝；南有草塘、松坪、金星三条小河交汇西奔；西南有低矮如林的怪石，重重叠叠，形似莲花；四周村落棋布，竹林瓦舍，景色别致。

清朝乾隆年间草塘籍进士文瑄在《后岩十四韵》中赞道："境固呈天巧，人还赞鬼工。"解放后，后岩观被焚毁，山地逐渐被农民耕种，很多奇石也被人敲掉。但至今后岩观仍保持了不可多得的优美景色，站在后岩山上，凉风徐徐，眺望下司大坝，竹林瓦舍，的确别有情趣。

(二) 历史资源

后岩观成庙具有较长的历史，据民国《瓮安县志》记载："山顶稍平处，明代建有真武殿、文昌阁、三清殿、三元阁，总名后岩观。"对后岩观的历史有一定研究的张明权老人（男，80岁）介绍，后岩观的历史比县志记载可能还要长，后岩观最早是道家宫观，道家在元代非常兴旺，因此后岩观更有可能是在元代修建的。一直到解放前，后岩观都是草塘一带最主要的庙宇，是草塘人记忆中寺庙的代表。张明权、何能富等老人回忆，后岩观在解放初期那几年都是暮鼓晨钟，每年六月十九的庙会也是热闹非凡。

（三）文化资源

后岩观的名声还和几个历史名人相连，据民国《瓮安县志》记载和张明权老人介绍，明末巡按监军御史钱邦芑在明亡后逃到贵州，三过后岩观，认为这里是"西南之仅见者"，决定在此落发为僧，改名钱大错。民国《瓮安县志》记载，钱邦芑作了《草塘后岩记》，详细记载描述了后岩山上的风物：

草塘后岩记　　钱邦芑

草塘之北三里为后岩，高八九丈，周围山麓宽五亩。四面皆石壁嶙峋，东面有洞高八尺，仅容人。入洞者三折始透出洞外，循岩之南转西，更入岩洞。中有穴漏日光，穴之下有龙攫挐迹，开山者于此得龙骨一具，知龙曾潜于此也。遥此曲折数转，渐升而上，蹑石磴，过石桥，两旁有苍松老柏，石笋矗立，曲折乃达其顶。正面为真武殿，四围奇石林立，竹树环绕。出殿后有石排列三峰，宛如笔架，为笔架峰。峰之下石北卷，中有古梅一株，倚石而根生。梅之东北有大石长丈许，斜倚石壁，势甚危险，为蓬莱石。蓬莱石北五步有石屏横展，阔四丈七尺。屏西东正列下有洞，高五丈阔二尺，方正如门，仅容人出入。门之南，屏乃前卷数尺，及穿门而北，石复从西卷向东，正遮其门，如萧墙然，行者必曲转而东出。屏之东有石笋，大可合抱，高一丈九尺，上下如一，圆直如笋，为笔管峰。有树倚石而生，直缘其顶。枝柯从顶四布，圆如伞盖。北五步又一石笋，大倍于此，较高二丈，其半虚悬欲坠，最为奇险，为天外峰。天外峰之下，石根连引而西，或高或下，有老柏二株，倚石而生。石之尽处，势更凸凹。又一柏嵌生其傍，下处一根，上乃瞿出，亭亭桀竖，竞秀争高。其西三尺许有石一，高九尺，阔四尺，厚二尺三寸，形如立掌，余题为巨灵掌。更西十步，又有大石笋二对，立如两楹，各高一丈五尺。其一有杜仲藤缠生，根出石下，而枝叶蒙被其巅，圆荫菁葱，有如布设。两石笋之南为文昌阁，其北有一石高一丈一尺，其头昂出而北向，如角端形。前有古藤，后有老树，余题曰角端石。角端石之东，有大石横立，高一丈，阔一丈六尺，上有小峰五，为五老峰。其北有三石排立，皆嵌□班驳，上峰下穴。东二石其一无名，其顶作凹字形，名凹岩。西一石断处，四面透明，为玲珑石。此石之下，山势忽断，其下数仞，两岩夹涧，有桥自南达北，上有匾曰：何必石梁。盖余辛卯年过此所题也。蹑桥凭栏，西列有石拔地直竿，与岩等高，圆正如柱。渡桥而北，面西为三清殿，殿之后稍南为三元阁。阁之向其北，又有石笋四，大皆二十余围。一石上有双峰对出，名铁剪峰。高可一丈四尺余，三石亦高八九尺。岩之顶平正不过二亩许。奇峰石笋拔地插天，笔立错布，瘦锐瘦削，或如奇鬼，如猛兽，或如武夫介胄而侧怒，或如端士正容而危立，而又间以古树怪藤，疏密掩映，曲透斜穿，幽丽奇诡，疑有鬼工施设。余游滇、黔、楚、蜀二十余年，奇石必赏，有险必搜，然高峰峻岭，深岩大壑，或危耸万仞，绵亘百里，令人洞心骇目，不敢狎玩，比比然也。至于后岩大不逾数亩，高不及十丈，而灵秀幽异，备极丘壑之美，若可笼之几案怀袖间，兹固西南仅见也。独惜其洞壑灵秀，石笋林立，而道人侈楼殿之观，以土木之构造掩密岫之真趣，岂非名胜之一厄乎？山上世属宋氏，余三过其地，常与山主永平侯商，欲移诸殿阁于山麓平地，使山岭峰密尽现本来面目，止于岩上构小亭虚阁，多植奇树修竹，与岩壑相掩映，庶几兹岩之胜为不虚也。然以世变纷纭，徒抱此愿而不果行，山灵有知，应跂足俟矣。

由于钱邦芑的名望，这里的名声渐渐传出去了，一些当地的文人墨客来后岩观与钱邦芑唱和。时人胡钦华作了《后岩观记》应和。

后岩观记　　胡钦华

黔多石，其为断岩绝岭者，上挽云霄，下插潭水，深入不测，状颇悍戾，奇险可怪，然而灵秀不足。其块然汗谩平地上者，久之破渺为沙砾已耳，益不足顾矣。客恒言后岩观石佳甚，心志之且十年。庚子冬，余将游黎山，迂道至其地，美哉！寺在石中，人居木末，时方冱寒，雪霜之气，能使客与松杉俱秀。入石门，行石屏中而仰出，中一殿、一阁、一广，周围数十丈无寸尺土。殿后数石玲珑，如蜂脾向背仄立，复如岩墙洞达相通引，其宏敞处可坐五十人。石罅积埃为土，木十余株，短而枝条下垂，根露走挐攫以自固，龙鳞之藤络之。卉蔓不知名，皆苔生。悉扶摇作态，冷然动人，诚可悦也。观中道士向余以斧击石作声曰：某也钟，某也鼓，某也磬。余因以语道士曰，此石名山所希观也，于黔尤仅见，其隙地当尽虚之。使石之性情、姿态毕出，相其可置小轩竹楼处，立一二以倚之。石上佳木古藤勿剪拜（败），亦洞天小构也。道人指其地曰：隙皆有旧趾，吾将祈檀施共修楼殿之属，以实其中，以无废前人旧志。嗟夫！此道人仍欲收诸石置复壁内耶？明日记之。①

另与后岩观有联系的名人就是下司的傅氏家族的几位文人，傅龙光、傅玉书父子以及傅瑶光等人，其中傅玉书为瓮安乃至贵州著

① （清）傅玉书：《桑梓述闻卷十·纪述》。

名的文化名人。傅玉书（1746～1812年），字素余，号竹庄，自幼天资聪慧，乾隆乙酉年（1765年）中进士，历任江西安福县知县，署瑞州铜鼓同知（知州佐官），后官场失意，于乾隆四十八年（1783年）回归故乡，历任黄平星山书院、龙渊书院、镇远潕阳书院讲习。[①] 傅玉书一生最大的成就，就是编撰了私家县志《桑梓述闻》，该书四十篇，十余万字，记载了瓮安上起传说时代的虞，下至清嘉庆年间共三千九百多年的历史、地理、社会、经济、文化诸方面，是研究瓮安历史的主要参考书。民国4年，知县李退谷在撰修新的《瓮安县志》时，称其"功尤不小，实邑中数百年仅有之一人"。傅玉书还编有诗文数十卷，著有贵州第一部传奇《鸳鸯镜》，据称，当时"海内学子无不知玉书其人，黔人能书"。[②] 傅玉书在《桑梓述闻》中，记载了大量地方名人唱和后岩观的诗词，比如：

后岩　　　傅忆

岩林结云根，蹬到挂木梢。蜿蜒山腹中，一径入窗穹。神物何年飞，遗迹犹了了。头角嵌崎淦，鳞甲诧妖矫。出洞疑龙宫，烟霭浩森森。屏嶂石气青，钟鼓苔色渺。万窒交长风，涛声出松缘。

游草塘后岩　　　曹代之

寒气饮余肤，晴风振天表。林麓动幽怀，探历尽奇幻。孤筇蹑危级，寓目豁清眺。烟岚净远空，诸峰青未了。湖光一片明，孤情穷浩渺。百感从中来，俯仰各有道。茫茫集百端，感慨萦怀抱。古碣赞遗文，岁月不易考。转境得幽异，绝壁参空杳。草木肆蒙茸，怪石迷丝鸟。古穴不可寻，寒云楼树梢。诸子争胜情，领略具清皎。踞石发高啸，登峰绝危讨。曲折顿忘疲，感触亦深悄。归途月色明，回首诸峰小。

---

① 瓮安县教育局编《可爱的瓮安》，四川大学出版社，1993，第27页。
② 瓮安县教育局编《可爱的瓮安》，四川大学出版社，1993，第27页。

寓后岩赠山主宋云鼎　钱邦芑

野寺虽荒僻，只围在此间。栖禅双树老，洗钵一身闲。佛古灯常寄，钟残鹤未还。经过尘滤净，何必抚松□。

咏"石鸡"　钱邦芑

问是何年报子成，崔从混沌破天声；乾坤漫漫何时旦，不向人间叫一声。

龙影石　傅龙光

石钟破壁飞，留影此终古；须知洞里云，犹作人间雨。

钟鼓石　傅龙光

石钟激水声，石鼓不可奏；考此良渊愿，勿泥坡与□。

狮子岩　傅龙光

洞中龙已飞，林间兔谁搏；全力养名山，不复事腾攫。

隐水桥　傅龙光

断山跨飞桥，竹书满幽壑；人疑御风行，俯听涛声落。

过后岩　傅瑶光

登临有癖莫辞慵，载酒携朋菜短筇；远树带烟青不断，平冈过雨翠偏浓。

山间云老堆成石，洞里龙疑化作松；为爱水桥风景在，便移盘盂向前峰。

后岩十四韵　文瑄

何年神物去，此地石峦空；屈曲灵关路，低回曙色通。

乔松千载上，浩月一池中；筍笋烟流翠，狮眠草布峰。

似钟鸣□□，非鼓韵逢逢；境固呈天巧，人还赞鬼工。

破霞担远□，依岸砌孤耆；阁峭峰弯鸟，桥横本□虹。

自来招屦蹀，到此豁尘蒙；竞秀云林外，分奇雁岩同。

相将探知妙，独往快幽衷；兴发题丹嶂，诗成醉碧筒。

笠迟初月影，神拂晚岚风；归去情难极，斜阳洞口红。①

----

① （清）傅玉书：《桑梓述闻卷十·歌咏》。

在草塘这样远离文化中心的偏僻之所，大量的文人、诗词与后岩观联系起来，使后岩观很早就摆脱了山间小庙的粗鄙，具有了一般寺庙所不具备的文化气息。

另外，在后岩观南2公里处的宋家湾和1公里处的下司街，就是当年红军长征途中中共中央政治局"猴场会议"遗址和毛泽东当年的行居傅家祠堂的遗址。这一切都作为和后岩观有关的文化、历史资源，成为后岩观宗教经营的重要资源。

二 历史、文化资源与神异的结合

（一）神异经营

在改革开放初期，后岩观与白虎山观音寺一样，主要是一些妇女组织起来想对之进行恢复。据说最早是草塘中学的傅朝仙（嫁到下司，50多岁）脚瘸了，菩萨托梦给她，要她领头修庙，于是她开始在后岩观搞了起来，但由于力量单薄，没有能够成气候，只是在山上搭建了一些小棚子。后岩观的发展以及其后经营策略的形成，主要与蒋兴华和曾祥贵两人有关。

蒋兴华，男，现年74岁，笔者对其访谈时，他如此介绍自己的经历："十七八岁时，农会成立，当街长；1953年，草塘第一届人大普选，被选为草塘镇长；社会主义高潮时调到烟酒公司和土产公司这两个合营公司去当经理；合营企业破产后，大家按工龄计算发了几千块钱，后来一直做街道工作，担任居委会主任20多年。"在对其他人的访谈中，很多人都认同蒋兴华是一个非常有能力的人。曾俊钦（男，60岁左右）说："蒋（兴华）确实比较有能力，如果当年不是在男女关系上出问题，他现在会是一个'大家伙'（大人物）。"可见，蒋兴华是一个非常具有组织经验和组织才能的人，当傅朝仙邀请蒋兴华到后岩观去的时候，蒋兴华等人正在白虎山观音寺与杨文英、谢忠云等人闹矛盾，由于杨文英、谢忠云夫妻的强势，蒋兴华带领袁安荣等一批人到后岩观另起炉灶。到后岩观后，凭借其能力，蒋兴华很快取得了后岩观的主导权。据说傅朝仙与蒋兴华发生矛盾后，斗不过蒋兴华，一气之下跑到福泉修庙去了。

在最初恢复后岩观的时候，蒋兴华的目的就是修庙。但据他介绍，"在当时申请恢复寺庙时，我们思想上还有些怕，去民宗局申请时都不敢说是恢复庙子，只是说想利用那里的历史和风景搞旅游。但石仲才局长比较不错，他说我知道你们老人家的内心，如果你们搞旅游，资金从哪里来？你们必须建庙，把菩萨塑起来，这样才有钱，才可行"。

于是，在民宗局的首肯下，1995 年，蒋兴华等人以筹措的3000 元，将草塘吴家大院的老房子买下，拆到了后岩观建起了寺庙。为了与白虎山观音寺的佛家定位相区别，后岩观定位为道家宫观，建起了三清殿，供奉真武祖师、三清、文昌帝君等道教神灵，也正式开始了后岩观自然、历史、文化与神异结合的经营。后岩观虽想用它的自然、历史、文化资源来对抗白虎山观音寺的"灵验"，但是，作为一个宗教场所，后岩观必须建立起它与世俗空间的对立关系。[1] 因此，有意无意间，后岩观还是走了"神异""灵验"的老路。后岩观虽有长期作为草塘地区最主要寺庙的历史，具有"神圣空间"的天然属性，但毕竟被焚毁了 40 年，它所在的地方被农民开成了耕地。因此，必须进行适当的"显圣"来延续历史空间的神圣性。于是，我们看到，后岩观的经营者也会运用"圣显"来强化这种空间的神圣性，制造灵验的神话来提升自己的宗教影响力。2006 年 3 月 9 日笔者在访谈后岩观的主要负责人曾祥贵时，他说："当初后岩观荒芜时，很多农民在后岩山上打石头，一块巨石突然飞起砸到一个人的脚前，大家都认为那是菩萨的警告，不敢再毁坏山上的石头了。我们也会进行一些宣传，都是由一些老奶奶负责，她们到处给亲戚朋友讲我们这里很好看，

---

[1] 伊利亚德：《圣与俗——宗教的本质》，杨素娥译，台北：桂冠图书公司，2000，第 112 页。

很灵。去年白水河的一个人在后岩观许愿，说如果来年收入 5 万元以上的就来还愿，结果他的愿望实现了，就抬了一头猪来。我们只收了一只猪脚、尾和头。不像鸡鹅田（白虎山观音寺）什么都收。"

通过"石头突然飞起"这样的故事，后岩观的经营者很好地勾起了人们对后岩观的"神圣历史记忆"，使这片土地带上了不同凡俗的神圣色彩；同时，后岩观又在不断拓展的"显圣"故事中，来强化地域空间的神圣性。2005 年 8 月 18 日，笔者在后岩观对守庙的徐女士（50 多岁，下司灯冲湾人）进行访谈时，她这样叙述自己在后岩观的灵验经历："我从 18 岁开始，长期患精神病，病发后头痛欲裂，眼前好像有千军万马，曾在贵阳医了三年，21 岁时病好了，24 岁生了娃娃后，血流多了，病又犯得厉害，后来精神病好些了，但身体一直不好，最近几年又常犯，后来我来此许愿，病就好了，所以自愿且无偿到后岩观帮忙守寺庙。我的丈夫不信，并说如果菩萨有用，那医院还开来干什么？但我信，我是二月十八的生日，观音菩萨的生日是二月十九，因此，我觉得一直是观音菩萨保佑我，否则自己早死了。另一个守在观里的老奶奶（黄平或余庆人），80 多岁了，身体还很好，来这里后，她的头发白了又转青，所以这里的菩萨真的很灵。"2006 年 3 月 16 日访谈吴素珍（女，77 岁），她说："贵阳有一个开旅馆的吴老奶，听在她家住宿的草塘人说后岩观很灵，她就许下一些愿，后来果然应验了，她因此每年香会都会来，每次来都是出上千元的功德钱。"

（二）历史的延续

尽管有"神圣历史空间"的恢复，但比起白虎山观音寺来，后岩观的"灵验"声名还是有差距。前已述及，后岩观也有与白虎山观音寺几乎一模一样的菩萨托梦的灵验故事，那为什么这样的故事没有引起当初（1984 年）白虎山观音寺那样大的轰动，为人们广泛传播呢？这只能理解成当初白虎山观音寺的灵验故事出现时，草塘宗教消费者的消费欲望已经被压抑了30多年，一旦有一个契机，人们的消费欲望就难以遏制地大爆发，从而形成最初的"灵验"奇观。也就是说，白虎山观音寺在宗教供给市场空白时幸运地第一个占领了市场，"灵验"的广播正是当初宗教需求市场突然得到释放的表现。而十年后，后岩观的傅朝仙想再重复"灵验"的老路，就没有那么"灵验"了。因此，我们看到，在后岩观发展的十多年时间里，尽管它偶尔也有"灵验"的法宝，但灵验始终没有成为它重点经营的方向，它一直倡导的，是在自然、历史、文化方面的优势。它必然利用这些资源来与神异结合，形成自己与白虎山观音寺不同的核心竞争力。在笔者对蒋兴华的多次访谈中，他嘲讽白虎山观音寺是造谣造出来的，强调"凡是有点文化的人都喜欢来我们这里，我们这里风景好，不像鸡鹅田（白虎山观音寺），那纯粹是一个神话，一个光坡坡，没什么看的"。曾祥贵也强调说"现在有点文化的人都对后岩观感兴趣，民宗局也说我们会后来居上"。

后岩观要延续历史的辉煌，我们可以从它的一些碑刻中读到这种意味。

重建后岩碑志

据乾隆举人傅玉书"桑梓述闻"记载，后岩观始建于元代，风景奇特，列为瓮安八景，数百年游客频繁，故明末监军御史钱邦芑云游江南特青睐此间隐居皈依于此。

后岩之景，誉名不虚，如蟠龙矣，山顶怪石嶙峋，千姿百态，奇石耸立，如笔、笋、钟、鼓，并前人提名笔架峰、天外峰、铁剪峰、飞来石等，原明代建有真武、三清、三元、文昌等殿阁，故称后岩观。

山脚之洞东西相通，内石如鳞，宽可容人，故名飞龙洞，实系仙境。殊民国年间毁于灾火大观减色，能不感物伤乎，今承国改，倡文明，展示一代精神风犹发挥夕阳之红，奔走急

呼,振兴后岩,承广大善信大力襄助,于一九九五年乙亥岁六月起于九月十九日大殿已成特建碑志永垂记缘善信名单于下:

伍佰元如下:周裕鑫 喻忠凤 夏景宇 李国辉 王荣华

肆佰元如下:刘汉文 田德祢 杨汉坤 ……

在后来修建的"功德亭碑记"中也记载了这种历史。

功德亭碑记

后岩山川秀丽 石峰奇特 洞蟠龙迹 古寺雄伟 胜地矣

明末御史钱邦芑 归隐为僧 命名诸石 香火胜旺 游士频繁。

四十年前住持不慎全寺毁尽。

今国运昌隆耆老倡议保护名胜重建殿阁蒙善友解囊相助于一九九六年丙子十月竣工捐款修亭永垂。

曾明军 壹仟贰 张廷贵 壹仟 王义芳 壹仟

管荣华 壹仟 周再发 壹仟 李义明 壹仟

庙会出资修亭柒仟元兴建

公元一九九七年丁丑岁五月十三日立

后岩观目前准备塑造一个钱邦芑的像,放在显眼位置,以更清楚地标示这种历史的延续性。

(三) 文化的延续

前已述及,后岩观曾经拥有的文化是不可多得的,也是后岩观相对于白虎山观音寺的朴野和粗鄙的最大优势。因此,蒋兴华等人在后岩观的发展过程中,特别注意引入这种文化因子,延续后岩观的文化。曾祥贵的加入,就以其个人色彩加剧了这种神异文化的经营。曾祥贵,男,60岁左右,1964年起在贵阳的铁路部门工作,1982年调回瓮安,先在工会工作,后在文化馆工作,能写、会画。

今日后岩观，给人印象深刻的是数量众多的碑刻、对联和题词、题字，或记述历史，或赞美风景，或展示书法，试举几例：

1. 大殿大门对联一

上联：一山杰然特起昔建真武文昌三清诸殿阁古与净土邀来御史修行进士韵赞

下联：巨岩嶙峋屹立曾题天外蓬莱五岩众奇峰石林宝地呼唤僧人祈祷庶民燻香

2. 大殿大门对联二

上联：百重云山烟笼古寺　　下联：十里群崖秀插青天

3. 大殿匾额

"三清殿"　　曾氏家族　赠

4. 大殿内长联

上联：大道贯古今五千言宝典启迪愚顽要深悟少则得多则惑枉则端直曲则全知足知止返璞归真惠其崖

下联：至德垂天地九万里神州传承良善更崇尚日之华月之朗冰之晶莹海之量不亢不卑怀槿握瑜泽斯岩

5. 功德亭对联

上联：凉亭添爽气　下联：贤德留丰功

6. 后山石崖上题诗词、对联、字

（1）题对联

上联：佛道入二门　　下联：如来见古今

（2）题诗词

后岩增辉

桂林仙境连后岩，百年沧桑古迹残。荆棘丛生无空地，飞来钟鼓字迹寒。

鸡鸣丙子龙狮吼，矢志成城壮奇观。佛道儒教今见古，新兴庙宇世人言。

咏后岩　七律

下司崛起此奇幽，山拜客盈涌四环。凤虎龙鲛钟神峁，穴嶙森竹饰崧珊。

亭瑄著韵留清史，邦芝为僧弃明官。今茸灵庵呈盛世，洞天福地攘熙欢。

（3）题字

"后岩实可观"（付世泽书）；"烟岚　耸翠"（世泽书乙酉秋）；"神"（曾祥贵书，二〇〇五年六月）；"佛"（曾祥贵题）；"净水"（蒋兴华题）；"洞天福地"（曾祥和题）；"人杰地灵"（周裕鑫题）。

7. 飞龙洞洞口对联

上联：避秦疑无地　　下联：到此别有天　　横批：洞天奇景

很多对联、题词是请县内的书法名人如徐乾章等人题写，也有的是由会首题写，我们从中可以看出后岩观的经营者竭力想传达出一种历史和文化的延续性。占地仅5亩的后岩观，拥有众多的对联、题字、碑刻，其中不能排除一些文人和会首沽名钓誉的可能，特别是在一些奇特的石头上刻的字，不乏粗制滥造，从书法角度而言毫无美感，甚至影响天然的美景。① 但在后岩观的经营管理者看来，这就是所谓"文化"的一部分，完全可以提高后岩观的品位，足以与观音寺的"粗鄙神话"区分和竞争，是后岩观的"核心竞争力"。

三　菩萨超市

尽管后岩观在经营中极力利用历史、文化和自然资源作为核心竞争力，并显示其与白虎山观音寺的不同。但是，对于后岩观的经营者来说，其最初的根本目的在于庙而不在于历史、文化与风景，历史、文化与风景必须与庙结合起来才具有意义，而对于庙而言，菩萨与神灵是最根本的。在复建之初，后岩观选择了建立道观，但是，管理者并没有多少道教的知识，而在草塘，与佛家的观音等菩萨相比，道家的三清等神灵离老百姓的生活似乎太远了。曾祥贵就多次对笔者说："这里原来是道观，我们也想搞出一些道教的特色，但老百姓都喜欢那些花花绿绿的东西，我们要发展，只好迎合他们了。"因此，与白虎山观音寺一样，后岩观也必然走上多神经营的路，塑造了很多他们所说的"花花绿绿"的神灵，而且在这一点上，后岩观比白虎山观音寺走得更远。

下面是2006年3月16日笔者从后岩观的后门口开始所统计的

---

① 张明权老人即认为曾祥贵等人既不是名人，字又写得不好，在那些奇特的石头上题字，完全破坏了天然的美景，让外人说草塘没有人、没有文化，让人耻笑，也是对后世子孙不负责任。

菩萨塑像。

1. 大门口：韦驮像。

2. 大门内 5 米处：大小财神像各 1 个。

3. 大门内 10 米处：太上老君像。

4. 大殿侧人工假山上 20~50 厘米高的神像若干；慈航殿上观音像 1 个、罗汉像 1 个；其他罗汉像 1 个、财神像 1 个、无名菩萨像 2 个、观音像 1 个；后岩仙境假山上菩萨像 4 个。

5. 大殿内：从左至右的菩萨分别为真武祖师、三清、文昌帝君，高 3~4 米。

6. 大殿后：高约 2 米的观音像，外加 4 个小的观音像和 3 个童子像。

7. 大门口：二郎神像（神像下面放了很多长短不一的鞋，多数是小孩的）。

8. 飞龙神洞内：长约 15 米的洞内，有观音塑像 6 个，财神塑像 1 个，寿星塑像 1 个（见图 5-17），高约 1.5 米的大笑佛塑像 1 个，唐僧塑像 2 个，济公塑像 1 个，土地塑像 1 个，20 米长的飞龙塑像 1 个，将军塑像 2 个。

方圆 5 亩的山上，一共有大小 43 个菩萨像，并且确实已经没有了儒、佛、道之分，正所谓"佛道无二门，儒来见古今"，分明是一个菩萨超市。目前，菩萨超市内的菩萨数量还在持续增加，2006 年 4 月，笔者在草塘田野调查期间，后岩观的管理者表示准备建单独的观音殿，这显然是看到观音菩萨在民众中的强大影响力，而采取的又一项吸引信众的措施。2006 年 6 月，笔者再次回到草塘时，发现后岩观已经整修一新，增加了好几个菩萨，他们不仅在三清殿旁边修了一个比较大的送子观音殿，重塑了三清像，还腾出一块空地塑造了一个高达 30 米的露天观音像

（见图 5 - 18），据说花了 20 多万。① 2006 年农历六月初一，后
岩观组织了盛大的露天观音开光大法会，邀请了县民宗局、县政
协的一些领导参加，还邀请了草塘老年协会的腰鼓队、舞狮队、
草塘小学和草塘中学的文艺团体组成队列在草塘街上表演、游
行，在后岩观摆了一百多桌的宴席招待来宾和香客，草塘街上的
很多人对当天的热闹场景印象深刻，很短时间内，很多人都知道
后岩观修了"大菩萨"。笔者了解到，一些人在 2006 年的香会
时为了一睹后岩观的"大菩萨"风采，决定不到白虎山观音寺
而改到后岩观进香，可见，后岩观的多神经营取得了一定程度的
成功。

图 5 - 17　后岩观里到处
都是"菩萨"

图 5 - 18　后岩观新建的露天
观音像，高 30 多米

　　表面看来，后岩观的 40 多个菩萨塑像很凌乱，但仔细观
察，观音、财神、唐僧、济公、大佛等这些菩萨的设置和摆放
位置，都绝不是随意而为的；正如超级市场里琳琅满目的商品
摆放不是随意的一样，后岩观的"菩萨超市"其实也是颇费了
一番心思的，经营者的目的非常明确：吸引更多的（宗教）消
费者。

---

① 　为此，县民宗局十分恼火，因为修建露天观音像没有报告给民宗局。据民宗局
的领导说，修建这样大的露天宗教塑像，只有国家宗教事务局才有权批准。但
是，既然塑像已经修好，民宗局批评几句后，此事也就不了了之。

四 内引外联

前已述及，即便拥有"灵验"的优势，白虎山观音寺最终也是靠内引外联获得了最大的发展机遇。后岩观并没有"灵验"的优势，即便它所强调的自然、历史、文化方面的优势，在周边的老百姓看来也不是什么优势。而且，后岩观的经营者煞费心机，目的也不限于吸引草塘周边数量有限的农民。因此，后岩观的发展，从一开始就注定了必须通过更大范围的内引外联，才能达到目的。

白虎山观音寺通过与贵阳弘福寺结合，不仅获得了经济上的极大支持，也获得了法律上的合法地位，有效提升了宗教位格，从而在宗教经营上取得了极大成功。后岩观也想依样画符，与弘福寺建立关系。1996 年，蒋兴华、袁安荣等一批后岩观的人带领草塘朝山会朝拜贵阳弘福寺，不料弘福寺的释通常认为他们是道教的人，拒绝接待，同去的妇女一哄而上吵了起来，双方当即就发生了一些小冲突，最后后岩观的人气冲冲地离开了黔灵山。据说，蒋兴华与释通常是亲戚、袁安荣与释通常还有过师徒关系，而释通常虽然在弘福寺出家做了和尚，但他曾长期作为一名道士先生，宗教的壁垒在他心中应没有那么森严。他以宗教的界限为理由拒绝了后岩观，其中重要的不是宗教界限本身，而是后岩观和白虎山观音寺竞争的结果。

蒋兴华等在弘福寺碰壁后，即到了贵阳的仙人洞。仙人洞位于贵阳市区东南约 2 公里处的栖霞山上，传说曾有仙人到此住过，故名仙人洞，又称来仙洞。元世祖忽必烈于至元二十九年（1292 年）派兵进入贵阳时，道教也随之传入，曾有道人来此住过。按此计算，仙人洞已有 700 多年的历史，是贵州省内最主要的道教圣地。蒋兴华等人到了仙人洞后，与仙人洞的李道长建立了关系，但仙人洞并没有弘福寺那样强大的经济实力，因此没有能为后岩观提供直接的经济支持。据曾祥贵介绍，后来仙人洞出现内讧，李道长的位置不保，后岩观与仙人洞的联系就更加松散了。尽管如此，有时候后岩观也会引用仙人洞来作为它的一些行为依据。如 2006 年 3 月 9 日在访谈曾祥贵时，笔者问他："后岩观作为道教宫观为什么塑了那么多佛教的神像？"他回答说："去年我们去了贵阳仙人洞，问他们，我们这种道教寺庙可不可以供奉佛像，他们说你们地方小，供奉观音、佛像都没有多少问题。去年我们就在飞龙洞搞了一个笑佛，效果很好。都说佛道无二门嘛。"显然，仙人洞作为省级宗教组织，虽然没有能够提供经济上的支援，但在帮助后岩观提升宗教位格方面，还是起到了一些作用的。

由于没有能够争取到像弘福寺这类强大寺庙的支持，在借助上层宗教组织快速提高宗教"位格"的努力失败后，后岩观更加注意利用自身的各种资源来进行内引外联，主要包括以下几个方面。

第一，接手朝山会。当蒋兴华等人与谢忠云等人在白虎山观音寺发生矛盾而退出、后岩观尚未成形的时候，朝山会成了蒋兴华等人最大的宗教舞台，他们逐渐排挤了谢忠云等人（当然，白虎山观音寺在获得了弘福寺的支持而壮大后，他们也不在乎朝山会这个舞台了），朝山会就逐渐成为蒋兴华等宣传后岩观的一个重要舞台，他们每年都会在草塘街上大办朝山会，念皇经，然后到后岩观缴香。我们看到，当后岩观发展到一定规模后，朝山会作为一个宣传舞台的价值便大大下降，以至于现在草塘朝山会已经有些难以为继了。

第二，制造机会办会。后岩观由于经常找机会办会以扩大其影响，以至于白虎山观音寺的谢忠云戏言后岩观的菩萨是滑头菩萨，他们白虎山观音寺的菩萨是老实菩萨。比如 2006 年农历六月初一后岩观露天观音开光大法会，请人在街上游行、舞狮等，就造成了很大的影响。2005 年后岩观举办了成立十周年庆典大会，大会办三天，邀请了县里一些部门的领导，同样也组织人在街上游行、舞狮。后岩观还定制了很多印有后岩观名称的宗教商品广泛出售和散发，其中一种印有太上老君像和"出入平安"字样的小牌，声称是找高道开过光的，因此被很多司机挂在车上，作为平安符使用。后岩观的这些办会行为，实际上相当于一种广告行为①，对于扩大后岩观的影响具有极为重要的作用。

第三，搞好与宗教管理等政府部门的关系。后岩观自然深谙搞好和政府关系的重要性，他们在这方面一直做得比较好。在与政府部门打交道时，后岩观总是强调自己在自然、历史、文化方面的优势，而不提修庙的事，这自然使政府部门避免了"支持封建迷信"的风险，可以名正言顺地支持它。由此，后岩观多次得到了县民宗局对它"会后来居上"的肯定。草塘政府也很支持它，不仅在每年的政府工作报告中经常提到后岩观，而且为它提供用地、水泥等一些是实实在在的支持；反过来，后岩观也一向积极响应政府的号召，比如在每年春节期间都会组织一拨龙灯会参与表演。蒋兴华还对笔者说，他准备在后岩观的围墙上写上"道"和"德"两个大字，一方面彰显道家思想，另一方面可以与中央的"以德治国"思想相配合。他还说，最好还能专门辟出一面墙，把中央提出的"八荣八耻"写上去，这样就更加富有时代精神，也是落实中央的新农村建设方针。

第四，与一些在外工作的、有经济实力的草塘人联系，寻求资助。比如前草塘镇的书记王某某，以喜欢捐助寺庙出名，但以前一直只资助白虎山观音寺。当 2006 年后岩观修建露天观音像时，后岩观的人通过关系联系上他，他当即出了 1 万元。另外，听说后岩观所在村落的刘家几个儿子在外很有钱，曾祥贵等人也通过别人介绍联系上了他们，要他们为家乡的善事出点功德，刘家的几个儿子最后出钱打通了后岩观的飞龙洞。在飞龙洞的功德碑上我们可以看

---

① 后岩观和白虎山观音寺的很多行为也许只是"相当于"做广告，还没有明确的打广告的目的。不过，笔者在从瓮安前往贵阳的路上，看到一些寺庙在道路两侧发广告，告知路人寺庙哪天有什么活动，欢迎大家前去参观和捐善款。而一些城市的寺庙，则开始公开在报刊上做广告，如广州芳村的黄大仙庙就曾在 2001 年 1 月 24 日（农历新年）的《广州日报》上登载过广告。如今，寺庙在报纸杂志上刊登广告的行为已经非常多见了。

到，刘氏兄弟以龙里玛格诺吉草原旅游有限公司法定代表人和黔南州佳和房地产开发有限公司经理、法定代表人、项目经理、业务经理等身份先后在后岩观捐助了近2万元，而后岩观通过功德碑来记录这些事，一方面可能出于真诚的感激，另一方面也可能是为了满足捐助者回到家乡来"扬名立万"的心理，对其他捐助者也可以起到一个很好的引导作用。

另外，在处理与本村人的关系方面，后岩观也采取了与白虎山观音寺大致相同的做法：邀请村里有名望的人担任会首、让村里的一个家庭困难妇女守庙并领取每月80元的工资、在每次办会时雇用一些本地人做斋饭并支付一些工资。通过这些方法，后岩观在征地、用水、用电方面也基本没有遇到村里人的刁难。

五　内部组织和宗教经营

（一）内部组织

前已述及，在白虎山观音寺的壮大过程中，由于内引外联的发展，它的内部组织管理模式逐渐从"会首共同协商的民主管理方式"，变成了"权力集中的宗教公司模式"，一些会首逐渐成为宗教公司的员工。而后岩观的发展，更多也是要依靠内引外联，而不是灵验的声名，其内部组织管理是否也朝着宗教公司化方向迈进呢？

后岩观在早期无疑也是一种会首共同管理的民主模式，从崖上的一块碑刻上看到，最早发起修庙的会首有蒋兴华、周裕鑫、付世杰、罗致身、付朝仙等28人，后期加入的会首有杨素荣、易显芳、宋锡珍、田留英、张登华、吴启会等31人，蒋兴华也承认，正是依靠当初这个庞大的会首群体的艰苦努力，后岩观才在短期之内得以建成。

现在，后岩观成立了管委会，成员是蒋兴华、周裕鑫、曾祥贵、曾祥和、叶德发、卓泽仙（女）、易显方（女）七人。蒋兴华说他们还是实行遇事由会首共同商量处理的管理模式。另外，无论庙上有无事情，会首在每月的初一、十五都必须到后岩观聚会，并且要考勤，缺勤的会首会受到惩罚（至于怎么惩罚，有些人说会首都是拿了工资的，不来的人会被扣工资，对此，蒋兴华没有向笔者证实），笔者确实在后岩观的墙上看到了这样的考勤表。

这样说来，后岩观仍然实行的是会首共同协商的民主管理模式，笔者几次在后岩观看到几十个会首聚在一起的情形，他们有的在一起聊天，有的男女坐在一起对歌，玩得很高兴的样子。当然，这里面也不是没有权力的集中。曾经有个别会首告诉笔者："你别看现在曾祥贵跳得凶（积极），实际上这里面说话管用的还是老头子（指蒋兴华）。"在各种碑刻和文件中一直排名第二的会首周裕鑫也对笔者抱怨："实际上，当初修建后岩观出力最多的是我和罗智森（已去世），好多钱都是靠我们两个头头的关系弄回来的，我个人都掏了3000多块钱。很多人对蒋兴华这个人都不相信，他没有花多少钱。"从周裕鑫的语气中听出，他似乎对蒋兴华现在掌握大权有些不满，这同时也说明了蒋兴华确实是里面最有权力的人。草塘街上一些对后岩观有所了解的人说："蒋兴华两口子在后岩观霸道得很，前几年功德箱的钥匙都是他老婆在掌管，拿进拿出多少钱都没人知道，现在她老婆脚得病走不动了，情况才好些。"

对蒋兴华的权威有着各种各样的议论，不过在后岩观，其他会首虽尊重蒋兴华，但谈不上畏惧他，大家地位相对平等，会首经常共同协商庙内事务。而在白虎山观音寺，尽管笔者在各种碑刻上都看到该寺也有很多会首，但是从未看到过他们在寺庙里聚会的情形（笔者拜访白虎山观音寺的次数不少于后岩观）。最常见的是一些会首和其他人在谢家夫妇的指挥下恭敬并井然有序地工作（这应该不是谢忠云和蒋兴华个人性格的差异造成二者权威的不同，就个人性格而言，笔者感觉谢忠云似乎比蒋兴华更谦和一些）。很显然，在内部组织管理方面，后岩观虽然也存在权力逐渐集中的现象，但是还没有达到白虎山观音寺的"宗教公司"模式。

（二）宗教经营

后岩观与白虎山观音寺不同的经营管理模式，使后岩观在一些具体的宗教经营中，表现出了不同的特点。下面笔者根据在 2006年香会期间以及其他时间在后岩观获得的调查材料来探讨这种差别。

2006 年 7 月 14 日的观音香会期间，笔者在后岩观看到：四周的围墙上彩旗飞扬，一根约 20 米长的杆子撑着的"有求必应"的黄色横幅在山门前噼啪作响，山下的路旁几道长幡在风中飘扬；在观内，高音喇叭播放着佛教音乐，一台彩电放在三清殿前，播放着各种佛教盛事的热闹场面（见图 5 - 19）；去年香会的热闹场面也请人拍摄制作成了 DVD，不时地播放，遇到领导或重要人物来时，观里就会赠送其一张 DVD；观前抽签、观里点平安灯等活动也引起了不少人的兴趣（见图 5 - 20）；道士先生袁安荣在三清殿的一角围起了一个临时道场（见图 5 - 21），与几个道士先生在里面敲木鱼念皇经，各种经文的名称以及捐功德钱的人名写在黄纸上，沿着围墙挂了很长（见图 5 - 22）。可以说，后岩观所营造的热闹场景，与白虎山观音寺相比有过之而无不及。今年由于修建了露天观音等菩萨，并进行了有效的宣传，后岩观的人流量大增，根据笔者的观察，后岩观的香客与白虎山观音寺的香客在数量上应该是基本持平的。

图 5 - 19　香会上的电视宣传

图 5 - 20　香会上的"观音灵签"

图 5 – 21　香会念皇经的道场　　图 5 – 22　做道场时写的功德榜

　　但是，就内部经营来说，后岩观人员的专业性比白虎山观音寺要差很远。前面我们谈到，白虎山观音寺在吸引香客往功德箱里面捐钱时，组织有序、分工细致、说话专业而娴熟、对香客的心理把握极准，香客往往难以拒绝。而后岩观虽然也在一些功德箱和菩萨前安排了一些老太太说吉利话和敲磬，但这些老太太都是一些会首，平时缺乏这种经历，显得很懒散，也不太会说取悦香客的话。即便有能说会道的，也可能缺乏白虎山观音寺的那种专业精神。比如后岩观有一个长期守寺的张姓老太，她在引导香客上香时显然是一副训练有素的样子，也会教香客怎么跪、怎么磕头、怎么烧香，而接下来的吉利话也是张口就一大串，比如有农民香客一跪下，她就熟练地念道："观音菩萨，某某来向你进香，他是诚心诚意的，你保佑他喂猪猪成山、喂牛牛成洞、喂鸡鸡成河，四方纳财，方方进宝，发大财。"而如果香客看起来像生意人，她则念道："观音菩萨，财神菩萨，某某来向你进香，他是诚心诚意的，你保佑他全家平平安安、顺顺利利，干工作的步步高升，做生意的发大财、卖什么都好卖、卖什么都赚钱，空手出门、抱财归家。明中去了暗中来。"（白虎山观音寺的老太太说的吉言与此高度相似）然后引导香客捐功德，香客一般听了吉利话都会喜笑颜开捐献功德，这时张老太又会补充"明中去了暗中来啊"。遇到她有兴趣时，还会为香客打上一卦，香客捐的功德钱就更多了。笔者观察到，只要张老太热情高的时候，向她值守的功德箱里捐钱的人就比其他几个老太太的要多很多。可是，张老太热情高涨的次数很少，她常常因找人聊天而扔下香客不管。一次，两个会"神药两解"的男女引起了张老太的极大兴趣，她一直与他们聊天并要两人给她扯药和画符，后来又为二人张罗斋饭去了。而笔者在白虎山观音寺，从来没有看到有守功德箱的老太太敢随便离开的情况。

除了香会期间之外，其他时间后岩观也有卜卦、点平安灯等宗教活动，但与白虎山观音寺相比，其提供的宗教产品数量要少得多，即便出售的宗教商品，也没有白虎山观音寺丰富。

可见，由于后岩观还没有完全科层化，没有变成一个"宗教公司"，因此它在具体宗教经营时效率要差得多。这最终反映在香会当天的收入上，虽说当天两地人流量差距不大，但据说白虎山观音寺收入近 5 万元，而后岩观的收入只有 2 万多一些。可见，宗教公司式的管理模式对于宗教供给者占领宗教市场具有相当大的作用。

六　政府的征用

在很多地方，政府为了发展旅游经济，利用宗教等文化资源作为"资本之诱饵"，[①] 支持甚至直接修建寺庙，从而引发了地方的宗教复兴和繁荣。在庙宇的成功更多地依赖于内引外联的时候，如果庙宇能够被动员资源能力无比强大的政府看中，那对庙宇来说无疑是一个千载难逢的发展机会。正在蒋兴华等人盘算着在后岩观的围墙上写上"道""德""以德治国""八荣八耻"等宣传口号来吸引国家权力对后岩观的更大认同和支持的时候，国家权力对后岩观这一宗教资源的征用却突然地不期而至了。

2006 年被国家旅游局定为"乡村旅游年"，贵州省黔南州的几个县响应上级号召，在不到两个月的时间内打造出了几个乡村

---

① 参见〔英〕迈克·费瑟斯通《消费文化与后现代主义》，章精明译，译林出版社，2000。

旅游示范点。瓮安县政府为此在州里承受了极大的压力，他们也必须在很短的时间内打造出一个乡村旅游示范点来向州里交代。最后，县政府的目光投向了草塘的下司村，决定将下司的猴场会议会址、毛泽东在长征期间居住过的傅家祠堂（已毁，要重建）、瓮安历史上的文化名人傅玉书的故居（已毁，要重建）、后岩观这四个点联合起来打造成为"傅家祠堂红色文化旅游新村"，并决定在 3 个月的时间内（6 月 22 日至 9 月 22 日）完成以迎接国庆"黄金周"。因此，在几乎完全没有任何先兆的情况下，安静的下司村突然热闹了起来，全县的工作重心都转移到这件事上，草塘镇政府办公场地临时搬到下司村，成立了总指挥部，县委书记、县长等县里大员穿梭在下司。

县里的总体规划出来以后，后岩观这一区域的具体规划工作被安排给了民宗局和旅游局等部门，在草塘具有广泛影响的猴场社区主任曾明军（当地人习惯称他"曾老四"，据称是草塘最富有的人，对外关系广泛，在民间也有绝对的影响力）等人被安排协助民宗局和旅游局一起打造后岩观。在县里的压力下，他们很快制定出了后岩观的规划，并将后岩观定位为整个旅游新村中"留住游客、吸引游客消费的最重要的景点"。规划的主要内容如下。

傅家祠堂红色文化旅游新村
——后岩观道教文化旅游区初步构想

1. 总体描述

1.1 定位：后岩观道教文化旅游区将专门以道教为主，摒除佛教以及其他杂神信仰的影响，力争做出纯正、浓厚、有品位的道教文化味。景区以后岩观道教宫观群落为主要旅游卖点，结合景区内的喀斯特岩溶地貌、山水田园风光，倡导宗教朝圣之旅、心灵之旅、休闲之旅，最终将其打造成为贵州省展示道家文化一个重要窗口。

1.2 占地面积：该旅游区以平地突起的后岩观为中心，包括周围的莲花峰、白母鸡山、笔架山以及后岩观前的部分田园，景区总体呈正圆形，占地约 160 亩。

2. 建设步骤

2.1 近期建设

2.1.1 两座山门：将山门往前外移 100～300 米，使游客经过一段步行方能到达各主要景点，增加游客对后岩观的神秘感和游览兴致。

2.1.2 将两座山门进入后岩观的道路修通并初步绿化整修后岩观现有建筑和设施，清除一些破坏整体和谐美观的人工景观，疏通山下各洞穴。

2.1.3 清理和美化莲花峰，并修建到后岩观的通道；对周边山峰进行初步清理，修建一些小便道。

2.1.4 在山门外修建停车场。

2.2 远期建设构想

2.2.1 将山门进入后岩观的道路按照道教宫观的特点进行建设，比如进行更大规模的绿化，塑造一些道教神像。

2.2.2 在后岩观东面的平地上修建一个广场，并按照道教的风格进行绿化和装饰。

2.2.3 将整个旅游区的路面按道家风格进行修理。

2.2.4 在合适的地点修建一些宫观作为客房，负责接待住宿和饮食。

2.2.5 在周围山峰上逐渐修建一些规模较大的道观，如三元宫、三清宫、长春宫等。

可以说，对于后岩观现在的管理者蒋兴华等人来说，这一规划所展示的无论是近期构想还是远景目标，都是他们以前的内引外联能力不可想象的。但是，在政府的强大动员能力下，这一切却以前所未有的效率推进着：一条宽 5 米的道路在 2006 年 6 月 24 日动工；一块长着稻谷、面积约 2 亩的水田在 6 月 28 日被征用作为后岩观的停车场；后岩山四周 3 米宽的土地被征用，用来修建盘山便道。同时，由于有了内引外联能力更强的人的介入，后岩观筹措资金的能力与以前也不可同日而语了，富有的曾老四和旅游局书记个人各捐献了 1 万元，随后，他们二人各自利用广泛的社会关系，很快找到了一些愿意捐献资金的富人，曾老四还从省建设厅要来了 17 万元。

在政府明确表示不会剥夺他们的权利后，后岩观的管理者显然十分看中此次政府对后岩观的征用，因此对政府的工作非常配合。现在还不能完全看到此次征用带来的影响，如果后岩观最后确实被打造成规划所设想的样子，那么后岩观将无疑大大地改变草塘宗教市场的格局，成为最主要的宗教供应商，将草塘宗教市场推向更大的复兴和繁荣；即便政府的征用流产，但是政府既有的动作也将对后岩观造成很大的影响。从已有的反应来看，由于这种征用，现在后岩观的名气已经大增，同时它作为政府的"御用"宗教场所形象，也将对其宗教经营产生不可估量的影响，这将极大地改变草塘的宗教市场结构。

第四节　小结：寺庙、公司化与宗教经营

在白虎山观音寺和后岩观的发展中，一个以"灵验"为旗号，一个将自然、历史、文化资源与神异相结合；这边走灵验的路子，那边走文化的路子；一个自称佛教，一个号称道教。不过，灵验与自然、历史、文化资源，佛教与道教，都只不过是策略和手段，引导寺庙发展最重要的因素，是寺庙在拥有"神异资源"后，它的组织者内引外联的能力和机遇。

这两个寺庙最初都是由一些农村妇女来主持，但无论寺庙是否

具有灵验的名声，这些交往能力有限的妇女始终无法将寺庙做大。即便灵验名声很大的白虎山观音寺也是这样，在 1984～1996 年这 13 年的时间里，尽管它一直是草塘唯一的垄断性寺庙，但也没有能够摆脱山间小庙的形象，将寺庙推向合法化和更高层次、更大规模，只有在一些社会网络更大、交际与组织能力更强的男性参与后才得以实现，而这同时也意味着妇女在寺庙权力阶层的退位。

但是，同样是靠内引外联发展寺庙，为什么白虎山观音寺发展成了宗教公司，而后岩观只是出现了这种趋势，而没有完全公司化？这只能被理解成后岩观的管理人员里，一直没有出现一个像白虎山观音寺的谢忠云那样对寺庙发展具有重大作用的人物，或者说后岩观的发展过程中没有出现这样的发展契机，也没有人能够创造出这样的机会。因此，它只能因袭最初的众会首协商的民主管理模式，并在发展过程中权力有所集中，逐步朝宗教公司演变。可以预测，随着后岩观的发展，只要它还继续依赖管理者这种内引外联的能力，那么它终会发展成为一个"宗教公司"。

白虎山观音寺和后岩观多年来不断学习对方及其他寺庙，并在学习中调整、改变、创新它们的经营策略，出现了"攀附""打广告"等商业社会惯用的经营行为。它们积极地参与宗教市场，最大程度利用自身独特的宗教和世俗资源，提供多元化的宗教服务，来提升占领宗教市场的能力和竞争力。这在促进其自身发展的同时，也吸引、创造着信众的需求，扩大了宗教消费。在调查中，笔者了解到这样一些情形：有的信众可能原本只打算烧烧香，来到寺庙后，却发现寺庙还有放平安灯、做阴阳佛事、卜卦抽签、放生法会等活动，不由得心动而参与；有的人原本对烧香拜佛的事不屑一顾，认为是封建迷信，却在寺庙组织的朝山会、神圣旅游等活动中看到了一些"大传统"的影子，开始对此另眼相看并进而参与进来；有的人本来不信，却在越听越多的"灵验故事"中慢慢将信将疑，抱着"宁可信其有、不可信其无""姑且试一次，反正也无害"等心态，跪倒在群神脚下；有的人本来无所谓，抱着玩的心态来到寺庙，却被观音会庞大的人群所震撼，在集体暗示的情况下，来了一次又一次；当然也有的人，追求心灵、人生的终极归属，在山野小庙中受到启示却寻不得真谛，无法走向更高的宗教追求。种种情形，不一而足。

在此，我们看到了宗教市场的理性力量。也许，宗教组织和团体并非一开始就处心积虑诱引信众，获取利益。然而，在不断的经验理性中，他们不断发现信众的不同需求，进而创新经营以吸引信众；而信众会在宗教组织和团体提供的宗教产品"超市"中，增加宗教消费，共同铸就一轮又一轮宗教复兴和繁荣的热潮。我们不能说信众是盲目、不理性或愚昧的。这正如我们在超市购物，面对眼花缭乱的商品，我们往往会购买比原计划多得多的物品，哪怕有些物品根本不需要，然而，谁又能说当我们站在这些物品前时，没有做过任何理性的计算和思考？

有趣的是，由于观音寺和后岩观的成功，其他一些宗教资本如桃峰寺也开始在草塘投资建庙占领宗教市场，使草塘的宗教出现更加繁荣和多元的局面。两个公司化寺庙的长期竞争，在给予对方压力的同时，还吸引了其他宗教资本加入修庙，争夺宗教市场。在中国民众的宗教信仰大多为"非排他性"的情况下，寺庙之间的竞争，一方面使宗教消费者可能会选择那些更加适合他们的寺庙，另一方面也会使习惯于"宗教多元化投资"的宗教消费者增加在别的寺庙的消费。从笔者在草塘的调查来看，后者的可能性更大。2006年农历六月十九的观音香会上，笔者从后岩观和白虎山观音寺的一些香客口中了解到，香会期间，更多的香客都在两个寺庙之间奔波，更有香客不畏辛苦，搭乘摩托车到后岩观、白虎山观音寺、猪头菩萨庙、桃峰寺四个庙烧香、许愿，仅车费就要近40元。当然，正如一些先天因素会大大影响世俗公司的经营业绩一样，各个寺庙在地理位置等因素上的差异，也会大大影响其宗教经营的业绩。

本书把寺庙看成宗教公司的时候，并非是说谢忠云、蒋兴华等这些修庙的人是在捞取经济上的私利。在调查中，虽然不断有人这样指责他们，但笔者没有发现确凿证据，因此不能胡乱猜测。不过，这些寺庙获取经济利益的热情也是不可否认的。在失去了解放前的那种供养方式后，新兴寺庙更多要靠灵验来吸引信众以维持自己的生存。但是，"灵验"要与物质上的庙宇相连，也就是说，再"灵验"的菩萨，没有庙也会逐渐不灵，而再不灵的菩萨，也会随着庙宇扩大而越来越"灵"。但是，庙宇能否持续地扩大，有赖于宗教管理者内引外联的能力，而这又导致了寺庙越来越往宗教公司的方向转化，这种转化同时使宗教公司提供宗教产品的专业化和效率更高、吸取信众功德钱的能力更强。因此，虽然在调查中有超过60%的人认为庙宇是"既做善事又赚钱"或"纯粹是赚钱"，或者有些人认为敬菩萨的钱都被"活菩萨"们给吃了，但这并没有影响大家每年在人潮涌动的香会上进行自己认为适当的投资。① 寺庙收入的增加，导致寺庙规模的扩大，从而更加印证其"灵验"（比如，原来灵验名声不大的后岩观，随着人流的增加，灵验名声也越来越大），最终形成良性循环。

通过以上分析，我们发现，与县内其他区域相比，草塘的寺庙之所以规模更大、人流更多，草塘的宗教之所以更加繁荣，并非因为草塘人的"宗教需求"高于其他地方，从宗教"供给者"——寺庙来探寻原因显然更为恰当。本章的田野材料显示：优越的地理位置、擅长宗教经营的人物的出现、有利于宗教经营的机缘、上层寺庙资本的积极介入、政府对宗教资源的征用、寺庙的公司化与竞争等，是草塘寺庙发展、草塘宗教繁荣的主要原因。

---

① 在调查中，有10多位调查对象向笔者这样说过，意指烧香是很愚蠢的行为。但在问到他们是否每年都去烧香时，他们也不否认，不过都辩称仅是看热闹。

第六章

天主教：组织化的
宗教资源

在草塘，虽然将白虎山观音寺划为佛教组织，将后岩观归为道教组织，但它们实际上并没有自己的神学体系和教职人员，也缺乏有组织的信徒，因此草塘的佛、道教仍然算不上有组织的宗教。草塘有组织的宗教主要是天主教和"基督教"，它们有自己的神学体系和教职人员，以及组织化的信徒。

天主教在清朝道光末期传入贵州。道光廿六年（1846年）3月27日，罗马教皇额我略十六世正式宣布贵州为宗座代牧区，任命法国传教士范若瑟为以贵阳为中心的贵州教区主教兼四川助理主教。同年8月13日，教皇庇护九世授权四川主教推荐一人祝圣为贵州教区主教，法国传教士白斯德望被四川主教看中，推荐他就任贵州教区第一任主教。白斯德望于1847年6月由澳门经重庆到贵阳常驻传教，其主教祝圣典礼在道光廿九年（1849年）3月18日在重庆天主堂小修院由四川主教范若瑟主礼完成，此后直到咸丰四年（1853年）4月22日患伤寒病逝一直担任贵州教区主教。①

贵州基督教的工作开始于1877年，创办人为内地会之祝名扬（C. H. Judd）与巴子成（J. F. Broumton）二人，初以贵阳为据点，

---

① 贵阳市志编撰委员会编《贵阳市志·宗教志》，贵州人民出版社，1995，第190~194页。

后传教工作逐渐延伸至安顺、独山、遵义、锦平、大定（今大方县）等地。① 不过，基督教在贵州的发展速度似乎不如天主教，至1919 年，贵州省报告的基督教受餐信徒为 9446 人，天主教信徒则有 35286 人，约为基督教信徒的四倍。②

目前，天主教在草塘公开传播，得到政府的承认；"基督教"③则是潜伏的组织，只是秘密流传，政府并未认可其合法性，但其作为草塘宗教市场上的一支力量是客观存在的。本章通过详细的田野资料，考察草塘天主教的发展历程，分析组织化的天主教在此过程中如何运用本土化、扩展情感依附等经营技巧和其组织资源，在草塘开疆拓土，使一种完全外来的宗教能够在此生根、发芽、壮大；分析这些经营技巧的运用与中国的传统宗教有何差别，它又带来了怎样的宗教经营的后果。

第一节　草塘天主教的基本情况

1995 年《瓮安县志》载："民国时期，有英国传教士来县城宣传教义。平坝、天文一带有少数群众在邻县余庆教堂受礼入教。解放前夕有教徒 70 多人。解放后停止活动。1970 年以来，贵阳教区神父伍光华、梁布仁和福泉团坡教堂神父胡大国等，先后在草塘、雍阳等地宣传教义，发展教徒。现全县有教徒 1027 人，并建有教务领导小组。"④

---

① 中华续行委办会调查特委会编《中华归主》，中国社会科学院世界宗教研究所（内部发行），1985，第 369～370 页。
② 中华续行委办会调查特委会编《中华归主》，中国社会科学院世界宗教研究所（内部发行），1985，第 375 页。
③ 这种带异端色彩的基督教虽然未得到政府承认，被政府认为是打着基督教旗号的"邪教"组织，但为了尊重调查对象的自我认同以及行文方便，本书仍然用"基督教"来指称。
④ 贵州省瓮安县地方志编撰委员会编《瓮安县志》，贵州人民出版社，1995，第702 页。

　　天主教在草塘的传播始于何时，并无明确记载。笔者在草塘田野调查时，天主教徒均说那乡村的孙家（见图6-1）和两岔河的刘昌明（已去世）家是最早进教的，他们与原新川医院的王院长家被认为是整个瓮安县最早的三家老教友。2006年4月6日，笔者在两岔河刘家就他们家何时开始信教问起刘昌明的妻子李氏（83岁），她不清楚他们家具体的进教时间，只知道是刘昌明的爷爷辈开始信的。照此推算，刘家信教至少应有上百年的历史。2006年4月4日，笔者在那乡村老寨子访谈孙第军（男，68岁）时，他自述他们家是从他外公开始信教的，他外公当年逃难到外地，得到天主堂的人的收留和帮助，从而进教，多年后回到家乡，娶妻生子，死后由天主教的人来埋葬。孙第军带笔者到他外公的坟（这个坟在当地的天主教徒中非常有名，被称为"花坟"，见图6-2）上看，从墓碑上已经模糊的字迹中可以辨认出，此人生于辛亥年（1911年或1851年），而从其外孙（孙第军的大哥，1927年生）已经80岁高龄来看，孙第军的外公极有可能生于1851年。那么照此推算，孙家信教应有120年左右的历史，孙第军的外公极有可能是草塘乃至瓮安县最早的天主教徒。

图6-1　那乡老寨子的孙第军家被认为　　图6-2　埋葬孙第军外公的"花坟"
　　　　是草塘最早的天主教徒家族　　　　　　　在草塘天主教界比较有名气

　　解放后，草塘天主教的活动受到限制，20世纪70年代初期才开始恢复。自称草塘天主教第一位新教友的柏明碧是1973年入的教，她说最初信教时她们只能秘密活动。

目前，瓮安县天主教会隶属于贵阳教区，分为草塘、雍阳（县城）、天文、中坪四个教管组。草塘天主教教管组（以下简称"教管组"）管理的范围包括草塘镇、松坪乡、木老坪乡、小河山乡。不过，与草塘相邻的余庆县的瓮脚（隶属于遵义市），黄平县的长岭岗、车坪坝（隶属于黔东南州）和湄潭县毗邻草塘平坝村的几个村落（属于遵义市），也有很多天主教徒，他们由于离草塘比较近，非常愿意参加草塘天主教的活动，草塘天主教的人也时常到这些地方去埋葬死亡教友。但草塘教管组的人说，因为越过了界，他们每次过去都很担心，如果被那边管理天主教的人发现，极有可能被抓起来。总体上，草塘天主教徒最集中的地方还是在草塘—松坪这条线上，笔者的调查也主要集中在这里。

目前草塘（草塘教管组管辖的整个区域）究竟有多少天主教徒？笔者在瓮安县民宗局和天主教爱国会就此问题进行了解时，他们说教徒具体数量作为机密是绝对不能泄露的。县公安局国保大队提供的全县信教人数（包含天主教、佛教、道教）2001 年为 2070人，2002 年为 2064 人，其中主要为天主教徒。1995 年《瓮安县志》记载的全县天主教教徒数为 1027 人。草塘天主教教管组组长曹家福则说他们管辖的区域至少有 6000 人信教，而草塘（镇）、松坪一带有 1000 多人（笔者当即问他，草塘镇和松坪是草塘教友最多最集中的地方，为什么占的比例那么少，曹家福笑着说还是说少一点好些）。另外，龚小红（草塘教管组会计，女，35 岁）表示草塘镇、松坪一带有 2000 左右的人领洗，柏明碧（草塘教管组出纳，女，70 岁）说草塘街上有二三十个教友，下司村有五六十人，草塘镇有五六百人。尽管信教的具体人数难以确定，不过大家公认草塘的教徒在全县是最多的，比县城教徒都要多很多，这从 2000年 1 月 25～26 日召开的瓮安县天主教第一次代表会议的各地代表比例也可以看出，出席该次会议的 50 名天主教徒代表中，来自草塘教管组管辖范围内的代表有 30 名，占总数的 60%。①

在 20 世纪 70 年代以前，除了刘、孙、王等几家老教徒以外，天主教在草塘的发展和影响比较小，基本上是秘密传教。从 20 世纪 70 年代初开始逐步有所发展，20 世纪 80 年代和 20 世纪 90 年代中前期是发展的高峰期，进入 21 世纪后，发展速度有所减慢。

为了更清晰地了解草塘天主教的基本情况，笔者做了一个小规模的问卷调查，共发出问卷 66 份，收回有效问卷 46 份，调查结果如下（见表 6 - 1 ~ 表 6 - 5）。

表 6 - 1 被访者性别

男		女	
人数	比例（%）	人数	比例（%）
21	45.65	25	54.35

在教徒性别构成上，女性略多于男性，但人数相差不大，这大概因为很多家庭都是成员共同信教，夫妻、父母子女同为教徒，因此，性别比例比较协调。

表 6 - 2 被访者年龄

16 岁以下		16 ~ 40 岁		41 ~ 55 岁		55 岁以上	
人数	比例（%）	人数	比例（%）	人数	比例（%）	人数	比例（%）
0	0	11	23.91	14	30.43	21	45.65

在年龄构成上，55 岁以上的教徒占了近一半，而青壮年的教徒相对较少。调查中发现，在很多天主教家庭中，有不少 16 岁以下的也是跟着父母领了洗的，但这类人对天主教几乎完全不了解，因此没有采集到 16 岁以下的样本。

---

① 资料来源于《瓮安县天主教第一次代表会议代表花名册》，天主教徒余成江（男、70 岁，住下司村梨子坪）提供。

表 6 - 3　被访者受教育程度

文盲		半文盲		小学		初中		高中和大专		大专以上	
人数	比例(%)	人数	比例(%)	人数	比例(%)	人数	比例(%)	人数	比例(%)	人数	比例(%)
10	21.74	8	17.39	11	23.91	11	23.91	6	13.04	0	0

在天主教徒的受教育程度方面，小学和初中占了将近一半，高中和大专有 6 人，占 13.04%。不过据教管组的人介绍，草塘教会中差不多也只有这几个人是高中文化，另外还有一个有大专文凭的，是在大学时入的教，现在出去打工了。文盲只占 21.74%，不过笔者感觉实际比例应该高得多，因为填问卷需要有文化，针对部分文盲笔者是通过提问代填的，但感觉这样效果并不好，后来就放弃了对文盲的问卷调查，所以调查结果中文盲比例相对较低。

表 6 - 4　被访者婚姻、家庭状况

未婚		已婚	
人数	比例(%)	人数	比例(%)
1	2.17	45	97.83

之所以已婚人数占了 97.83%，是因为受调查的家庭中，往往是父母作答，未婚子女大多没有参与调查，因此本调查并不能反映草塘天主教徒真实的婚姻状况。

表 6 - 5　被访者认为自己的经济状况

很好		好		一般		不太好		很不好	
人数	比例(%)	人数	比例(%)	人数	比例(%)	人数	比例(%)	人数	比例(%)
1	2.17	11	23.91	21	45.65	9	19.57	4	8.70

在经济状况方面，对自己的经济状况评价不好的约有 30%，对自己的经济状况评价好或很好的约有 25%，认为自己的经济状况一般的接近一半，这基本上是一个正态分布。调查结果显示，天主教徒的经济状况并非那么糟糕。草塘当地很多人都觉得信教的都是一些极度贫穷的社会边缘人，生活没着落了才去信教找依托，事实看来并不是这样。笔者在两次天主教徒葬礼上看到，就穿着打扮而言，很多教徒在当地并不算贫穷（笔者访谈的很多教徒家庭经济状况在当地都不算差）。然而，在笔者所做的另一份关于民间信仰的问卷调查中，认为自己经济状况不太好或很不好的人占了近 60%，这可能表明天主教信徒在对自己的经济状况评价时比普通人要乐观一些。

在对一些基本的天主教知识的理解上，调查结果如下（见表6-6~表6-14）。

表6-6　是否相信宇宙里有一位至高无上的天主

很信		有点信		不太信		很不信		不知道	
人数	比例（%）	人数	比例（%）	人数	比例（%）	人数	比例（%）	人数	比例（%）
40	86.96	3	6.52	0	0	1	2.17	2	4.35

表6-7　是否相信自然灾害是天主对人的警告

很信		有点信		不太信		很不信		不知道	
人数	比例（%）	人数	比例（%）	人数	比例（%）	人数	比例（%）	人数	比例（%）
23	50	15	32.61	0	0	1	2.17	7	15.22

表6-8　是否相信有天堂和地狱

很信		有点信		不太信		很不信		不知道	
人数	比例（%）	人数	比例（%）	人数	比例（%）	人数	比例（%）	人数	比例（%）
34	73.91	6	13.04	1	2.17	1	2.17	4	8.70

表 6-9　是否赞成诚心诚意拜天主，就会得到天主的庇佑

很赞成		有点赞成		不太赞成		很不赞成		不知道	
人数	比例（%）	人数	比例（%）	人数	比例（%）	人数	比例（%）	人数	比例（%）
34	73.91	7	15.22	1	2.17	0	0	4	4.69

表 6-10　是否相信人死后灵魂仍然存在

很信		有点信		不太信		很不信		不知道	
人数	比例（%）	人数	比例（%）	人数	比例（%）	人数	比例（%）	人数	比例（%）
32	69.57	5	10.87	0	0	1	2.17	8	17.39

表 6-11　是否相信灵魂会投胎转世

很信		有点信		不太信		很不信		不知道	
人数	比例（%）	人数	比例（%）	人数	比例（%）	人数	比例（%）	人数	比例（%）
3	6.52	0	0	5	10.87	24	52.17	14	30.43

表 6-12　是否相信通过向天主祈祷可以改变个人命运

很信		有点信		不太信		很不信		不知道	
人数	比例（%）	人数	比例（%）	人数	比例（%）	人数	比例（%）	人数	比例（%）
20	43.48	7	15.22	2	4.35	6	13.04	11	23.91

表 6-13　是否相信通过做好事、积德可以改变个人命运

很信		有点信		不太信		很不信		不知道	
人数	比例（%）	人数	比例（%）	人数	比例（%）	人数	比例（%）	人数	比例（%）
20	43.48	8	17.39	2	4.35	5	10.87	11	23.91

表 6-14　是否相信天主会保佑虔诚的信徒逃过劫难（灾难）

很信		有点信		不太信		很不信		不知道	
人数	比例（%）	人数	比例（%）	人数	比例（%）	人数	比例（%）	人数	比例（%）
18	39.13	13	28.26	3	6.52	3	6.52	9	19.57

以上调查结果表明，大多数天主教徒对天主教的基本知识是了解的。他们的这些宗教知识主要来源于神父，有些也来源于"道理"懂得多的教徒，有些识字的教徒则是通过阅读宗教书籍获得相关知识。

不过，笔者在访谈中明显感觉到，草塘天主教徒的宗教知识并不丰富，比如很多人不知道天主教的四大瞻礼节日；教徒对一些基本教义的认识也很模糊，往往基于偶然听到的一些宗教知识，然后加上自己的各种朴素想象，因此，很多教徒对天主教教义的理解让人听起来矛盾丛生而又离奇、悬疑。

第二节　草塘天主教的宗教产品

一　信仰对象

草塘天主教徒同时信仰耶稣和圣母玛利亚，一般人家的主牌两边也分别贴有耶稣和圣母的圣像。对于天主教中主要有哪些圣人和遗物，大多数教徒并不知道。

二　委身、张力

在委身程度上，与民间信仰相比，天主教徒的委身要"深广""昂贵"一些。这表现在以下几个方面。

1. 日常生活受到的约束

笔者调查发现，草塘天主教徒的宗教知识虽然不算丰富，但入教的人几乎都知道"天主十诫",这些戒律对教徒的日常生活多少有些约束,比如很多教徒就宣称他们信教后就不再赌博、打麻将了。不像民间信仰那样,"要菩萨时挂菩萨,不要菩萨卷菩萨","酒肉穿肠过,佛祖心中留",信仰几乎没有对其日常生活造成任何约束。日常生活中遵循教义进行感恩、忏悔、祷告,以及进行洗礼、弥撒、告解等宗教活动,远比民间信仰只是烧烧香祈祷一下对人的约束要大得多。

2. 宗教付出

宗教付出体现为两个方面:一是财物方面的奉献,二是时间、精力方面的付出。在第一个方面,根据笔者的问卷,草塘的大多数教徒没有给教会奉献财物,即使有奉献的,很多人也明确表示自己奉献得比较少。

表 6-15　有没有给教会捐过款

有		没有	
人数	比例(%)	人数	比例(%)
16	34.78	30	65.22

根据天主教教义,宣传福音是天主教教徒的天职,传教是其功德。因此,传教往往占去教徒大量的时间和精力。不过,就此方面的奉献而言,教徒会因地位不同而有很大区别,特别是教管组的几位主要领导和一些热心的、会念经的教徒,付出会比较多,他们要出席教友家的婚丧嫁娶等活动,并主持仪式和念经,要为感觉不顺的教友驱魔,或者到许下愿的教友家念经还愿,还要为教会的一些事情奔波。据教管组副组长吴再仁介绍,他每年在外为教友的事情所奉献的时间在 3 个月以上,特别是办丧事,往往一去就是好几天,只要主人家来请,再远的地方也要去,就是"秧子倒在田坎上"了也要马上走。在草塘调查时,笔者跟着教管组的几位主要人物跑了几次,的确感到非常劳累。以 2006 年 3 月 30 日至 4 月 2

日的行程为例。

　　2006 年 3 月 30 日早上六点，柏明碧、龚小红与笔者从草塘乘车到下司王家寨为一位教友家驱邪。10 多分钟后到达，在坟前念经驱邪 20 多分钟；回来时没有车，只好走路半小时回到草塘。在草塘吃了早餐后，租车赶往松坪黄家坳，去叫天主教教管组组长曹家福和另一热心教友余三妹去清池下堡参加教友李毛弟的葬礼。曹家福和余三妹二人均在山上劳动，听到召唤后，立即安排好家务，一同赶往 6 公里外的下堡。到达下堡后，吃过饭即开始准备葬礼的一些物品并开始念经，一些人上山择地，下午一直念经，晚上做一些丧葬仪式，一直到深夜 10 点。第二天早上 6 点，上山埋葬死者（走了约 2 公里山路），直到 10 点多。埋完人后，又回到下堡，为另一李姓教友念经还愿，到下午丧事结束。4 月 1 日早上，大家又相约到了下司李先二家为他家念经驱魔，直到下午 1 点。4 月 2 日，曹家福和吴再仁又要到瓮安县城和都匀为修教堂的事情找有关单位批准盖章。整整 4 天时间，大家都在奔波，而那几天正是农村翻田插秧的时节，农活非常繁忙，因此曹家福的妻子非常不高兴。如果遇到葬礼时间拖得长的，耽误十天半月都不在话下。

　　当然，普通教友平时不需要奉献那么多时间和精力，只是遇到教友家婚丧嫁娶时去一下。总之，作为一名天主教徒，其委身要比普通民间信仰"昂贵""深广"得多。

　　3. 张力

　　所谓张力是指一个宗教群体和"外部"世界之间的区别、分离和对抗程度。天主教信仰具有排他性，在很多普通人看来，身为中国人，拜一个外国的神而不拜中国菩萨、偶像、大树，本身就显得莫名其妙。天主教徒的日常行为也多少与"外部"世界有些区别，比如教徒吃饭前要集体站起来念一段经文，感谢主赐予食物，这种行为在很多老百姓看起来十分怪异，常常遭到教外群众的嘲笑和戏谑。因此，教徒在外吃饭前，要在大庭广众之下独自站起来手画十字，口中念念有词，这本身就需要勇气。外部世界对他们不乏误解和猜忌，比如有些人就将信天主教的人看成"一群迷信、贫困的社会边缘人""生活没有着落了才去信教找依托"，甚至笔者在调查时，很多人知道笔者和天主教的人"混"在一起，都觉得莫名其妙，问我一个大学生怎么会和那么愚昧无知的一群人混在一起。总体上，他们和主流社会在一定程度上有所疏离。不过，与瓮安县的"基督教"不同的是，国家承认天主教会是合法的信仰团体，他们与社会的关系还没有达到"对抗"的程度。

当然，在一些天主教徒相对较多的村落，比如清池村的下堡、下司村、太平村的潘家寨等地方，由于天主教徒较多，大家基于一种见怪不怪的心态，对天主教群体相当接受和友好。笔者在草塘期间，在下堡和下司所参加的两场天主教徒的葬礼上都能感受到这种氛围。

总体上，由于天主教的这种张力，作为一名天主教徒，在日常生活中是要付出一定的社会和心理代价的。

三　日常宗教行为

访谈中，一些教友印象最深的宗教行为就是聚在一起念经。目前草塘还没有教堂，因此他们会在一些重要的瞻礼节日选择到某个教友家一起念经、祈祷；另外，教友家婚丧嫁娶时他们也常常聚会，大家一起念经，摆谈一些天主的道理。下面是笔者通过问卷了解的一些教徒参加教会日常宗教活动的情况（见表6-16~表6-22）。

在接受调查的46人中，全都领过洗，有43人参加过弥撒、领圣体和告解等宗教活动。另外，瓮安县内目前没有神父常驻，神父都是从贵阳郊区和福泉团坡教堂来的。在草塘一些农村，地处偏远，

表 6 - 16　参加的主要宗教活动

弥撒		领圣体		告解		其他	
人数	比例(%)	人数	比例(%)	人数	比例(%)		人数
43	93.48	43	93.48	43	93.48	终傅	14
						领洗	46

教徒分散，神父不常来，有的教徒可能一生也就只有一次机会遇见神父。因此，一些教徒就趁神父来到时进行终傅涂圣油的宗教仪式，而不是在临终时才涂圣油。有 14 人宣称领过终傅涂过圣油。

表 6 - 17　平时是否读经

是		否	
人数	比例(%)	人数	比例(%)
18	39.13	28	60.87

从读经情况来看，只有 39.13% 的人宣称平时有读经的习惯，这可能和大多数教徒没有文化或文化程度比较低、阅读比较困难有关。也有些人说"活路"太忙，确实没有时间读经。笔者调查中发现，有几个年纪较大的女教徒（如柏明碧、江应珍）虽然大字不识，但可以背诵大段经文，她们声称完全是靠听别人念经强记下来的。在阅读的经文类型上，玫瑰经占第一位，其次是圣经、亡者经。

表 6 - 18　是否每天做感恩、忏悔或者祷告

是		否	
人数	比例(%)	人数	比例(%)
23	50	23	50

有一半的教徒每天都会做感恩、忏悔或祈祷。回答"否"的人中，大多数解释说虽然不是每天都做，但有空的时候还是会做一下。

表 6-19 神父是否到过你家

到过		没有到过	
人数	比例(%)	人数	比例(%)
41	89.13	5	10.87

89.13%的教徒家里去过神父，并且教徒也以神父到过家里为荣。神父到信徒家里的目的依次是：圣房子、施洗、驱魔、弥撒等，有时什么也不做，就是和教友闲聊、关心关心教友的生活或讲讲天主的道理。

表 6-20 是否戴念珠或十字架、圣像

有		没有	
人数	比例(%)	人数	比例(%)
21	45.65	25	54.35

天主教认为念珠、十字架、圣像等，在经过主教、神父祝圣降福后，就等于经过了耶稣祝圣降福，因而成了圣物，佩戴它们可以得到天主保护灵魂和肉身平安，不受魔鬼侵害。草塘有近一半的信徒佩戴了念珠、十字架或圣像。

表 6-21 是否看到过天主显圣迹

不曾有过		有过一两次		多次或经常	
人数	比例(%)	人数	比例(%)	人数	比例(%)
23	50	15	32.60	8	17.40

　　教徒对圣迹的理解不一样，龚小红就认为"到处都是圣迹，世界都是天主造的，就看你怎么理解，天天都是圣迹"；宋光琴则把早上没钱时却正好有人请吃早餐也理解成天主的圣迹；柏明碧、余成江等教徒看到耶稣或圣母像发光；刘孃孃感知到天主为其治病，第二天病痛全消。不过有一半的人表示从来没有看到天主的圣迹。

表 6 - 22　是否给教会捐过款

有		没有	
人数	比例（%）	人数	比例（%）
16	34.78	30	65.22

　　天主教的圣教四规中的第四规规定："教友该尽力帮助圣教会的经费。"不过，大多数信徒表示没有给教会捐过款；一些捐过款的，也表示捐款数量很少，有些人（余建德）是在草塘之外的其他地方捐过款。

四　宗教回报

　　在访谈中，笔者问教徒"你感觉信教的最大好处是什么？"回答最多的是"平安""健康""脚尖手快""天主教不麻烦，死了人不用烧钱化纸，省钱""闹热（热闹）"等世俗效用，也有极个别的教徒表示可以"救灵魂""死后升天堂"。

　　笔者还就天主教对个人和社会的价值进行了问卷调查，以下是调查结果（见表 6 - 23～表 6 - 30）。

表 6 - 23　信仰天主教对日常心情是否有帮助

帮助很大		有点帮助		不太有帮助		毫无帮助		不知道	
人数	比例（%）	人数	比例（%）	人数	比例（%）	人数	比例（%）	人数	比例（%）
27	58.70	14	30.43	2	4.35	0	0	3	6.52

表 6 – 24　信仰天主教对个人的事情是否有帮助

帮助很大		有点帮助		不太有帮助		毫无帮助		不知道	
人数	比例(%)	人数	比例(%)	人数	比例(%)	人数	比例(%)	人数	比例(%)
28	60.87	12	26.09	2	4.35	0	0	4	8.70

表 6 – 25　信仰天主教对和周围人相处是否有帮助

帮助很大		有点帮助		不太有帮助		毫无帮助		不知道	
人数	比例(%)	人数	比例(%)	人数	比例(%)	人数	比例(%)	人数	比例(%)
22	47.83	15	32.61	1	2.17	2	4.35	6	13.04

表 6 – 26　信仰天主教对家人之间的关系是否有帮助

帮助很大		有点帮助		不太有帮助		毫无帮助		不知道	
人数	比例(%)	人数	比例(%)	人数	比例(%)	人数	比例(%)	人数	比例(%)
23	50	12	26.08	3	6.52	0	0	4	8.70

表 6 – 27　信仰天主教对社会是否有好的影响

有很多很好的影响		有些好的影响		没有什么好的影响		不知道	
人数	比例(%)	人数	比例(%)	人数	比例(%)	人数	比例(%)
31	67.39	7	15.22	2	4.35	6	13.04

表 6 – 28　信仰天主教对身体健康是否有好的影响

有		没有		不知道	
人数	比例(%)	人数	比例(%)	人数	比例(%)
33	71.74	3	6.53	10	21.73

表 6 – 29　信仰天主教是否使人不会违法乱纪

是		否		不知道	
人数	比例(%)	人数	比例(%)	人数	比例(%)
30	65.22	2	4.35	14	30.43

表 6 - 30　信仰天主教是否有助于改善社会风气

是		否		不知道	
人数	比例（%）	人数	比例（%）	人数	比例（%）
32	69.57	0	0	14	30.43

从结果来看，在每一项上，都有 70% 左右的教徒认为天主教对个人或社会作用很大或有一定的作用，这说明多数教徒对天主教的价值持肯定态度。

另外，有一些宗教或世俗的回报，比如组织内的认同感、权威感等，可能是教徒没有意识到的或不愿意说的，笔者在后面将会有所讨论。总之，付出—收益的理性计算可以在信教群体中感受到，正如草塘天主教传教的主要功臣柏明碧在谈到传教的问题时所说："要别人信这个教，没有好处是不行的。"

总体上，天主教在草塘的宗教市场上，几乎从零开始发展到现在，也取得和占有了一定的市场。与中国传统的佛、道教以及民间信仰相比，天主教明显是一个委身和张力较高的宗教。下面，我们来看一下这个与中国传统宗教明显不同的外来宗教是如何在草塘占领宗教市场的，其宗教经营中具有哪些技术和策略。

第三节　扩展情感依附——草塘天主教会 发展信徒的重要路径

在探讨天主教、基督教及一些异端教会组织的传播时，很多人除了将之与一些宏大的社会问题相联系外，也会探讨教义的作用，还有人认为存在被宗教组织"洗脑"的问题。笔者在问到"你最初信教的原因是什么"时，教徒们的回答与很多学者常用的解释方式一致（见表 6 - 31），表面上看也是一种"苦痛＋教义"的归信模式。

表 6 - 31　教徒信教原因

教徒所回答的信教原因	人数	比例(%)
1. 家人信就跟着信了	7	15.22
2. 自己或家人的病痛	15	32.62
3. 亲戚劝自己信,没有仔细想就跟着信了	3	6.52
4. 家里磨难太多,做什么事都不顺,总被各种鬼找到	11	23.91
5. 看到别人信觉得好奇,后来看到信的人都好,就跟着信了	3	6.53
6. 在各种教门中选择的结果	1	2.17
7. 认为天主是真理	2	4.35
8. 心灵空虚,寻找寄托	1	2.17
9. 看到别人信教"皮托"(不麻烦),不烧钱化纸、省钱	1	2.17
10. 为了救灵魂,到天堂享永福	1	2.17
11. 觉得自己在宇宙中很渺小,很渺小	1	2.17

可以看出,草塘天主教徒自认为因"苦难"而信教的人占了总数的56%以上。根据笔者在本书导言中的论述,"苦痛＋教义"实际上是一个归信的假命题,包括生病、基层组织的匮乏、乡村干部的腐败、社会分层使人产生的不安感和孤独感等,都只是为各种宗教提供了一个"市场突破口",为他们吸收信众提供了可能性,而最后能否成功吸收到新的信众,除了因缘,有赖于宗教组织运用各种经营技术将这种"市场突破口"变成真正的"市场"。特别是对中国乡村的广大老百姓来说,天主教等外来宗教是比较陌生甚至闻所未闻的,"不能靠老百姓去发现宗教,而只能靠宗教来发现老百姓"。老百姓遇到"哪教"信"哪教"的可能性比较大。

宗教市场论从"情感依附"的视角,为我们提供了另一个全新的解释路径。在研究新兴宗教的复兴时,宗教市场论者注意到很多加入新兴宗教(如统一教)的人都是那些与这种宗教的内部成员之间的情感依附关系强于他们与外部人群情感依附关系的人。[1]后来,宗教市场论的领军人物罗德尼·斯塔克逐渐发展出宗教归信

---

① 〔美〕罗德尼·斯塔克:《基督教的兴起——一个社会学家对历史的再思》,上海古籍出版社,2005,第18~19页。

中的"情感依附"命题，罗德尼·斯塔克认为："向一个新的异化宗教团体的归信，通常发生在这样的情况之下，即其他条件相同，但此人与该宗教团体内部成员的情感依附强于他与外界人员之间的情感依附关系。"① "成功的归信运动建立在社会网络组织的基础之上，建立在由直接并且亲密的个人关系构筑成的社会构架之上。……成功的归信运动都掌握了保持开放的社会网络以及向新的临近社会网络靠近并渗透的技巧。"② 布朗也认为："家庭关系、婚姻关系、对于一家之主的忠诚，这些因素都是教会得到新教徒的最有效途径。"③ "宗教社会化大多数发生在正式的组织结构外部，而相当大部分发生在家庭成员间的相互影响上。"④ 事实上，我们可以看到，本书前面章节所谈到的一些民间宗教组织，也是以认亲结友等方式发展"情感依附"，进而发展信徒的。

那么，在发展信徒时，草塘天主教会的"情感依附"因素又如何起作用呢？更进一步说，天主教会如何在日常生活中不断地通过扩展他人与教会的"情感依附"，从而引发信徒的归信呢？

一 疾病、苦难、危机——扩展"情感依附"的市场突破口

人们在处于疾病、苦难等生命危机时，往往都是情感依附出现危机的时候，这时的人往往会感到求告无门，一些以前有情感依附的人都对他们唯恐避之不及，让人颇感世态炎凉。如果这时碰巧遇到教会，受到教会的照顾和支援，就很容易与教会产生极强的情感

---

① 〔美〕罗德尼·斯塔克：《基督教的兴起——一个社会学家对历史的再思》，上海古籍出版社，2005，第 21 页。

② 〔美〕罗德尼·斯塔克：《基督教的兴起——一个社会学家对历史的再思》，上海古籍出版社，2005，第 24 页。

③ Brown, Peter. *The Body and Society*: *Men*, *Women and Sexual Renunciation in Early Christianity*. New York: Columbia University Press. 1988, 90.

④ 〔美〕罗纳德·L. 约翰斯通：《社会中的宗教》，四川人民出版社，1992，第 79 页。

依附。所以，疾病、苦难等生命危机，本身不是信教的原因，它成了教会与非信徒建立"情感依附"从而导致归信的一个极佳的市场突破口。

我们先来看一看解放前草塘两家老教友的归信历程。孙第军的外公当年逃难在外，得到了天主教的救助，后来一直在教堂为天主教的人养马，从而信了教。显然，对一个逃难在外、无亲无故的人来说，他原有的情感依附对象全都失去了，当他到了天主教堂并得到救助时，天主教很快就会成为他主要的情感依附对象。另一家老教友下司刘家也是如此，据刘昌明的妻子李氏介绍，当年刘昌明的爷爷与别人打官司，打了很长时间，非常惨烈，后来是天主教的人来帮助"解交"，才算解决了官司问题，刘家也因此信了天主教。可以想象，刘家当年在惨烈官司的压力下，四顾彷徨、求告无门，天主教会出面并最终帮助解决了问题，这立即引发了刘家对教会极大的"情感依附"，此时，天主教组织若再加以福音宣讲，入教就是自然而然的事情了。

改革开放后的新进教徒中也有类似的情况。笔者通过问卷调查发现，在出现"市场突破口"时，最终变为现实信仰者的大多数还是一些具有某种情感依附的人（见表6-32）。

表6-32　最早通过谁介绍了解了天主教

配偶		家人		亲戚		朋友		其他	
人数	比例（%）	人数	比例（%）	人数	比例（%）	人数	比例（%）	人数	比例（%）
2	4.35	8	17.39	18	39.13	8	17.39	10	21.74

注："其他"包括医生、邻居、神父等。

下面具体来看几个例子。

柏明碧（68岁，草塘新川人）。被认为是草塘和瓮安的第一个新教友。在谈到自己信教原因时，她说："我年轻时病得厉害，当时信巫教、敬鬼神，寸把大的菩萨都去烧香，结果搞得鬼跟着追，晚上都在耳边叫。是新川医院的吴胖太（王院长的妻子）领我入的教。他家长期信教，我去医病，她就向我宣讲，我先遇到基督教的（是安顺人，在新华），没有信。后来跟着吴奶奶信天主教，医院的袁学珍也是信教的，她嫂子是在团坡，他们知道了我们的情况就过来辅导我们。我信教以后病就好了，鬼都不叫了。"

余成江的妻子（60多岁，下司梨子坪人）。她说："以前我身上经常痛，痛了八年，端公、道士都请了，就是不见好。有一天我梦中见到一个老头和一个妇女来到我面前，叫我去找一种草药吃，我说我不知道这种药长什么样，老头手一指，地上马上出现一大丛药，后来老头叫我奉教，说奉教后我的病就会好。结果后来遇到柏明碧叫我信教，我就奉了教。"

李耀先（男，60岁左右，住清池村下堡）。他说："1994年我二儿子生病，医病花了3000多元，家里很难承受。车水坝的周叔方知道我的情况后，叫我用天主教的方法试一下，不过也没有医好，儿子死了。我儿子死后家里没钱，就按天主教的仪式埋的，当时是寨子里第一个按天主教仪式埋葬的。后来柏明碧又带神父到我家来为我驱邪，不久我们全家就都领洗入教了。"

陶正明（男，76岁，住草塘木瓜河）。他说："我家四姑娘小时候得了脑病，十一二岁时病复发，发了后就乱跑，像疯子，我们什么都信了也搞不好。有人建议去找天主教的人看，我找到柏明碧，她信教时间长，她处理后好了一点。但后来我四姑娘给人贩子弄走了，至今音信全无。后来柏明碧给我们讲一些道理，我觉得这个教好，就信了。"

在上述例子中，表面看起来，似乎是天主教的"灵验"使他们最终选择入教。但也应该注意到，在自己或家庭成员长期受到疾病折磨的过程中，这些人面对长期的生活和精神压力，极为彷徨无助，这时候天主教会的人主动表达对他们的关怀并且提供一些帮助，一定让他们心存感激，对天主教产生一定的"情感依附"；随后，如果病碰巧好了，他们在这种情感依附下就很可能入教。更值得注意的是，即使天主不"灵验"，但由于天主教徒持续地与他们接触，相互建立起了很深的"情感依附"关系，也会导致宗教归信。如李耀先和陶正明，虽然天主教没有能够医好他们家人的疾病，但他们全家最终都入了教。这说明疾病只是诱因，疾病、危机期间和天主教会建立起来的"情感依附"，才是其后入教的真正动因。

从另外一些入教的例子中也可以看出这一点。龚小红（女，35 岁，住草塘街上）在谈到她入教的原因时就这样表述：

> 我母亲去世得早，1988 年我 17 岁时在太平开了个门面打衣服。家里给我介绍了一个男友，我不喜欢他，家里逼我，我特别烦，经常想到自杀。后来跑出去打工，乱走到了安顺，一天正好是复活节，我进了教堂，教堂里面的老神父对人特别温和，里面的其他人也都非常温和善良，我很感动，老神父说无论我是否信教他们都会帮助困难的人，并说我要待多久都可以。我在那里一住就是 3 个月，看了很多天主的书，9 个月后我就领洗入教了。

我们看到，龚小红因为生活不顺碰巧进入教堂时，正处于人生的低潮，此时，教堂里的陌生人温和善良，为她提供帮助，很容易使她把天主教会视为最重要的"情感依附"。即便如此，她也是在教堂住了九个月、不断强化这种"情感依附"后，才最终入教。

因此，能否有效利用疾病、苦难、危机等"市场突破口"扩展"情感依附"关系，是天主教能否发展的关键之一，而这就依赖于教会成员是否积极、主动、勤勉，具有持续的奉献精神。

二 家庭成员、亲属、朋友：发展"情感依附"的稳定路线

上述因为生病或其他生活危机而信仰天主教的教徒，我们称为"原发性的归信"，他们直接与天主教组织发生联系而信教。原发性归信的信徒数量不少，然而，就绝对数量来说，大多数的教徒并非走"生病、苦难、危机—信教"的路线，而是在家庭成员、亲属、朋友等信教后跟着信教，这样的信徒称为"继发性归信"。继发性归信往往依赖于家庭成员、亲属、朋友等这些稳定的情感依附对象。

就夫妻来讲，由于夫妻之间的特殊关系，夫妻一方归信天主教以后，另一方也随后归信的占了绝大多数。笔者的问卷调查结果如下（见表6-33）。

表 6-33 配偶是否信教

信教		不信教		未回答	
人数	比例(%)	人数	比例(%)	人数	比例(%)
35	76	9	20	2	4

可以看出，在已婚的信徒中，约76%的夫妻是先后信教的。比如，陶正明归信后，他的妻子随后也归信了；曹家福的母亲（78岁）本来一直是做祖传的"叫魂、拴胎、烧蛋"等手艺的，但后来丈夫和公公（因为在福泉团坡行医与天主教接触而入教）信天主教后，她很快就完全抛弃了自己家传的、维持生活的手艺，改信天主教了；松坪乡冉家塘村下河坝组的张四才（又名张老才，男，34岁）入赘到草塘木瓜河的老教友潘老三家后，也归信了天主教，但后来张四才被潘家姑娘嫌弃，离婚回到了下河坝，他开始动摇，后来徐正富、吴再仁等教友多次做工作才把他稳住。①

---

① 张四才的资料来自2006年7月21日在下河坝对徐正富、吴再仁等人的访谈。

当然也有例外的，如柏明碧因为入天主教而一生坎坷，丈夫与她离了婚。这似乎可以理解成双方在宗教信仰前就情感依附不深（柏明碧丈夫是二婚，与前妻生了几个孩子），柏明碧在长期病痛折磨下，对天主教产生了很强的情感依附，并恰巧病愈，这就导致世俗的夫妻情感依附进一步减弱，到最后不得不分道扬镳。

就子女来说，我们也可以看出由于情感依附的强弱而导致"继发性归信"出现较大差别。对子女信教情况的调查见表 6-34。

表 6-34　子女是否信教

信教		不信教		有的子女信有的不信		未回答	
人数	比例(%)	人数	比例(%)	人数	比例(%)	人数	比例(%)
19	42.22	11	24.45	7	15.56	8	17.77

从调查结果看，在子女是否信教方面，有近58%的家庭至少有一个以上的子女跟着入了教。在很多家庭中，子女之所以没有信教，是因为分出去单过很多年了，和父母的情感依附已经很弱，不会跟随父母进教。一般而言，如果子女对家长的情感依附很强，父母信教后，子女一般也会跟着成为教徒。比如，子女幼小时，对家长的情感依附自然很强，那子女成为教徒的可能性就非常大。如孙第军家，其父亲早逝，由信奉天主教的外公和四个守贞嬷嬷（姨妈）把他们三兄弟扶养长大，他们自然对天主教有强烈的情感依附，后来在那乡老寨子只有他一家信教，乡邻们经常嘲笑他家，但在强烈的情感依附下，他们也都坚持了信仰。余成江夫妻在20世纪80年代初期开始信教时，子女最大的也不到20岁，所以全家都跟着领了洗；余三妹一家也是这样。这样的例子在草塘还有很多。

相反，有些人家到子女年龄比较大时才开始信教，这时由于子女已经有了独立的生活空间和新的情感依附，很难跟随父母一起进教。比如陶正明夫妻1985年信教，一起居住的女儿和岳父都跟着进了教，但是儿子由于分家单过，就一直没有入教。陶正明妻子去世后，在用天主教方式还是传统仪式来埋葬妻子的问题上，陶正明还与儿子发生了激烈冲突。

另外，在影响家庭成员信教方面，非情感依附中心所起的作用与情感依附中心所起的作用是不一样的。龚小红的例子就很典型，她说："1988 年我 17 岁时入了天主教，后来被父亲知道了，父亲和哥哥们坚决反对，父亲曾以挑断我的脚筋来威胁，要求我退出天主教，我上过几年神学院，信仰很坚定，不仅没有放弃，还反复劝说哥哥和父亲进教，但都没有成功。后来，与我感情很好的妹妹在我的影响下进了教，入了神学院并在上海做修女。前年，我和妹妹将父亲接到上海的神学院，在上海的日子里，父亲与众多上海高素质的教友接触并听他们讲天主的道理，他终于改变了，决定领洗入教。"在这里，我们看到，17 岁的龚小红由于不是家庭情感依附的核心成员，尽管在神学院受过 3 年的严格训练和有过近 6 年的修女生涯，还是没有能说服家人进教。她的妹妹之所以入教，似乎更多由于与她同为女性，两人感情深。而她的父亲最终是在上海领的洗，龚小红把这归结为父亲在上海接触了高素质的天主教徒后最终觉悟。但是我们可以想象，一个农村老伯，在离开土生土长的环境后，与两个同为天主教徒的女儿来到上海这个繁华而陌生的大都市，他对两个女儿以及女儿所处的天主教环境会立即产生多么强烈的情感依附！这种情感依附也大大冲淡了他原来习惯了的情感依附，在这种情况下，两个女儿劝说他入教，该是一件比较轻松的事情。

从外教家庭嫁入天主教家庭和从天主教家庭嫁入外教家庭，这两类人的"改教"也很能说明情感依附因素在宗教归信方面所起的重要作用。

大多数女子嫁人后情感依附的重心会逐渐从娘家转到婆家，这种情感依附的转变很可能导致改宗或改教。笔者在草塘调查的情况也在很大程度上说明了这一点。比如刘昌明妻子李氏在介绍家庭成员时说，除了老二媳妇还没有领洗之外，其他媳妇早就领洗入教了。笔者追问为什么老二媳妇不入教时，才知道老二媳妇是她儿子的第二任妻子（前妻去世了），现在还没来得及入教，但已经准备好了信教，去年（2005 年）在瓮安等神父来受洗，但神父没来，所以至今还在教外。余三妹的两个兄弟媳妇在嫁入余家之前都是外教人，在嫁入余家后就很快入教了。孙第军的妻子代李学在嫁入孙家之前是外教人，嫁入孙家以后就信了天主教，为此她还和娘家闹翻了，至今都不往来。松坪冉家塘村下河坝组的张老才入赘到草塘木瓜河信教的潘家后，同样入了教。

从天主教家庭嫁到天主教家庭的女性，自然不涉及改教的问题，但是如果嫁到外教家庭，则大多改了教。比如文连珍说："我女儿唐利芳以前信教，出嫁以后，她婆家那边信佛教，给她的压力很大，她就不信了。说起来也怪，我女儿刚一反教，她小孩就病了，到都匀等地治疗了很久才治好。"另如，曹家福的三个女儿都是领过洗的，大女儿嫁到湖南常德、二女儿嫁到黔西南的兴义，两个女儿都嫁到了外教家庭，曹家福称现在不知道两个女儿是否还信教，不过农闲回来时也没有见到她们有什么宗教活动。吴再仁的大女儿领过洗，现在嫁到四川的外教家庭后就不信了，而二女儿还没有领洗就到了江苏，现在出嫁了，也没有信教。

家庭成员生活环境发生改变，从而导致情感依附发生变化，也有可能影响宗教的归信或导致改教。比如，孙第军家三兄弟都是从小领了洗的，又由四个信教的守贞姨妈拉扯长大，但是大哥被国民党拉壮丁，出去十七八年后才回来，回来后他完全不信教了，还劝说家庭成员不要信教，结果与家人产生了很大的矛盾，大哥一家至今都没有信教，两家人见面都不说话。在此，我们可以这样来理解孙第军大哥的改教行为：他被拉壮丁以后，在特殊的环境中生活了相当长的时间，与天主教家庭的感情逐渐疏远，建立了新的情感依附；回家后，又由于与两个弟弟信仰的不同而产生矛盾，导致情感依附没有回归。我们也可以想象一下，如果当年大哥回来时没有与两个弟弟发生激烈的冲突，在其后的朝夕相处中可能又会出现新的情感依附，那样也许孙家三兄弟的宗教归信又将是另外一番景象。另据余三妹介绍，他二哥余建平原来信得很好，后来去了广西，虽然坚持信教，但已经不如以前了，回草塘的父母家里时他会点支蜡烛在主牌前祈祷和忏悔一下。余三妹的小弟余建德也对笔者坦言，由于长期在外打工奔波，他根本没有时间从事任何天主教的活动，不过自己还在信，到了外地也会去当地的教堂看一下。由此可以看出，奔波劳碌自然是信仰松懈的一个原因，但是，由于长期在外奔波劳碌而导致与天主教家庭和组织的情感依附的降低，则是最根本原因。

天主教徒在向家庭以外的成员传教时，最容易归信的往往也是本来就具有一定情感依附基础的人，如亲戚、朋友、邻居等。比如孙第军的妻子代李学说她在周围传教都没有成功，但是草塘街上的姐姐代李珍是听她讲天主的道理后才开始信的；白启碧（女，清池下堡人，约50岁）说，以前她根本不知道天主教是什么东西，"我哥哥和姐姐住在上浦，早期我姐生病，经柏明碧介绍领洗入教后，病就好了。后来我哥哥看到这种情况，也就信了。他来劝我入教，我就领洗了，有一天他突然带着蒋神父、柏明碧和我姐姐来我家，把我家的香火撕了，写成了主牌。直到今天，我也没有弄明白天主教是怎么回事"。

柏明碧被认为是草塘天主教传教的第一大功臣，而她之所以传教比较成功，也与她早期社会生活面比较宽有关。她早期在盖头山水银厂工作，后来又调到高石煤厂、天都水库、铁厂几个地方，还到威宁修过铁路。她说："很多教友都是以前我在厂里认识的人，做衣裳（她离开工厂后一直做裁缝）也认识了很多人。"可见，比一般农村妇女宽得多的社会交往面和有效的社会情感网络，是她传教成功的重要保证。在向笔者介绍她的传教经历时，她说传教时首先要注意与对方建立起感情，她所租住的房屋的几个房东和邻居，都经她传教而成了天主教徒。

总体上，在草塘天主教徒的宗教归信中，我们看到了"情感依附"所起的巨大作用。它同时也符合宗教市场论的另一个命题，即"人们在进行宗教选择时，会试图最大程度地保守他们的社会资本和宗教资本"。① 在有紧密的"情感依附"的人当中发展信徒，正好使社会资本的保守尽可能实现最大化。

但是，情感依附不是归信中唯一的因素，也不能把"情感依附"绝对化。

首先，情感不是一个绝对具体可测的东西，它比较抽象，可能受个人的性格、经济状况、能力、职业等多种因素的影响而变化，并且不同地区、城乡之间也会有差别，具体的个人、家庭或社区的情感依附情况也很复杂。例如，有一些具有很强情感依附的夫妻，在一方成为教徒后，另一方由于对宗教信仰的宽容或冷漠，并不会随之归信（比如，曾华英信教多年，但与她感情很好的丈夫就一直没有信教，而是很宽容地对待她的信仰以及其他教徒）；再如，并非少数人就一定会出于对多数人的一方产生情感依附从而听从于多数人一方的宗教召唤，一个个性极强、能力强大的天主教徒的媳妇，完全有可能通过自身的努力使婆家人改教（不过，笔者在草塘还没有发现这种情况，孙第军说她家二女儿嫁到永和后，由于女儿性格泼辣，女婿一家都比较温和，在女儿的劝说下都准备入教了，但由于周围的人家都是信巫鬼的，因此女婿一家现在还在犹豫）。

其次，相对而言，在目前的中国，宗教身份还不是划分人与人之间关系的最主要因素。由此，在一些信教家庭里，由于委身程度低，新进入的成员虽然在情感上形成对这一家庭的依附，但由于大家对宗教身份认同的普遍弱化和漠视，新成员不归信某一宗教也毫无影响；一些不信教的家庭，也可能由于对宗教身份的不重视或某些特殊原因，而容忍个别家庭成员的宗教信仰，从而出现各信各教、互不影响的情况。

总之，从"情感依附"来看待宗教归信，为我们看待各地宗

① 〔美〕罗德尼·斯塔克、罗杰尔·芬克：《信仰的法则——解释宗教之人的方面》，中国人民大学出版社，2004，第148～157页。

250

教复兴和宗教热的差异提供了合理的视角，它也提醒我们：宗教归信并不是一个独特的、异乎寻常的问题，不要随意把它与一些宏大的社会问题联系起来（当然，社会危机的出现和社会矛盾的加剧，会使民众情感依附危机多发、情感依附变动剧烈而频繁，为教会建立新的情感依附、发展信徒提供更多的"市场突破口"），也不要夸大宗教教义的作用，将其神秘化，或者干脆把它看成愚昧的表现，或是宗教组织对群众的"洗脑"行为（至少笔者的田野调查中没有发现）。我们可以从宗教组织内部观察，理性地去看宗教组织如何"发现"信众、与信众建立起非常强的"情感依附"，并最终导致信众的宗教归信。宗教组织不断使自身网络保持开放同时渗透到其他社会网络建立新的"情感依附"能力的不同，就是各个地方宗教热和宗教复兴程度差异一个重要原因。

第四节　本土化

天主教和基督教从进入中国起就开始注意到要与中国文化相结合的问题。公元 1578 年，天主教耶稣会东方教区的视察员范礼安（Alessandro Valignano）就主张布道先要了解中国文化，他写信给耶稣会会长说："截至目前，教会适用于任何教区的方法，不能适用于中国。"所以他召来两位意大利耶稣会士罗明坚（Milchale Ruggieri）与利玛窦（Matteo Ricci）来华学习语言与礼俗，作为宣教的准备。利玛窦认为敬孔与祭祖是国家支持的礼俗，也是儒家的修养方式，所以建议天主教将礼拜方式稍加修改使中国人可以奉行，大多数耶稣会士赞成这样做。利玛窦死后，龙华民（Nicolo Longobardi）接任其职，他反对以"天"和"上帝"来称呼天主，到了 18 世纪演变成历史上有名的"礼仪之争"，康熙被激怒下令禁教，使天主教的传教活动受到影响。①

---

① 董芳苑：《宗教与文化》，台南：人光出版社，1995，第 183 页。

天主教所遇见的问题就是本土化（Contextualization）的问题。Contextualization 有人译为"本地化"，另外还有如"处境化""场合化""本色化""脉络化""关联化""情境化"等译法。"本土化"的努力在于消除天主教的西方色彩，使福音与当地文化取得和解，进而扎根于本土。本土化所关怀的对象，除了文化层面外，又包括政治、经济、人权与社会公义问题等，以当地的实际情况与需求来讨论福音的本土化。①

基督教在进入中国的早期，也意识到本土化问题的重要性。"医务传道"一直是传教者在基督教本土化过程中坚持的主要理念和手段之一。他们认为，中国人不能理解抽象的真理，却经常表现出对世俗的或身体上的利益的关注，他们在这方面比对任何旨在提升其道德和智慧状况的努力更有兴趣。鉴于此，教会决定先从身体入手，"来改善他们的世俗境遇，来引起他们的注意和赢得尊重"，由此出现了大量以"医务传道"为目标、将医院与宗教功能结合的西医医院。② 而基督教在中国教徒"祭祖"的礼仪问题上最终妥协，也是它推行本土化策略的一种表现。

从宗教市场论的角度看，本土化策略也是一种非常直接简便的吸引信徒的手段之一，因为"人们更愿意接受那些与传统宗教在文化上有一脉相承关系的新宗教，因为他们对传统宗教已经十分熟悉"，"这个文化延续的原理道出了人类的一种普遍倾向，即达到最大化——以最小的代价换来最大的收益"③，"如果这些准信徒能够保留大部分原有的文化传统，要做的仅仅是在此基础上增添一些内容，那么代价就做到最小化了"④。

---

① 董芳苑：《台湾民间宗教信仰》，台北：长青文化公司，1984。
② 杨念群：《再造病人——中西医冲突下的空间政治（1832～1985）》，中国人民大学出版社，2006，第5页。
③ 〔美〕罗德尼·斯塔克：《基督教的兴起——一个社会学家对历史的再思》，上海古籍出版社，2005，第66～67页。
④ Stark, Rodney and William Sims Bainbridge. *A Theory of Religion*. Bern and New York: Peter Lang, 1987.

我们在草塘同样可以看到，草塘天主教会可能并不知道什么叫本土化，但是他们却自觉地表现了对中国传统文化的极大吸纳和容忍，特别是天主教的传播工作往往由一些实际上浸染了中国传统宗教几十年的人来进行，他们的行为、语言总是有意无意间显示了一些民间宗教的特色，这实际上是一种非常自觉的本土化实践。这就使准信徒能够保留大部分原有的宗教文化传统，实现与代价相比收益的最大化，从而对天主教会发展信徒起到极为重要的作用。

目前，草塘大多数天主教徒除了过天主教的节日以外，也过中国传统的每一个节日，如春节、端午、中秋、中元等。有的教徒虽表示他们过宗教节日时是真心的，过传统节日则只是走形式，但当笔者问起天主教的节日时，没有几个人能说出天主教最主要的四大瞻礼节。笔者在调查时恰逢清明节，家家户户都到祖宗坟上去上坟，天主教家庭也不例外，只是他们上坟不"挂青"，而是插一个十字架；不烧钱化纸，而是点蜡烛。对于清明节过后不久的复活节这一天主教的重要节日，很多教徒竟然不知道。由此可见中国传统的力量在草塘天主教群体中依然是影响至深的。

笔者在草塘天主教徒的家庭陈设中，也随处见到中西结合的场景，比如在一些人家，耶稣、圣母像与佛道教的符咒、照妖镜、财神、门神、寿星以及去世长辈的相片挂在一起；天主教的教历旁边，往往也会贴上一张农村常用的旧历，用来判别黄道节日，指导自己的出行和其他重要活动。节日贴对联本来是中国人的传统风俗，现在天主教徒家庭也兴起此风，他们贴的对联也是中西合璧、十分有趣，比如笔者在教徒余成江家大门上看到贴着这样的对联：

上联：主恩浩荡万户春　　下联：政策辉煌千家乐
横批：来客请坐

此外，对天主"灵验"的迷恋、教徒家庭的主牌和天主教的葬礼，也典型地体现了天主教在草塘发展过程中与中国传统深度结合的特色。

一 天主的"神异及灵验"

在佛、道教及其他民间信仰中，灵验无疑是最大的吸引力，对天主教而言，虽然有两三个天主教徒宣称进教是为了"灵魂得救"，与信仰菩萨的功利心态是不一样的，但大多数还是具有功利的心态。笔者就此在草塘对近 40 名教徒进行了访谈。调查中，笔者提出"你感觉信仰天主教最大的好处是什么？"这一问题时，得到最多的答案就是"身体好""平安""脚尖手快、不痛病"等。天主教在传播过程中，不知不觉地就带上了传统宗教的功利性格，将"主"的灵验及神迹作为其传播发展的重要手段。柏明碧就直言说："恭敬天主，没有一定的好处别人是不会信的。"她所说的好处，除了不花钱、大家在一起很愉快外，重要的还在于天主能治病，能保信徒平安、无患难。下面我们看教徒是如何传播天主的神奇的。

> 余三妹的婆婆："大山的张绍明家原来也是信的，他家本来有三女一儿，大的一对放老鼠药时毒死了，小的经常痛，医不好，发疯，余成江来为他医病，怪得很，那小孩无论怎么闹得凶，只要在他周围点上洋蜡烛，他一头就倒了，后来小孩病好了，他家就开始信教。"
>
> 李耀先："车水坝周叔方原来是个疯子，到处打人，公安局来了很多人都拿不住他，还被他打伤了。后来贵阳天主教的到附近埋一个人的骨灰，听说了这件事，把他带到贵阳去医治。他老婆后来说去找他，其实想离家出走。说来也奇怪，周叔方在贵阳被天主教的人医好了。平时躺在床上没事，有一天突然感应，说要回家了，老婆要走了。回到家里，正好赶上他老婆准备走，就把她留下了。从此周叔方不再犯病了。"

在一些人的眼里，天主还可以"压"住一些中国传统的鬼神。

> 白启碧："我们寨子上有一家信鬼神的，会一些迷信的手艺，有一次我们想看一下天主是不是真的很厉害，那家人在他家里搞那些鬼神活动时，有人偷偷在他家里点上天主教的白蜡烛，结果他家的那些鬼神活动果然搞不起来了，喊鬼都喊不来，也不知道是什么原因？"

> 王某某："我们寨里姓李的教友，他女儿几年前得怪病，到处医不好。后来没有办法，按传统去找人翻书，先生说是家里原来有一个29岁就饿死的女鬼在找麻烦。于是许下愿，若天主保佑能医好就会念送几台经，许愿以后那小孩的病真就好了，看来天主是收得到女鬼的。"

> 曹家福："外教的人死了脸都是发黑的，天主教的人很少有凶死的，即便有，死了也很安详，脸色发红。因为外教的人是魔鬼害死的，信天主教的人是到天堂去，是归到天主那里。……我们教内也有改教的，青冈坡有一个姓贺的人改教后，女的在广州被车碰死，男的回来后喝酒摔死了。"

柏明碧叙说她在传教过程中一共销毁60多个"坛神"，其中有几次和坛神"斗法"的过程还很惊险。经常出去埋葬教友的吴再仁则自述多次和道士先生斗法，他说：

> 我们埋人经常遇到道士先生捣乱，有一次埋人时，死者的两个儿子一个信（天主教），一个不信，不信的那个就请了个道士先生来使"千斤压"，说是"压"了棺材就抬不动，结果我洒了圣水后，道士先生根本"压"不住，后来道士先生说天主教的法术好深。在松坪埋杨昌华母亲时，来了李其兵等好几个道士先生，几个道士共同使"千斤压"压棺材，结果同样也"压"不住。我也不会什么法术，但他们那些东西遇到

天主就是不行。

还有好几个教徒宣称看到过圣迹。

  余成江："我家发现过一次圣迹，在奉教 4 年后出现的，堂屋里发亮了一阵子，整个屋都是亮的，其他人都没有发现。有一次贵阳的梁神父到我家来，半夜他起来上厕所，发现我家后面霞光万丈，还有房子。第二天早上，梁神父起来问我家后面是不是有个大工厂，我说没有，他不信，走到屋后去看，什么都没有。大家都非常感叹。"

  柏明碧："我多次发现过圣迹，好多次在自家、坡上都发现过白光。有一次，我在凉水井住的时候，放的一张圣像发白光，亮得很，漂亮得很。还一次在我家里看到玛利亚、约瑟、耶稣的像发出白光，霞光万道，漂亮得很。"

  龚小红："2002 年我在浙江一家工厂刚上了三天班，突然老板挨个查问谁是天主教徒，查到我，就把我开除了。后来我才了解到老板娘出车祸了，算命的说是因为老板的厂子里有一个虔诚的天主教徒造成的。当时我特别委屈，心里只有一个闪念：天主是万能的，天主能救我。果然我走三天后就在隔壁的工厂找到了工作。一个月后，我原来工作的那家工厂却倒闭了，据说是韩国、美国等地的客商纷纷退货造成的。老板来找我要我回去，我说事情已经发生了，你去忏悔吧，听说他后来也信教了。"

  通过信众传播的这些故事，天主具有了与大家熟悉的菩萨一样的神异和灵验力量，这位来自外国的"菩萨"也就有了与本土菩萨一样的亲切感。

二 主牌

  在传统中国人的家庭，置于堂屋正中、供奉"天地君亲师"

和各路神灵的神主牌（草塘一带称为"香火"）是儒教的一个重要象征，也是一个家族和家庭重要的心灵归宿、祖宗灵魂的归所。天主教传入中国后，与中国文化的第一次冲突和交锋就是在祭祖问题上，在这一问题上天主教最终向中国文化做出了有限的妥协。能够撕下中国人几千年的"香火"，算是天主教的一种成功；而不得不在原"香火"的位置上又贴上主牌，"主"占了正位，而"祖"也有位可归，"主""祖"和谐共处，可以看成天主教在中国的一种妥协和占领宗教市场的有效手段。

走进草塘天主教徒的家庭，如果不注意的话，你会以为他们也写"香火"，但如果仔细看，就会发现那不是"香火"，而是"主牌"。草塘天主教徒家里的主牌都是在撕下"香火"的位置贴着的，在形式上与"香火"比较相似，一般还会在主牌的两边贴上耶稣像和圣母像。但在具体的内容上，则各家会有所差别。下面是比较典型的"主牌"的样式：

余成江家的主牌

原		真				有		萬	
至公至義至仁慈	下地安和歸義人	耶穌聖號透諸天	宣仁宣義大權衡	聖賢國親師長位	肇造天地萬物真主神	余氏祖宗在天位	無始無終真主宰	救世慈恩及普地	上天榮頌達真主	全能全知全美善

清池村下堡李家的主牌

原		真					有			萬	
恭敬天主永生在望	至真至義至仁慈	下地安和歸義人	本無限量無限美好	李氏祖宗在天之位	肇造天地萬物真主神	聖贊國親師長之位	信仰基督愛國愛教	天主真光照耀全球	上天榮頌達真主	信仰耶穌萬福齊來	全能全知全美善

可见，各教徒家"主牌"在具体内容上虽然多少有些区别，但在颂扬"主"的同时，各家的"祖"也各得其位，安坐其上，

原来居于"香火"正中的"天地君（国）亲师"虽正位不保了，但也没有被完全请下"神坛"，还保留了一席之地。在有些教徒家里，祖宗的神像与耶稣、圣母的圣像被共同供奉在"主牌"上，共享崇高礼遇。

三　驱邪祈福

笔者于 2006 年 3～4 月份在草塘调查时，天主教教管组的几个主要成员对笔者说他们特别忙。笔者了解到，此时正是春耕大忙季节，而他们除了忙着筹建草塘天主教堂外，还忙着另外一件出乎笔者意料的事情：念经驱邪。清明节快到了，很多教友觉得家里不太顺，要请他们去念经驱一下邪。现在草塘天主教会中只有柏明碧、龚小红、吴再仁、曹家福等几个人会念"亡者经"等经文，因此这几个人只好到处跑，来满足教友的要求。在笔者印象中，驱邪似乎是那些民间的巫婆神汉经常做的事情，而现在，天主教—清明节—驱邪，也就是洋教—中国传统节日—巫傩行为，却是那么自然地联系了起来，这似乎又是一个中西结合的典型。

2006 年 3 月 30 日早上 6 点，根据预约，笔者与柏明碧和龚小红两位教管组的主要成员去下司王家寨为一陈姓教友家驱邪。在去的途中，白、龚向笔者介绍，下司教友陈某某是开煤厂的，最近感觉不顺，觉得是父亲的坟墓出了问题的缘故，清明快到了，想垒一下坟改善一下运气，请天主教的人去念经驱邪、消灾祈福。

约十分钟之后，我们三人到了陈家，同村的教友余成江也在，他为陈家准备了两个十字架，主人领着大家到了他父亲的坟上。陈某的父亲死于 20 世纪 60 年代，并不是天主教徒。以下是白、龚二人念经驱邪祈福的程序。

首先，余成江在坟前点上两支白蜡烛，同时在坟上插一个十字架，陈家夫妻跪在坟前；然后白和龚开始念经（见图6-3），她们念的主要是亡者经。在白和龚念经的同时，余成江开始砍坟上的杂草和小树。念经念了大约 20 分钟后，柏明碧拿着带去的圣水在坟上和坟的前后左右洒。念经结束后，白和龚由于还要赶着参加一场葬礼，就先离开，余成江留下与主人家一起垒坟。临走时，主人家给了 10 元车费和 10 元早餐钱。

图 6－3　清明节，龚小红、柏明碧在教友陈某家祖坟上"驱邪祈福"

2006 年 4 月 2 日下午，在下堡办完教友李毛弟的葬礼后，柏明碧、龚小红、吴再仁、李开华等人到了同寨子的一个教友家里。这个教友的女儿几年前得了怪病，到处医不好，找人（道士先生）翻书看，说是因为家里有一个 29 岁饿死的女鬼在作祟。于是许下愿，若天主能够保佑女儿的病好了，就请人来念几台经。现在趁大家都到了下堡，因此无论如何都要把这个愿给还了。4 月 3 日，柏明碧、龚小红、吴再仁、曹家福等人又去下司教友李先二家，她也是最近感到家里不顺当，后来发现老祖公的坟前被人挖了一个苕洞，坟后被挖了两个苕洞，因此想趁清明节期间可以在坟上动土把几个洞给填上，于是请天主教的人去念经。

在这里，我们看到，天主教礼仪与祖先崇拜、阴宅风水信仰、传统节日民俗、许愿还愿和禳解驱邪的巫傩行为有机结合在一起，被天主教组织熟练而自然地运用着。

四　中西结合的葬礼

在草塘，要从日常行为中区别天主教徒与非天主教徒，并不是容易的事情，教徒家中的"主牌"乍一看也可能被误解成旧式"香火"。相对而言，天主教徒的葬礼则被认为是最能够区分教徒与非教徒的。笔者在访谈中问到信教的好处时，他们除了认为天主教使他们更加健康、平安、愉快以外，还认为死了人不用请道士先生来搞得乌烟瘴气的，并且还不用花钱。这也成了很多人选择入教的原因，或天主教的人在劝说别人入教时的主要说辞。笔者通过参与两个天主教徒的葬礼，深切地感受到，在很能体现一个群体宗教信仰的丧葬仪式上，天主教也实现了与传统民俗信仰的高度自然结合。

（一）下堡李毛弟的葬礼

1. 前期准备

2006年3月30日早上7点多，笔者与柏明碧、龚小红在下司王家寨陈家念完经后，从王家寨花了40分钟走回草塘。在草塘吃完早餐后，花20元包了三轮车，到松坪黄家坳接余三妹和曹家福。二人正在地里忙着，不过也放下活路，换上衣服，跟随大家到清池下堡。进村时，曹家福指着远处一棵大树下的一个坟，说下堡的曹家就靠那个坟起作用，每次只要那个坟被淹没，曹家就要出去一个人（发达），现在淹过四次，因此曹家出去了4个人（这说明曹家福很信风水）。龚小红对曹家福的这一说法表示非常反对，说信天主的人不应该相信这些。

10点半左右到死者李毛弟家里，吴再仁、李开华等草塘天主教的主要人物已经先到。死者李毛弟41岁，生前极度贫困，患有精神病，妻子已经被他打走改嫁，两个儿女都跟着走了。李毛弟死后，他的妻子、儿女也没有回来。据说李死在猪圈两天后才被人发现，大家都认为他死得不干净，他家的堂屋与别人家合用，因此，不能将棺材停进堂屋，只能停在堂屋外。死者尸体已经入棺，棺材头上放着一个八角形、黑底红尖的东西，据说那是辟邪同时防止诈尸的。龚小红认为其实这些都是迷信，天主教徒都是平等的，不应该计较这些，但这个地方的风俗也要顾及。

李毛弟生前并没有领洗入教，但他的家人，包括兄弟伯叔都是天主教徒，因此按天主教的仪式埋葬他。堂屋内已经按天主教的要求进行了布置，一块布（当地教徒称为"壁衣"，见图6-4）挂在堂屋墙壁的正中，壁衣下面摆了一张桌子，桌子上铺了一块印有十字架的布，上面点上了白蜡烛，放了圣经、亡者经等经书和十字架。

**图6-4 天主教徒李毛弟
葬礼上的壁衣**

看起来，整个堂屋的格局与道士先生布置的灵堂也有几分相似。笔者同时注意到，这个堂屋也充满了中国传统宗教的符号：在壁衣的上面和左边，各有一道道士先生画的符，右下角也是一道符咒，写着"张三教法旨奠土府"，大门顶上悬挂的大大的八卦符和照妖镜也异常醒目。这一切与屋内的十字架、最后的晚餐像、耶稣像合起来，构成了一幅怪异而又和谐的景象（见图6-5）。

2. 择地

整个埋葬仪式主要由吴再仁主持。在中午吃饭过程中，院坝里的一些人争吵了起来，死者的一个男性亲属（约70岁，据说是死者的姑爹）要求将死者葬在附近的一块地里，说这块地之前经道士先生看过，可以埋人，原来准备埋死者的父亲，后来没有埋成，现在正好可以用来埋葬李毛弟，并说埋葬近一点不仅省事，还方便侄儿

图 6－5　死亡教徒李毛弟家里充满中西宗教的元素

侄女去上坟。但是死者的兄弟和邻居都认为死者死得年轻，又是疯子，死得也不干净（死在猪圈），不想埋得离寨子太近，怕出现凶灵。双方为此起了争吵，死者的兄弟媳妇进屋来，请求吴再仁过一会儿看地时故意说房屋附近的那块地不恰当，吴私下答应了下来。

　　饭后，柏明碧、龚小红、余三妹以及寨上一些会念经的教徒开始在壁衣前念经。吴再仁和曹家福则带着人去看地，先到了死者家附近的那块地，吴再仁问了死者的生辰、方位，然后站在那里四处观望。有人提出疑义说先生看地怎么不用罗盘，旁边马上就有人解释说吴先生他们这种教的人是不用罗盘而是用肉眼看地的。吴看了一会儿，表示这块地勉强可以用，但如果到时候起了纷争他不负责，又表示今年埋人最适合的是东西方位，而该地是南北方位，不是很妥当。大家趁势一起说那就另外找地方，同去的那位刚才争吵的亲属也就没有再提出异议。

　　于是大家一行又到了三里外的山里看地，路上那个争吵的亲属对吴再仁说，他看了皇历，今年适合南北方向，刚才那块地其实是可以的。马上有人嘲笑他看的是哪年的老皇历，吴再仁则笑说是前年的老皇历，大家也就一笑置之，没有再争执。走了很远，到达一座山上后，大家选好了一处树木茂盛的地方，表示埋这里就可以了。吴再仁问大家周围的山势如何，说坟地的后靠山不能太薄，大家都表示后山和左右的山都厚得很、靠山很稳。吴再仁砍下一根小枝条对着前面的山仔细看了又看（见图6-6），又叫同去的几个人也过去看，最后大家都确认了，就拉线打桩，确定了墓地的中线。同去的教友在确定好的墓地上方点上蜡烛，挂上十字架，吴与村里另两位教友开始念经，念完后在地上挖了一个十字架的形状，在其上和墓地四周洒上圣水，又在墓地的下方念经。念完后，择地结束，留下一些人在那里挖墓穴，其他人就回家了。回去的路上，吴再仁对笔者表示，天主教本来是不择地的，他其实也不太懂怎么择

图6-6 吴再仁等人为死者李毛弟"择地"，方法
也是中西结合，既要看方位，又要用天主教的
方法为死者"招山买地"

地，但为了与地方风俗结合，必须做这些。

3. 念经及悼念

回到死者家后，吴再仁又指导丧家做了一个木制的十字架，由其中一个字写得好的教友在上面写上"永光照之"和"圣名若瑟"（死者没有入教，本无教名，若瑟是教友临时为死者取的教名）八个字，柏明碧用白纸扎了四朵白花捆在十字架上。然后，整个下午，教友们就三两个一组轮流念经，主要为赞美、赞颂、暮课、夜课、亡者经等。据龚小红介绍，本来天主教是不用连续念经的，但在农村，如果念经少了，村民们就担心"手续"不周到会出问题，因此大家只好使劲多念些经使村民打消顾虑。

根据惯例，晚上还要做承服典礼和绕棺仪式，但大家认为死者妻子儿女都不在，人太少，棺材又不是放在堂屋，绕棺不方便，要求不做这些仪式了。吴再仁本来坚持要把程序走完，但经不住众人的要求，后来就放弃了。据龚小红介绍，承服典礼主要是对死者的一生做总结、家属对死者进行告别和哀悼的仪式，而绕棺则是教友和死者亲属绕着棺材念经，这两个仪式同时也具有请求天主宽恕死者罪过的意思。龚小红表示，在有条件的地方，都是由神父来做弥撒，但在农村，只好由他们这样的教友来做这些事情。

死者远方的亲属在当天晚上赶来悼念，吊丧的晚辈或同辈亲属都会跪在死者的棺材前，由外人在其头上包上一张白布做孝帕。由于死者生前极度贫困，也没多少亲属，只有两个姐姐扎了两个花圈和一些"织事"，放了一些鞭炮。当地人说，整个葬礼看起来有点凄凉。

4. 埋葬

第二天早上 6 点左右，寨子龙杆会的人拿来了龙杆，用了一个小时左右把棺材捆好，7 点左右，就要准备抬棺上山了。吴再仁给李开华交代了一些事情，由教友李耀先和李开华上山去主持埋葬仪式，其他几个人就没有上山，在家里继续念经。

随着一声吆喝，大家开始抬棺材起身，死者两个姐姐开始哭丧，李耀先、李开华拿着圣水与抬十字架、花圈、织事等丧葬物品的小孩走在前头，李开华一路走一路洒着圣水，还有人一路洒买路纸钱。走了一个小时左右到了墓地附近，李开华指挥大家在事先挖好的墓穴前的地上放两块孝帕，将棺材放在上面。然后，两位教友在坑尾点上蜡烛，挂上十字架，开始念经。念毕，李开华跳入墓穴，在墓穴里和四周洒上圣水，然后在墓穴的中部放了五个酒杯，按东南西北中五个方位摆好，倒了一些酒在里面，再放入盐茶米豆。接着用雄黄在地里写上"世荣归墓"四个字（见图6－7）。这些做完毕，大家再齐心协力将棺材放入坑中，再拉线定出方位，使棺材正朝向前方的山头（见图6－8）。接着，有人站在棺材上，在棺材四周和棺材上倒上酒，再在棺材上和周围洒上雄黄（见图6－9），最后，将棺材上一直放着的那个八角形的东西扔进了墓穴。

图6－7　埋葬前墓穴里的　　　图6－8　为棺材拉线定朝向
　　　　仪式是"中西结合"

　　然后，李开华和李耀先开始在墓前念经，念完一段，又换到墓尾去念。在这个过程中，死者的姐姐一直跪在旁边哭丧，两位教友做仪式时，昨天争吵的那位亲属叮嘱李开华手续一定要做周全，死者的姐姐也要求李开华喊周围的人（周围埋了村里死的七个年轻人）不要欺负他弟弟，李都答应说没有问题。死者姐姐还一直在坟下方烧纸（见图6－10）。念完经后，留下一些人帮忙盖土垒坟，其余的人就可以回到丧家去吃饭了。午后，坟垒好了，李开华等人

图 6 – 9　在棺材上洒雄黄和酒辟邪　　图 6 – 10　死者姐姐为死者烧钱纸

再次上山念经。死后满一百日时，教友们会再次聚集到坟前念经，整个埋葬仪式就结束了。

　　在回丧家的路上，李开华向笔者介绍，棺材在入墓穴之前的整个过程中，不能与地接触，否则死者的灵魂就会留在地上而不会与肉体一起安息在墓中，这样会给周围的人带来极大的不安宁。因此，即便到了墓穴前，也要先在地上放两块孝帕，再把棺材放下，这表示棺材由孝子扛着，而不是直接放在地上。在墓穴中放入雄黄和酒是防止棺木被虫蚁侵害，同时也有辟邪的功能。在墓穴里放酒杯，并在酒杯中放入酒和盐茶米豆，则是表示向当地山神鬼怪打招呼，也有招山买地的意思。李表示，这些其实都与天主教的仪式不相符，但在农村要结合这些仪式，亲友寨邻才放心。一般天主教徒不应哭丧，因为死者灵魂进入天堂，不用哀伤。李还开玩笑说，这种天主教的葬礼就像"三九感冒灵"广告说的那样，是典型的中西结合。龚小红和吴再仁也对笔者表示，按天主教的规矩，葬礼其实很简单，不用像他们这样整天念经，但在农村，如果做的事情少了，不信教的邻居和一些家属说不定就会有意见，怕出什么怪事。他们还介绍，由于死者家极度贫困，因此也省略了一些活动，本应该扎两个十字架的，最后也只扎了一个，如果死者家庭富裕或有势力，排场非常大，除了不请道士先生外，其他的中式仪式都不会省略。

　　这个葬礼的进程是按照传统葬礼进行的，但内容基本是天主教的。比如，"招山买地"本身是中国传统的葬礼仪式，但具体方法是念天主教的经文，葬礼仪式基本是"中瓶装西酒"。主持葬礼的教徒本身对这种中西结合的特色非常清楚。从村民们的反应来看，他们似乎对这一整套中西结合的仪式已经习以为常了。下堡寨子的第一次天主教葬礼是在 1994 年。李耀先二儿子生病过程中和天主教的人有过接触，由于治病已经使他家十分困难，因此他儿子去世后也是按天主教仪式埋葬的。据说当时村民私下也担心，说这样不请道士先生、不烧钱化纸，埋了人会不会出事、对大家不利，但后来看到寨子里没有出什么怪事，大家也就放心了。在大多数村民眼中，天主教埋葬仪式中的灵魂安抚程序与传统埋葬仪式是一样的，只是把道士先生换成了天主教的"先生"而已。

（二）余建德的葬礼

由于李毛弟家庭极度贫困，社会交往圈子非常有限，因此到场的天主教徒和其他亲属都不多。笔者参加的另一场葬礼，死者为下司村梨子坪的余建德，他全家都信仰天主教，其父余成江是草塘较早的天主教徒，非常积极地参与草塘天主教会的活动，在整个瓮安县天主教会中比较有影响，因此，在余建德的葬礼上，很多瓮安县城和草塘的天主教徒都到了，葬礼的仪式非常完整。同时，余家是个大家庭，参加余家葬礼的外教亲属非常多，其家庭经济状况也相对较好，传统葬礼所使用的物品非常齐全，堪称中西葬俗的大展示。

死者余建德只有 38 岁，笔者 2006 年 3～4 月在草塘调查期间还曾与他长谈过一次。2006 年 6 月 26 日，他在瓮安打工时遇到工程事故不幸身亡，其父余成江非常悲痛，坚持要多停放几天，直到 7 月 6 日才埋葬，一共停放了 11 天。在此期间，草塘天主教教管组的柏明碧、吴再仁、李开华等主要人物一直在余家念经和忙着各种事务，很多教徒在他家待了好几天，非常劳累。笔者后来问柏明碧，她说余家的葬礼是这么多年来她参加的葬礼中时间最长、最累人的一次。

1. 埋葬前一天下午的哀悼活动

埋葬前一天下午，余家的亲友陆续前来哀悼，他们会在进门时放一长串鞭炮，送上一些礼品，亲属关系近的还会带上一些花圈、织事。主人家自己扎了一个纸灵房，天主教会的也送了一个，不过，教会送的灵房大门上的对联比较特别。

上联：全能全知全美善　　下联：能仁能义能圣□　　批横：天主佑我（见图6－11）

另外，天主教会还扎了几个纸羊、纸马放在堂屋前（见图6－12）。在草塘乃至整个瓮安，灵房、纸人、纸马之类的，都是葬礼上必备的物品，一般由死者女儿女婿出资购买或由主持葬礼的道士先生做，在埋葬死者后予以烧毁，是供死者在阴间使用或驱使的。从这些丧家摆放的物品看，如果不是多了几个十字架，真看不出是天主教徒的葬礼。草塘天主教的人都把这解释成与地方风俗的结合。

图6－11　天主教会为死者扎的　　　图6－12　天主教葬礼上所扎的
　　　　　灵房（门联很有特色）　　　　　　　纸马、纸羊等

2. 承服典礼、绕棺等

整个葬礼和哀悼的高潮是埋葬前一天晚上举行的承服典礼、绕棺等活动，仪式由吴再仁和李开华主持，在仪式开始前，先在堂屋

大门的两边摆上两张桌子，桌子上摆了两个耶稣受难的十字架（见图6-13），点上蜡烛。在棺材上点了一排蜡烛，棺材旁边放了两排板凳，点上几排蜡烛。承服典礼、绕棺晚上9点左右开始，其程序（该程序为李开华所写，其中有部分错别字和错用标点，原文照录）如下：

图6-13　承服典礼上的摆设

中国天主教最高仪式

一、承服典礼开始；

二、请众教友入堂，孝子入堂；鸣炮

三、请众跪下齐念"伏求圣师降临"，"相信全能者"、"天主经"、"圣好经"；

四、请主丧人致悼词，孝子代表读哀思；

五、孝子跪，众拜天主唯一至尊，一叩首，"兴"。

六、请众念天主依尔大仁慈，孝子跪，叩拜天主至三，一叩首，二叩首，三叩首，"兴"。

七、请提九经三节（其中的五七九节）孝子跪，叩拜耶稣五汤：一叩首，二叩首；三叩首，四叩首，五叩首，"兴"。

八、请替"炼狱祷文"。

九、序孝、孝子各执蜡烛绕棺。二人对唱，"高悬圣子"二人对唱世界毁期。

十、请众唱"求主救吾于永死"，请众念、请众同祷；

十一、清棺：众人将棺材及四周燃烧的蜡烛拿走

十二、承服典礼完毕，孝子向众亲友致谢。鸣炮

以下是李开华代表教会所致悼词（原文照录）：

269

亲爱的孝家全体孝子寨邻和来宾及全体教友：

我代表草塘地区教友向你们表示衷心的谢意，各位亲友们今天我们为余建德离开人间最后一晚追思大会开始。

亲友们：余建德于2006年六月一日在瓮安打工，不幸发生工伤事故，造成气绝身亡，告辞老父老母分别妻实儿女，合所有亲人，在这惨无可忍的情况下，人人看到都悲伤流泪，亲友们余建德的一身，人人夸奖，个个赞扬，因为他的为人，时时刻刻都是笑脸对人，尊老爱幼，没有哪个不佩服，所以我们对余建德的一生是难舍难忘，由于余建德为人名扬于外，听说余建德死啦，简直是晴天霹雳个个含酸，教友们都争先恐后，来为余建德诵经文，特别是瓮安教友，不辞辛苦，远到而来为余建德多诵经文，这是值得我们敬佩和学习。

教友们，余建德是一个好教友，他的一身忠于天主，时刻不忘天主，我们大家为他祈祷，希望天主宽恕他早出炼狱，登之天堂，早享家福。谢谢，有不足之处请大家指正。完。

李开华致完悼词，死者侄女代表家庭致了哀思词。

图6-14　教友李耀先手持十字架带领死者亲属绕棺

绕棺时间比较长，在教友李耀先的带领下，众家属、孝子和教友手执蜡烛，绕棺材缓慢行走（见图6-14）；过堂屋，在堂屋的"壁衣"前以及堂屋大门边放了耶稣受难十字架的桌前都要鞠躬。在此过程中，一些会唱歌的教友开始唱圣歌。绕棺进行了1个小时左右。

在整个承服典礼进行中，需要诵经文的时候，几十个教友齐聚堂屋，或跪或站，高声诵经（见图6-16）。烛光明亮，诵经声在寂静的夜里通过高音喇叭传向远处，颇为震撼。整个仪式在午夜12点半左右结束。

图6-15 孝子在承服典礼中跪拜

图6-16 承服典礼过程中众教友跪着为死者念经

3. 埋葬仪式

埋葬仪式由吴再仁和李开华主持。大约早上6点，人们抬棺出发，棺材上罩了一个扎有天鹅的竹筐，这也是地方传统葬礼中常用的物品，表示希望死者能够驾鹤西去，进入西方极乐世界，不过用在天主教的葬礼上，纯粹是中为西用了。

李开华率着一众拿着蜡烛的教友，一路洒着圣水走在前面，众人拿着花圈、织事、灵房、纸人、纸马紧随其后，抬棺材的走在最后。

李开华领教友率先赶到了墓穴。他指挥大家把蜡烛放在坟尾的坎上，然后自己跳入墓穴，将五个小酒杯按东南西北中的方位摆放在墓穴中部，然后在杯子里放了海马、银圆（用1元的硬币）、金银粉、朱砂，再倒满酒。然后抓了大米写了"世荣归墓"四个大字，又用雄黄在墓穴中部画了一个大大的十字架（见图6-17）。

随后，李开华爬出墓穴，众孝子跪在墓穴前，众教友站在孝子身后开始念经（见图6-18），念了十多分钟。随后，吴再仁一声令下，指挥大家将棺材放入墓穴，接着拉线对着前面的山看方位，大家共同努力把棺材按朝向摆正。接着教友又开始念经，念了十分钟左右，李开华又把剩下的酒都倒在棺材上，又在棺材上和墓穴四周洒了一些雄黄。然后孝子跪着，众教友站着又念了一段经，仪式结束。

图 6 - 17　墓穴底部

图 6 - 18　掩埋前，众教友为死者念经，孝子跪前

在掩埋棺材前，死者的儿子和众侄儿分别跪在棺材上，拿锄头挖墓穴右边的土三锄，再转身挖左边的土三锄（见图 6 - 19），然后不转身、不回头反手将锄头从肩头甩到右边，这一方面表示孝子为丧者尽孝，以后再难相见；另一方面表示亡者为孝子添福气，保佑他们。做完这些，孝子集体给帮忙的人下跪行礼，众人于是挖土将棺材掩埋，然后立上碑（见图 6 - 20）。中午，众教友再一起上山，念复山经，将扎的灵房、纸人、纸马等烧了，十字架插在坟

图 6 - 19　根据传统，掩埋棺材前，孝子要先反身挖三锄土

图 6 - 20　死者墓碑也是中西结合

头，花圈摆在坟上，整个埋葬仪式结束。据柏明碧介绍，本来应该是埋葬三天后才来念复山经的，但因为死者摆放的时间太长（11天），大家都太累了，居住得也分散，因此只好在当天就上山念复山经。

与李毛弟的葬礼相比，放入余建德墓穴底部的五个酒杯中的物品略有不同（李的葬礼上放入的是盐茶米豆）。笔者事后问李开华这有什么区别，他说这都是中国传统的东西，意义一样，既有招山买地又有图后代发达吉利的意思，只是李毛弟家贫，没有买海马、银圆（用1元的硬币代替）、金银粉、朱砂等物品，就用盐茶米豆来代替。

可见，无论是隆重还是简单的天主教葬礼，草塘教会都很随意地将中国传统宗教的元素引入天主教仪式之中，随处展现中为西用的有趣场面。这也成了天主教降低张力、征服草塘人心的一个重要武器。

通过上述葬礼、驱邪祈福等天主教的仪式，我们看到，像草塘这种农村地区，绝大多数天主教徒实际上并没有系统的宗教知识，他们会很自然地将中国传统的宗教经验，与一些他们既有的和想象的天主教知识杂糅在一起。由此，天主教组织通过上述高度"本土化"的仪式展演，使信教或不信教的人感觉到：即便信了天主教，也不会过多地触动教徒原有的宗教资源，风水、禳解、择地、辟邪等传统的宗教文化并不会失去，天主只是另一个法力高深的"菩萨"。也正是这些高度"本土化"仪式的反复展演，使人们对天主教埋葬仪式会"出事"的疑虑消除了，天主具有的辟邪的强大功能让人刮目相看，外国的天主也在与祖宗共坐"主牌"的过程中增加了一点亲切感。并且，天主教确实还能帮助贫穷人家不花一分钱就将人安葬，在经济成本上也十分划算。可以说，正是天主教的高度本土化，使那些本来信仰传统宗教的人，在改信天主教后所失去的宗教成本大大减少，天主教提供的宗教产品被接受的可能性大为增加，这促使天主教在草塘宗教市场上取得了不错的成绩。

由此可见，天主教的处境化即便不是这种宗教发展的唯一因素，也是其中的重要因素。

发展情感依附以及高度"处境化"的行为，都有赖于天主教作为一个"组织"所能够提供的资源。我们还发现，拥有组织化资源的天主教，在宗教市场上还可以利用组织优势为其宗教经营提供更多的服务。

第五节　团契与分裂

草塘天主教既隶属于贵阳教区，又受瓮安县天主教爱国会和县民族宗教事务局的指导和领导。在宗教事务方面，草塘天主教会似乎与贵阳教区的直接联系比较多，贵阳教区派一位神父负责龙里、贵定、福泉、都匀、瓮安三县二市的天主教事务，目前负责这一地区教会事务的是陕西籍的蒋神父，生于1972年。据说，以前负责的神父有钟神父、梁神父、周神父、武神父、（老）蒋神父、胡神父等。2006年，草塘天主教教管组的成员在县民宗局和天主教爱国会的指导下由教徒选举产生，由曹家福任组长，吴再仁、潘兴友任副组长，龚小红任会计，柏明碧任出纳，成员还包括陶正明和唐昌华。

目前影响草塘天主教群体凝聚力的另一大障碍，在于教会没有一个正规教堂，大家没有一个固定的地方过正常的宗教生活，这使得群体的力量大打折扣，草塘天主教徒为此已经努力了近二十年，修建教堂的事情还只停留在筹划阶段。尽管组织力量还不强，但是与没有任何组织的弥散型民间信仰相比，草塘天主教会作为一个组织在吸引信徒方面确实起到了一定的作用。

一　组织团体的归属感

很多研究宗教的学者都注意到宗教组织的团体性强化其成员的社会性作用，"宗教群体经常使用'团契'这个词来描述这种关系，鼓励其成员相互之间'相互提携、友好相处'"①。斯塔克认为，非排他性宗教屡弱的根源就是它无法让信徒产生归属感，②而排他性的宗教组织则可以提供这种归属感。笔者在草塘调查时，从一些教友的谈话中可以感觉到他们的这种归属感。如柏明碧说："加入教会的一大好处是大家在一起可以唱圣歌，念经，学习十诫，觉得很愉快。""教友们对我都很好，有病痛时，他们会过来帮助念经，洒圣水，别人家实在有做不完的活路，我们也会去帮一下。1976年唐山地震时，我们都去找教友支援，募集了一百多块钱，这在当时是很不容易的。"余建德说："我在外面打工，每次到广州、厦门等地，都会去教堂，教堂里的人待人都非常友好。一次在南京、一次在内蒙古，我比较困难，去了教堂后，神父非常关心我，不仅叫我听弥撒，还要给我路费。"曹家福则说他入教后社会交往面宽多了，这种交往的增多当然也会增加他的归属感。

在草塘农村，红白喜事是否"闹热"是衡量一个人和一个家庭社会地位的重要标志之一，红白喜事时冷冷清清是件很丢面子的事，很多老人对于其身后是否"闹热"都十分在意。一些在世俗生活中不受重视的人就很可能会在这方面丢面子，但天主教组织在一定程度上可以提供这种补偿。在教徒的红白喜事上，总有一些热心的教友赶来参加，甚至一些不认识的教徒也会在教友的葬礼上下跪，这在天主教会之外是不可想象的。这种有组织的"闹热"对很多教徒相当有吸引力。笔者也注意到，天主教会显然也在着力渲染这种"闹热"的氛围，比如，在余建德的葬礼上，天主教会就在屋外安了两个大喇叭，将念经的声音传了出去。十多个人一起念经时，声音可以传到四五里之外，一些天主教徒就说他们是闻声而

---

① 〔美〕罗纳德·L.约翰斯通：《社会中的宗教》，四川人民出版社，1991，第63页。

② 〔美〕罗德尼·斯塔克：《基督教的兴起——一个社会学家对历史的再思》，上海古籍出版社，2005，第246页。

来的，笔者在三里外的后岩观也可清晰听到念经的声音。天主教徒们对于这种热闹的场面显然很得意，见到笔者时都纷纷说："你看我们天主教，虽然死了人不请道士先生'敲当当'（做超度法事），但还是很热闹吧！你多给我们宣传宣传（很多教徒误把拿着相机的笔者当成了记者）。"显然，入教后所带来的"闹热"很有吸引力。

另外，天主教群体在其个体性的经文阅读和祈祷中，或者在其团契生活的主动参与中，都惯例性地与神沟通，和主交流，并受同伴成员的影响。通过这些行为，天主教徒不断地体验和重构跨时空的群体记忆、群体社会认同，与其他群体的符号边界得以形成并不断强化，群体内的归属感也就越来越强。

二　集体见证

见证是推销宗教的一种通用方法。"如果有确凿证据证明参与一种宗教可以产生切实好处，那么，这一宗教补偿就会被认为风险较小，从而也就更有价值。"① 这就是见证的力量，我们常见那些传教者会列举很多切实的好处，然后将这些好处一律归因于宗教信仰。他们讲述自己如何从信仰中获得病痛的解除、生活的愉快、灾难的免除，等等。传教者们通过这种方法为宗教的"有效性"及其许诺的真实性提供依据。

如果这种见证来自熟人这样可靠的来源，那么就特别具有说服力，这就是我们前面讲的"情感依附"在起作用；如果见证不是来自一个人，而是来自几个人或一群人，由于人们多少都会有从众的心态，那么其说服力将会成倍增大。"在某种宗教补偿是被集体性推广、产生和消费的情况下，个人就会认为这个宗教补偿风险性较少，从而价值也就更大。"②

---

① 〔美〕罗德尼·斯塔克：《基督教的兴起：一个社会学家对历史的再思》，上海古籍出版社，2005，第205页。

② 〔美〕罗德尼·斯塔克：《基督教的兴起：一个社会学家对历史的再思》，上海古籍出版社，2005，第205页。

笔者在草塘期间就经常听到这种为了达到集体见证的效果而"搬救兵"的做法。比如，白启碧的姐姐多次劝白启碧信教，并说信教是如何如何好，但是白启碧始终半信半疑。有一次，她姐姐带了神父、柏明碧、周叔方等一大堆人到她家中，在众人的劝说下，白启碧和丈夫终于入了教，并在当天撕下香火写了主牌。吴再仁的例子也是一个集体见证的典型，吴再仁称他妻子首先归信，他随后对天主教产生了一些好感，但没有马上进教。他介绍说："当时我一软口，我老婆就给教会的人讲，教会的人就来了，当时贵阳的张际兵、罗翠华等来到我家给我讲道理，我对张说：'你讲的那些道理我也听进去了，只不过我要给我老人做了好事才能信教。'我父母都是粮食关时死的，当时没有做法事，我觉得我应该给他们做一场法事，另外我也想用这事塞住张际兵等人的口。谁料他们当即表示'这有什么问题'。我父亲生日那一天，天寒地冻的，他们却真的带着神父从贵阳赶来了，在我家一共做了七天（法事）。我比较感动，就入了教。"柏明碧给笔者讲述的好几个成功劝说别人入教的例子，也都是在神父和其他教友的帮助下完成的。

2006年6月5日晚，笔者在参加余建德的葬礼时就亲历了一个集体见证的典型例子。

> 有一个姓庹的教徒（女，70岁）听说笔者对天主教感兴趣，就想劝笔者入教，叫笔者到隔壁人家的院坝里，要单独和我"摆（谈）一下"，我们到了隔壁邻居家的院坝，正好当时旁边也有一个70多岁的妇女。
>
> 坐下后，庹就对我谈开了："1985年春节我的腿摔断了，杀了大公鸡在门口敬神，结果又把肋骨摔断了，我哥认识的一个孃孃信天主教，她叫我信教试一下，结果我信后真的好，不仅病好了，当时我家房子到处漏雨，我就求天主给我补好，结果真的灵，现在只有一个洞漏了。还有一年果子成熟的时节，

我家果园场刮大风，我在棚子里祈祷天主保佑风不要吹我的果树，结果我的梨子一个都没掉……。"

旁边的老太太听到这里，插话问道："你们那个教有那么灵，像我家儿媳妇不孝敬，我又有病，信你们这个教得行不？"庹女士马上说："当然得行噻，像你这种情况，我们教里面也是有人有的嘛，他们都是得过圣迹的，信这个教好得很，不信我去叫她们来摆给你听。"随后，她去叫了两个60岁左右的妇女过来，一个姓宋（光琴），一个姓刘，庹女士让他们二人给笔者和老太太讲述他们得的圣迹。刘女士先讲："我得的圣迹比较多，原来我背我家（孙子）超超上街，每一次他都会遇到鬼，抽筋死过去，回家就没事了，我都不敢背他出门了。后来宋光琴叫我信教，我就和她去听梁神父讲道理，听了三天后我就背着娃娃去了教堂，结果娃娃没事，第四、第五天也没事，于是我就领了洗才回家，信了后我就比较顺利了……。有一次我见到敬嬢嬢，她家媳妇对她特别好，我就请求天主也赐给我这样一个好媳妇，结果后来我儿子娶的媳妇确实好，至今都十五年了，对我一直很好。前几天我病了，背心冷冰冰的，吃药总不好，前天晚上我梦见陈姨妈（教友）穿一个蝙蝠一样的衣服对我说'天主要来了'，结果我看见一个十四五岁的小伙子把手放在我的背上，我的背立即热烘烘的，第二天我的病真的好了。"接着宋光琴讲她得的圣迹："我与我老公一直关系不好，与他吵架后就会被迷倒，怕得要死，信过佛教、基督教，都不灵，后来听别人摆天主教好，就信了，信了后，就睡得着觉了，有一次被迷倒后，我大喊'吾主耶稣救我'，画了个十字架，就不怕了。我曾在梦中看到耶稣驱赶一个恶人，那个人拿着刀边走边骂，那是一个外教的魔鬼。……我们这个教太灵了，有时天干，只要我祈祷就会下雨，我试过多次都是这样；有次我星期五守斋，第二天想吃猪心肺，结果一大早就有人给我送了一笼过来；有一次我没钱吃早餐，就在心里祈祷吾主耶稣给我一碗早餐，结果一出门就有人请我吃早餐……。这个教好，我是怎么都舍不得'甩'的了，拿刀子割我都舍不得'甩'"。

老太太听得非常感动，她说："我以前也经常做梦，梦到有老头子在叫我信他，以前都没得人给我说嘛，我不晓得那就是耶稣，现在你们讲了我才知道那是耶稣。"然后她就热切地表示要入教，问庹女士她怎么入教，庹女士等人表示，过一段时间神父来了就可以领洗，老太太又问自己如果入了教媳妇的烂脾气会不会改好，宋光琴说那绝对没问题，她还举刘女士的例子，说："以前刘嬢嬢家信佛教迷得很，他男人脾气不是一般的大，众人都知道，结果她信天主教后，男人的脾气就99%都改了，现在简直好得不得了。"刘女士马上说："是这样。"庹女士也向老太太表示只要她信教，她儿媳妇就会慢慢被感应而变好的。老太太最终坚定表示要信教，临分手时，她们约定了下次见面的地点和方式，众教友还给老太太取了一个圣名"伊丽丝"。

在这个例子中，我们看到了集体见证的力量，它将集体的各种巧合和见证的成功例子结合在了一起，从而使宗教补偿的可信度大增。天主教作为一个具有较强组织性的团体，经常有能力提供这种"集体见证"，使一些听众最终臣服在天主的脚下。

三 团体提供的权威感和成就感

前面的章节谈到了草塘天主教教管组成员以及几个积极的信徒，他们在教会的事务上奉献了比普通信徒多得多的时间和精力。就笔者的了解，他们不太可能因为这种奉献获得经济上的收益。首先，他们的这种奉献是不收取任何报酬的。教管组的成员皆表示他们为天主做事是不拿工资的，原来有谁家办丧事，他们去帮忙念经和埋葬都要自己倒贴车费，后来考虑到大家都是农民，收入有限，才规定由主家出一些路费。笔者跟着他们跑了好几次，发现主人家所给的钱非常少，除了路费之外基本不会有结余。其次，在草塘教管组所管辖的范围内，根据笔者所做调查，只有34.78%的人宣称捐过款，而且有些人是在外地捐过款，在本地捐过款的很少，通常都是在瞻礼节日捐些钱来买小菜之类供大家食用。最后，草塘天主教的主要活动经费来源于天主教贵阳教区，贵阳教区所给的几笔钱大家都知道，也有专门的账户来管理，教管组的人不太可能从中得到好处。

那么，他们的奉献就真的如他们自己所说"是为天主办事"，"信这个教就是要奉献的"？笔者无意亵渎他们的真诚，但是，在这种长期的无偿奉献当中，是否也有某种理性的、可用付出—收益来衡量的东西呢？笔者认为在团体中获得的权威感与成就感，就是这种奉献的理性所在。

第一，他们是解释天主教知识的权威，拥有对天主教教义、教徒行为合理性和合法性的解释权力。草塘没有常驻神父，大多数天主教徒只知道一些基本的天主教教义，对于一些更深奥的天主教道理，以及哪些行为和思想是符合天主教教义的，天主教徒在婚丧嫁娶中应该怎么做，等等，都需要仰仗这几个天主教教管组的成员和一些主要人物。笔者在两次葬礼上看到，经常有教徒来向吴再仁、柏明碧、李开华、龚小红等人请教天主教的知识，以及怎样用天主的道理来解释他们生活中遇到的一些事情。吴再仁、柏明碧等尽管大字不识，有的甚至不知道天主教的四大瞻礼节日，但他们都可以以自己的理解来解释教义，让教徒们满意。同时，他们也根据自己对天主教礼仪的理解，把一次次的葬礼组织得井井有条，使大家信服。

第二，他们通过天主教组织，获得了与社会中更高等级的人物和机构打交道的机会和权利。这些教管组的领导人物，在现实中多是处于社会底层的农民。众所周知，在我们这个社会中，普通农民在世俗生活中几乎很难有逾越其身份获得与更高等级人物和机构打交道和对话的机会。但在成为天主教会的领导后，他们获得了这样的机会：一、可以与上面下来的神父接触，而神父被认为是有文化和身份的人；二、可能作为代表与县级的政府机构以及天主教爱国会座谈、开会等；三、有机会经常为了教会的事务到城市去找有关的人物和政府部门。这些机会和活动增长了他们的见识，使他们在乡村社会中变得让人刮目相看，在小范围内会使他们很有脸面。在中国这样一个很讲"面子"的社会里，其所获得的成就感和满足感无疑是巨大的。① 因此，即便一些活动可能让天主教组织的领导人物自己出钱出力，他们虽偶有怨言，但也没有放弃这样的机会和身份。

第三，他们在宗教生活中获得了教徒们的极大尊重。由于他们是宗教知识上的权威，一般教徒家里的婚丧嫁娶特别是葬礼要仰仗他们，因此，他们在团体内很受尊重。笔者在两次葬礼上看到，在吃饭时，主人家通常都会在里屋或堂屋单独为他们安排一桌饭局（他们为了表示平等经常会拒绝这样的安排），单独为他们提供比普通筵席好一些的饭菜和酒水。尽管这种安排似乎也没有使他们获得多少利益，但在农村，这通常是很高的礼遇了，在乡土社会是很有"面子"的，其象征意义远远大于实际意义。对天主教组织内领导人物的这种尊重，还不像我们前面所说的对道士先生等宗教人物的尊重，道士先生只是在从事具体的宗教活动时才受到人们的尊重，在日常生活中的社会地位并不高，有时甚至成为人们取笑的对象。天主教组织作为一个神异组织，他的领导人所获得的尊重却可以贯穿到日常生活之中。

总体上可以看出，对于组织中的领导者来说，他们从宗教组织内获得了在世俗生活中难以获得的权威感和成就感，这也算对他们无偿奉献精力和时间的一种无形补偿，正是有了这些补偿，他们才更加有动力去推动和维护这个组织的发展。

---

① 〔美〕黄光国等：《面子——中国人的权力游戏》，中国人民大学出版社，2004。

四　胡神父的勤勉

神父是天主教组织中的一个重要角色，他是天主教神权的执掌者，同时是基层教会组织的宗教知识源泉，起到沟通主教和普通信众的作用。神父全身心地投入到教会工作中，将自己的一生奉献给了教会，从而被教徒所尊崇。因此，由一个代表天主、具有知识和神权、来自城市的神父直接传教，对教徒的影响和感召力更大。神父的勤勉程度、对一个地方的投入和关注程度，将直接影响当地教会的发展，影响信众的归信。

据草塘地区的教徒回忆，到过或管理过草塘的神父主要有：武神父、钟神父、梁神父、周神父、（老）蒋神父、黄神父、鲁神父、沈神父、胡神父、龙神父、（小）蒋神父等，现在管理草塘地区的是1972年出生的陕西籍（小）蒋神父。但是，大家对他的印象并不深刻，大家印象最深刻的是从20世纪80年代到2000年左右一直管理草塘的胡大国神父（根据《贵阳市志·宗教志》记载，胡神父生于1922年，至今健在），[①]并常把他与其他神父进行比较。为此，笔者在2006年6月进行问卷调查时，列入了"哪位神父对你的影响最大？为什么？"和"你对哪位神父的印象最深刻？为什么？"这两个题目。在收回的问卷中，除了有1个教徒表示"哪位神父都是主的代表，不能对他们说三道四"外，有38人都选了胡大国神父，可见胡神父在草塘天主教徒中的影响巨大（见表6-35、表6-36）。

表6-35　哪位神父对你的影响最大？

钟神父		梁神父		周神父		（老）蒋神父		胡神父		（小）蒋神父		黄神父		沈神父		武神父		其他		没见过	
人数	比例(%)	人数	比例(%)	人数	比例(%)	人数	比例(%)	人数	比例(%)	人数	比例(%)	人数	比例(%)	人数	比例(%)	人数	比例(%)	人数	比例(%)	人数	比例(%)
0	0	0	0	0	0	0	0	38	97.43	1	2.57	0	0	0	0	0	0	0	0	0	0

---

① 贵阳市志编撰委员会编《贵阳市志·宗教志》，1995，第25页。

表 6 – 36　你对哪位神父的印象最深刻？

钟神父		梁神父		周神父		（老）蒋神父		胡神父		（小）蒋神父		黄神父		沈神父		武神父		其他		没见过	
人数	比例(%)	人数	比例(%)	人数	比例(%)	人数	比例(%)	人数	比例(%)	人数	比例(%)	人数	比例(%)	人数	比例(%)	人数	比例(%)	人数	比例(%)	人数	比例(%)
0	0	0	0	0	0	0	0	38	100	0	0	0	0	0	0	0	0	0	0	0	0

教徒写出他们选择胡神父的理由，主要有以下几种（原文照录）：

（1）人好、和善；（2）他很关心农村教友；（3）因为他代表天主；（4）因为他管草塘的时间最长，来得多；（5）对教友特别关心，学习天主的导理；（6）他人好，不嫌贫爱富；（7）对人最好；（8）他对教友特别关心，讲道理，做弥撒都做得特别好，有时候教友没钱了他都会给；（9）因为只有在胡神父言行中才感到什么是公平，什么是温暖。

从文字中可以看出教徒对胡神父充满感情和崇敬。笔者访谈中还了解到，胡大国神父几乎到过全部教徒家里，他或者看望病人，或者帮人驱魔、做弥撒、圣房子，或者去访贫、讲道理。贵州山区道路狭窄陡峭，十分难行，这对高龄并且腿脚有疾病的胡神父是一个很大的挑战。有一次笔者到松坪冉家塘村下河坝组去拜访几个教徒，早上 9 点左右在山上看到河谷底下有几栋房屋（见图 6 – 21），同去的柏明碧说那就是教徒的家。看着没多远的路程，在山上绕来绕去走了一个上午才到，荆棘丛生的山路也让笔者吃尽了苦头。下河坝村的教友徐正富说胡神父到过他家几次，他很感动。

一些教徒还对他们与胡神父接触的细节记忆犹新。清池村下堡的李耀先说："胡神父对大家都很好，他多次到草塘和下堡等地，都会和大家同吃同住，会到每个教友家里坐一坐。20 世纪 90 年

图 6 - 21 松坪冉家塘村下河坝组的天主教徒居住十分偏僻

代，当时大家都非常穷，他不仅不要大家的钱，遇到特别困难的人家还会给一些钱，有一次他在草塘买了几根油条都要留下一半，带到下堡和大家一起分享，另外有什么好东西都是这样，总会和大家分享。后来沈神父和龙神父都来过，但是龙神父就比老神父差远了，他从来不在乡下和大家一起吃饭，都是要到城里吃饭，他下来往往是把大家昏吼一顿就走了，说我们这样不对，那样乱搞，大家都觉得他不好。现在的蒋神父很年轻，到过草塘，但是没有来过下堡。"那乡老寨子的孙第军也对笔者叙述说："胡神父前年都来过，以前每年都要来我家一次。胡神父最好了，他讲道理讲得详细，待人又好，走到哪个教友家都很热情、很高兴，从来不嫌贫爱富。"吴再仁说："有一次我和胡神父去洞水，那里一个老人本来准备信（教）了的，但与其他教友发生了口角，对教会有些意见。胡神父拿出 20 元，叫我去买肉，他告诉我今天是老人的生日。后来我把肉买回来后，那个老人知道胡神父居然记得他的生日，感动得不得了，当天就入了教。"从教友们的叙述中，我们看到的是一位细心、慈祥、善良、富有爱心、热心教会事业、与教友打成一片的老神父形象。

在笔者所访谈的草塘教友中，没有人明确表示是因为受了胡神父的感动入的教，但我们的调查所显示的一些数字似乎又和胡神父有关。以下是笔者对教徒的领洗时间所做的问卷调查的结果（见表6－37）。

表6－37　教徒领洗时间

20 世纪 80 年代前		20 世纪 80 年代		20 世纪 90 年代		2000 年以后	
人数	比例（%）	人数	比例（%）	人数	比例（%）	人数	比例（%）
6	13.04	10	21.74	30	65.22	0	0

可以看出，在 20 世纪 80 年代和 90 年代领洗的教徒占了近87%，2000 年以后领洗的教徒一个也没有。当然，2000 年以后并非没有人领洗入教，但这一数据表明 20 世纪 80 年代和 90 年代是草塘天主教发展最快的时期，2000 年以后发展速度明显放缓。笔者虽然没有得到草塘教徒领洗的具体数目和名册，但是对于上述趋势，无论是天主教组织的领导人物还是普通教徒都认可。值得注意的是，20 世纪 80 年代和 90 年代正是胡大国神父负责草塘教会事务的时期，而 2000 年以后他因为腿被摔断退出了教会的工作。那么，20 世纪 80年代和 90 年代的高速发展与 2000 年以后的明显放缓与此有直接关系吗？笔者认为，虽然不能以胡神父个人的原因来解释这种趋势，但二者之间有很大的关系，主要表现为几个方面。

第一，神父是教会形象的重要代表，一个富有爱心、与教友打成一片的神父自然会比一个从不愿意在乡下与教友吃饭、只知道吼人的神父更深入人心，根据"爱屋及乌"的人之常情，一个深入人心的好神父会使人们加强对天主教会的好感而加入，一个不得人心的神父会使人们对天主教会产生恶感而离弃。人们当然更可能在胡神父这样一位深入人心的神父引导下进入天主教会。

第二，根据柏明碧的讲述，她传教中的很多人，都是在胡神父的帮助下完成了最后的入教程序，比如下堡的李耀先，车水坝的周叔方、喻前龙、杨通才、何家堡的李某某等。这说明神父有时作为集体见证的关键人物，在最后时刻对于入教能发挥关键的作用。由于胡神父对教会工作的勤勉，担当集体见证关键人物的机会自然会增多，从而争取到了更多的人入教。

第三，据柏明碧、吴再仁等的讲述，当年胡神父对教会事业非常热心，只要听说哪里有教友，或者有听了传教但还没有下决心归信的人，无论路途再遥远难行、天气再不好，他都要去。一个年近80的老神父的那份热情就足以打动人。胡神父通过努力从而打动人入教的故事，柏明碧和吴再仁都可以讲述很多。这表明，正是通过胡神父的积极主动，草塘天主教赢得了更大市场，扩大了影响。反过来，一个不愿下乡与农民一起吃饭、不愿走路、态度不好的神父，与农村信徒的距离自然很遥远，他不太可能去发现和巩固宗教市场。

可以说，草塘天主教在 20 世纪 80 年代和 90 年代的快速成长，是与胡神父的努力和勤勉分不开的。当然，他只是其中的原因之一，不过这足以提醒我们，像天主教这样的外来宗教，需要包括神父在内的组织成员的积极努力，来推动它的增长。

五 组织中的分裂力量

任何一个组织，随着发展壮大，都会产生一些分裂因素，宗教组织也不例外。如果不能很好地处理这种组织内的关系，那么它最终会对组织的事业产生消极影响。草塘天主教会也面临这样的情况。

笔者在调查中了解到，草塘天主教会并不团结，主要是曾华英、江应珍与柏明碧等人之间的矛盾。曾华英、江应珍曾经是天主教爱国会认可的原草塘天主教教管组的正副组长，柏明碧由于在草塘传教功劳最大，也是主要领导。后来，她们为了教堂的事情发生矛盾，曾华英要将她家在新川的一栋旧房子卖给教会作为教堂，但柏明碧认为该房子离街上和大路都远，教会不能自养。争执由此而起，曾华英将该教堂正式挂了牌，柏明碧则带人抵制了在曾华英家房子里进行的多次宗教聚会。后来教堂被撤销，双方又多次为教会内的资金使用以及曾、江二人在教会内的贷款问题①发生了很大的矛盾，最后闹到贵阳教区，曾华英和江应珍的职务被撤销，重新选举了教管组的成员。目前，她们三人碰面相互不打招呼。曾华英公开对笔者讲："柏明碧是我的死对头，他们选的新教管组是非法的。"除了上述这对主要矛盾外，还有一些私下的小矛盾。比如柏明碧每次宗教活动时都和李开华在一起，看起来二人关系不错，但柏私下对笔者说："李开华是个烂肚皮（坏人），他经常和江应珍密谋要害我，到处写举报信说我有经济问题。账目都是清清楚楚的，我会有什么问题呢？"

现在，草塘天主教教管组内部也并非关系紧密，笔者在2006年3月24日下午访谈曹家福时，他就抱怨说："教管组里面的陶正明和大家有些分歧，他说他老了，不想管事了，但他又不愿意退休。我叫他拿身份证过来（那几天曹家福正在跑盖教堂的审批材料，需要教管组成员的身份证）他都要扯一下皮。"笔者也没有见到副组长潘兴友参加过任何教会内的活动，据说他对草塘教会内的事情一点也不热心，只是因为他家有一位叔叔在贵阳教区做神父，大家才选他做副组长。

教会内的这些分裂力量显然影响了天主教在草塘的传播工作。文连珍就表示："天主教我觉得还是好的，但草塘就是缺少一个好的领导班子，有些领导拿教会的招牌去自己贷款搞钱（指曾华英向教会贷款后私用的事情），柏明碧传教倒是有功劳，但她又不懂

---

① 曾华英从贵阳教区得到一笔贷款，柏明碧认为应将贷款用于教会事务，曾华英则认为款项是以自己的名义贷的，理应由自己支配，双方为此产生矛盾。

'镉刨'（巩固），很多教友一信教后就被她甩下不管了。现在他们内部分帮派，教友都看淡心了，觉得信这个教不应该是这样。以前草塘都有一两千人信，现在减少好多了。原来我们全家都信，现在是'亦可亦得'的（信也罢，不信也罢，都无所谓），他们内部斗得大家都寒心了。"她还说："对门的代家原来在我的劝说下都准备信教的，有一次跟着我去参加教会内的活动，正好遇到那几个人（曾华英和柏明碧）吵架，吵得很凶。代嬢嬢就给我说她怕了，不敢信了。"下堡的白启碧也说："我刚开始还有一点信，后来我发现他们那些人尽喜欢分边边（指分帮派），你和她好她就理你，你和她不好她就一点儿都不搭理你，我就冷心了，现在都不大信了。"对于天主教内部的不和谐音，许多接触过教会的人也都知道，一些人对笔者说："原来都准备信的，以为他们信教的都很善良，他们来给我们讲天主的道理时也说得很好听，可是看他们吵架的样子，骇人得很，这样信教还有什么意思，信了教还不是和我们这些人一样。"总体上，当组织产生了分裂力量的时候，如果不能处理好，这种力量对组织的事业产生的破坏作用将很大。

第六节　小结：组织、宗教与市场

在探讨中西宗教差异以及分析中国宗教的特色时，杨庆堃关于制度型与扩散型宗教的阐释或许最具有影响和理论意义。包括天主教在内的各种制度性宗教"有独立的神职人员组织以帮助诠释神学观念并从事教派崇拜活动"，这是它与中国传统的扩散型宗教的重要区别。[①] 罗德尼·斯塔克则将宗教团体分为排他性和非排他性两类，排他性宗教团体只能接受一种宗教，非排他性宗教团体则理所当然地接纳其他各种宗教。比如，西方的基督教会就是排他性

---

① C. K. Yang, *Religion in Chinese Society*, Berkeley: University of California Press, 1961: 294 – 296.

的，而中国、日本的大多数信众都具有一个以上的宗教选择。"排他性的宗教团体从事于宗教的集体生产；非排他性的宗教团体无法保证集体行为，因此就专注于宗教产品的个体生产"，斯塔克进而认为，"无论何时，只要宗教团体存在促进集体产品生产的情况，宗教团体与其投身者就会要求排他性，以便减轻搭便车的问题"，基督教最终能（在西方）傲视天下，很重要的方面在于"排他性宗教团体比非排他性宗教团体拥有更为强大的机构，能够更好地动员大量的资源，可以提供可信的宗教慰藉，以及真实的世俗利益"，①"历史表明当排他性信仰向非排他性宗教信仰挑战时，在一个相对未被规范的市场里，排他性团体会取得胜利。它们之所以得胜是因为它们有更好的服务和交易，尽管它们的成本更高"②。显然，在宗教市场论看来，拥有严密的组织团体不仅是基督教的一个重要特征，还是它在西方取得傲视天下资本的一个重要保障。

中国传统的制度型宗教虽然在民众的生活中发挥着普遍的作用，但其结构性地位非常低，主要表现在：神职人员（僧道）数量少，往往被分成两三人为一组的单位，彼此之间基本上没有联系；每一个寺观都是一个独立的宗教组织，拥有自己的神灵系统和自己的神学主题；缺乏有组织的信徒的支持，不能充分参与社区的慈善活动、教育活动等有组织的社会生活；没有有组织的集权化的神职人员来支配信徒的宗教生活，等等。结果就是，中国的宗教缺乏有组织的力量。③ 佛教和道教在知识分子看来虽然具有各自的信仰、仪式、组织和神谱，应该具有制度型宗教的特点，但在传统和现实中，普通民众对这两种宗教的认识和信仰却经常混淆，甚至喜欢佛道混合的庙宇和仪式，比如做水陆道场的时候，请僧道一起诵

① 〔美〕罗德尼·斯塔克：《基督教的兴起——一个社会学家对历史的再思》，上海古籍出版社，2005，第243～244页。
② 〔美〕罗德尼·斯塔克：《基督教的兴起——一个社会学家对历史的再思》，上海古籍出版社，2005，第246页。
③ 孙尚扬：《宗教社会学》，北京大学出版社，2001，第235页。

经超度和作法。而佛像、菩萨像、财神像、灶王像等同时祭祀，并
不是什么稀奇的事；道教的寺观中，有观音和释尊的塑像也不是绝
无仅有的现象。① 这种混淆佛道的现象，实在已经弥散到了民众的
日常生活中，具有了强烈的民间宗教的弥散性。这也从另一个角度
说明了民间的佛道教组织结构较松散，组织程度较弱。

但从草塘的情况来看，具有组织化优势的天主教等宗教虽说取
得了一定的市场份额，但远没有达到取得宗教市场优势的地步。从
台湾等地的情况来看，天主教和基督教等组织化的宗教尽管在 20
世纪 70 年代以前发展较快，但是之后传统宗教又迅速发展，不仅
公庙大量增加，② 私人宫坛数量也大幅度增多。③ 台湾民众在 20 世
纪 90 年代的各种宗教术数行为，包括算命、安太岁、改运、看风
水等，都比 20 世纪 80 年代多，④ 而制度化的天主教和基督教的发
展却几乎停滞。这样看来，在现代化程度相当高的台湾地区，组织
化、制度化宗教同样没有取得压倒性的优势。

从以上对草塘天主教的介绍以及对其经营技术的分析，我们看
到，"情感依附"是草塘天主教不断发展的重要因素。另外，通过
本土化策略，草塘天主教使教徒尽量保存了既有的宗教资源，同时
大大降低了张力。而作为一个组织，天主教为其成员提供了归属
感，为其领导成员提供了足够的权威感和成就感，使他们都有足够
的动力为天主教的事业奉献大量的时间和精力。同时，天主教组织

---

① 侯杰、范丽珠：《世俗与神圣——中国民众宗教意识》，天津人民出版社，
2001，第 150 页。
② 李亦园：《田野图像：我的人类学生涯》，台北：土绪出版公司，1999，第 327
页；瞿海源、姚丽香：《台湾地区宗教变迁之探讨》，载瞿海源编《台湾宗教变
迁的社会政治分析》，台北：桂冠图书公司，1997。
③ 李淑慧：《神明住在我家隔壁——谈都市神坛现象》，硕士学位论文，台湾大学
新闻研究所，1999；宋光宇：《神坛的形成：高雄市神坛调查资料的分析》，载
汉学研究中心编《寺庙与民间文化研讨会论文集》，台北：文建会，1995；陈
杏枝：《台北市加蚋地区的公庙神坛》，《台湾社会学刊》2003 年第 31 期，第
93～152 页。
④ 瞿海源：《台湾宗教变迁的社会政治分析》，台北：桂冠图书公司，1997。

有提供"集体见证"的能力，也使它在与非排他性的宗教组织竞争时获得一定的优势。我们同样看到，作为组织成员核心和神权代表的神父如果有足够的勤勉、爱心和牺牲精神为教会事业服务的话，他也会对天主教的发展提供足够大的动力。反之，如果天主教组织内部存在分裂力量，这个组织的优势就会大大削弱，这种力量就会阻止它获取更大的市场。另外，天主教的一些教义本身对促进传教也具有一定的作用。

当然，另一个显而易见的事实是，尽管采取了一些恰当的经营技术和适应策略，草塘天主教在20世纪80年代和90年代取得了高速发展后，并没有如斯塔克预测的那样在与非排他性宗教的竞争中取得压倒性的优势，反而在2000年以后这种发展势头大大受阻甚至停滞了。

从我们上述的分析中似乎可以看到这种发展速度大大降低的原因：天主教组织的内讧、胡大国神父离去后新的神父工作不够勤勉等。而草塘教管组的人则认为，发展减速甚至停滞的最重要的原因，是草塘20多年来由于政府和教会内部的原因一直没有教堂，吴再仁说："平时经常有人对我讲，你们这个教其他都好，就是没有一个'庙'这点不好。"吴再仁坚信，只要有了教堂，草塘的教徒数量会大幅度增长，30%以上的人会入教，曹家福预测得比吴再仁还要乐观。当然也有一些教友试图从社会经济等方面去找原因，已去世的教徒余建德就认为，随着2000年以后农村的发展，在农村大家也越来越忙，因此没有时间来传教和信教了。

笔者也认为上述原因是影响天主教发展的重要因素，草塘如果能够修成教堂（笔者在离开草塘时听说他们跑了十多年的用地和各种手续最终批了下来），则教友聚会将获得更多的机会，这个组织的团体性和凝聚力以及教徒的归属感将会增加，从而更好地发挥宗教组织所具有的优势。但是，上述原因不是阻碍草塘天主教取得更大市场的全部原因，因为，20世纪80年代和90年代的快速发展就是建立在没有教堂的基础上的；从社会经济方面来讲，市场经济实际上在 20 世纪 90 年代初期就开始对农村产生影响了，但草塘天主教在整个 90 年代是增长最快的。但是在 2000 年以后，这种发展势头开始减缓，这种减缓有各种原因，但我们也可以想象，随着 20 世纪 80 年代和 90 年代的快速发展，草塘天主教在适当区位的信徒市场上的发展已经趋向于饱和，其在宗教市场上的发展势头自然就会减缓。台湾天主教和基督教在经过 20 世纪 60 年代至 80 年代初的高速发展后势头受阻，传统宗教重新快速发展的例子，或许具有同样的意义。

第七章

人类学视野及中国宗教图景下宗教市场论的适用探讨

当翻开浩繁的宗教典籍或行走在奇丽的宗教建筑和遗迹间的时候，我们可以感受到佛教的空灵和智慧、基督宗教的厚重和宏大、道教的斑驳与玄奇、伊斯兰教的深沉和执着。宗教，无疑是一种注重心理影响的复杂知识体系，人类对看不见的超自然力量的迷恋总是让无数研究宗教的学者着迷，他们通过各种方法和途径企图一探信仰者心灵的幽微。然而，宗教市场论却将宗教放在经济学理性的手术台上进行解剖，认为宗教信仰是一种"代价—收益"权衡计算的结果，宗教变化的主要元素在于宗教供给者而不在于宗教需求者的变动。这就推翻了宗教非理性的说辞。

宗教市场论是一种宗教社会学理论。宗教社会学的主要任务，就是"从社会学的角度来研究宗教和社会的相互关系，既探讨社会、文化和人的心理、行为对宗教的发生、发展及其功能的影响，也探讨宗教如何反过来影响和制约社会、文化和人的心理、行为"。① 可以说，宗教社会学更关注诸如"社会""关系""结构""权力"等较为宏观的问题。正因为如此，有学者批评"在种种宗教社会学的宏大叙事的挤压之下，宗教活动的担当者——宗教信徒

① 〔美〕托马斯·F.奥戴、珍妮特·奥戴·阿维德：《宗教社会学》，中国社会科学出版社，1990。

群体消失在宗教演化的尘埃之中。或者说，宗教活动的主角——宗教行动者或社会行动者，被专注于宗教制度和宗教演化的宗教社会学家流放了"。①

在此，笔者无意讨论和批评宗教社会学的这种较宏观的研究方法，也无意夸大和制造不同学科之间的鸿沟。与宗教社会学相比，人类学惯用的田野方法和民族志的写作，可能会使人觉得人类学者的研究更"微观"一些。因此，笔者虽引用了宗教市场论这一宗教社会学理论，但在将本研究定位为一种宗教人类学的研究时，希望本研究的田野调查和行文可以避免宗教活动的主角即宗教行动者或社会行动者被"流放"。

基于此，笔者在铺陈草塘各个时期多元宗教市场、宗教供给者和他们的宗教经营时，尽可能多地注意这个市场上活生生的宗教行动者，以及他们具体细致的宗教行为、世俗活动。那么，在人类学这种更为"细致"的视野下，草塘这个中国西部社区所呈现出来的宗教样貌，对宗教市场论构成了一种怎样的解构呢？

如前所述，宗教市场论立足的西方制度化宗教，与中国社会的宗教图景具有极大差异，在宗教市场样貌、宗教竞争和宗教管制、宗教垄断等方面均有极大的不同。下面结合本研究的田野材料，就与此有关的一些问题做进一步的分析和讨论。

第一节　中国宗教图景下的"理性"与"宗教需求"

一　中国民众宗教信仰之"理性"分析

宗教市场论的一个前提是"宗教（头脑）也是理性的"，这一

---

① Gorski, P. S. "Historicizing the Secularization Debate: Church, State, and Society in Late Medieval and Early Modern Europe, 1300 – 1700". *American Sociological Review*, Vol. 65, 2000: 138 – 167.

论点也是宗教市场论遭到诟病、被认为极端庸俗的原因。当本书讲宗教供给者通过对神异资源的经营来占领宗教市场时，其前提也是宗教消费者是理性的：理性的行动者在宗教市场上"消费"宗教"商品"，会像他们消费世俗商品时权衡代价和利益一样，做出理性的选择。也就是说，只有"理性"的宗教消费者，才可能使宗教供给者的"理性"经营变得有效，反过来，如果宗教消费者不是"理性"的，那么，宗教供给者的经营就会无所适从。

那么，我们前面的材料能反映草塘消费者的"理性"吗？按照梁启超的观点，"宗教这东西，完全是情感的，情感这东西，含有秘密性，想要用理性来解剖它，是不可能的"①。那些长期被斥为极端"迷信"的活动如求神拜佛、"烧蛋"、"神药两解"、"算命"、"看水碗"、"跳神"等行为有"理性"的影子吗？笔者认为答案是肯定的。

我们从在草塘所做的问卷调查结果入手来分析。针对"流行的民间信仰和习俗"这一问题，备选答案包含"有影响/有一点影响"及"很相信/有一点相信"，选择"有一点影响/有一点相信"的人比选择"有影响/很相信"的人具有更大的优势。这说明人们对这些流行的民间信仰持的是一种"半信半疑"的态度。这种"半信半疑"本身就是一种理性的态度。在现代科学尚且不能完全证明很多神秘现象的时候，普通老百姓对一些不能完全证明为"无"的东西，持一种半信半疑的态度，这正是一种实事求是的"理性"态度。以"神药两解"为例，对现实的"药"和缥缈的"神"同时信任，这表明了对二者都半信半疑，在"药"的效力不能使人完全信服的情况下，如果以小代价可以请"神"来解决，这不也非常划算？而如果碰巧发生了"灵验"的事情或者别人的讲述强化了这种"灵验"，则"信"与"疑"的比例会发生一些细微的变化，这将促使人们在投资—收益的计算中改变投资方式和

① 梁启超：《梁启超哲学思想论文集》，北京大学出版社，1984，第372页。

策略。因此，即便是少数看起来非常"迷信"的人，也会进行投资—收益的"理性"计算，这样促使他们将更多的信任押向"神灵"一方，而不是如我们日常所说的那样，他们的行为都是没有经过大脑的"愚昧"之举。

在这种半信半疑的态度下，人们的很多宗教行为也称得上很"理性"。以找王蛮子烧蛋的人为例，很多人"不知道王蛮子是否真的看得准"，并认为"可能谁都会蒙到一些"，可见好多人对王蛮子也是半信半疑的，但是他们认为只需要花 2 元钱就可能换来很大的好处（对未来的把握、疾病的痊愈等）还是值得的。一些人表示，即使王蛮子什么也没有做到，2 元钱他们也不在乎。很多求神拜佛的香客对于"菩萨"有没有或是否能带来好处并不会深究，所谓"宁可信其有，不可信其无"，他们烧香拜佛的目的在于：万一有菩萨存在并且真的灵验的话，就会因为烧香而带来很多好处；万一没有菩萨，那点小小的香火钱投资也无所谓。我们可以看出，这些所谓"迷信"的人是在以小投资换取大利益，尽管这种利益实现的可能性比较小，但这种投资—收益比例也比较合算。因此，我们可以在寺庙里看到很多香客与菩萨讨价还价、斤斤计较的情形，比如在笔者调查中，有白虎山观音寺的香客明确表示：菩萨保佑她家来年赚到 1 万元她就给菩萨烧香，赚到 2 万就给菩萨挂红，赚到 5 万就抬猪来敬菩萨。那些出资上万的人，要求的则是高官厚禄或高额经济回报，而不仅仅是赚一两万块钱的事情了。因此，投资 1 万元香火的富翁与投资 10 元的普通农夫，对他们各自来说，其投资意义和投资—收益比的衡量可能是完全一样的。费孝通认为"我们的祭祀很有点像请客、疏通、贿赂"，[①] 人们在对神灵"请客、疏通、贿赂"时的种种奉献和投资，会根据神灵"神力"的大小和所祈求事情的大小而有所区别。这都表明了一种非常"理性"的态度。

---

① 费孝通：《美国与美国人》，三联书店，1985，第 110 页。

正因为传统宗教中的这种投资—收益计算是"理性"的，这种行为就与所谓的文化、知识、阶层、阶级等因素没有太多关系，只不过不同层次和阶级的人，其投资的对象和方式、趣味不太一样。所以，我们可以看到，这些"迷信"行为，绝非所谓"愚昧无知"的老百姓的专利，而是涉及各个阶层、各个文化层次，人们所说的"现在当官的和有钱的最信这一套"，虽然可能有点夸张，但也绝不是空穴来风。

从在草塘调查的情况来看，作为拥有完整组织体系和教义的外来宗教，天主教的教徒也主要不是受教义的感召或"洗脑"而入教的，同样会进行投资—收益的理性计算。正是天主教"可能治好疾病"、较强的集体归属感、信徒死后带来的闹热等有形、无形的"收益"，使信徒在众多教门的选择中，在各种因缘际会下，最终加入了这种委身和张力更高的宗教。他们同样遵循了一条对投资—收益理性计算的路径。

正是从民间信仰到天主教这一系列宗教活动中投资—收益的理性计算行为，使宗教供给者能够根据这一原则来有的放矢地提供相应的宗教产品，迎合、诱引、创造宗教消费者的宗教需求，从而引起宗教市场的复兴与繁荣。从这个意义上说，宗教市场论在中国宗教背景中具有相当大的解释力。

中国社会还有一类宗教活动即以祖先崇拜为核心的活动，与其他宗教活动相比功利性较弱。祭祖时，虽然子孙也希望得到祖先的保佑，但这种利益的计算不是祖先崇拜活动的核心。祖先崇拜的意义更多在于一种慎终追远以及对死去亲人的怀念，而少了功利的计算。在草塘，我们看到，无论是家庭的年度祭祀还是墓祭，人们都是根据亲属关系的亲疏远近和与死者感情亲密的程度，来提供不同数量和种类的祭品。由于祖先崇拜对投资—收益的计算较少，因此不太可能受到宗教供给者经营的影响。无论时代如何变迁，社会如何发展，无论身在故土还是远走他乡，根深蒂固地存在于中国人思想中的"崇祖敬宗"的宗教情感，几乎没有改变。这也影响了民

间宗教组织中的祖师崇拜、行业神崇拜和人祖崇拜等方面等宗教感
情。① 祖先崇拜成了中国人宗教信仰中最稳定的领域。

二　中西宗教需求差异

正如本书导言所强调的那样，尽管本研究的重点在宗教供给面
上，但研究宗教问题，也不可能抛弃宗教需求而获得独断的解释力。
宗教市场论并没有否认宗教需求的存在，像经济学认为"人的偏好
一旦形成，在一定时间内是稳定的"一样，② 宗教市场论也认为所
有的宗教市场都包括一套相对稳定的市场区位。③ 罗德尼·斯达克
则假设一般社会的市场区位分布模型是一个钟形曲线，他解释说：
"假设我们根据人们的宗教愿望和趣味的强度来对他们进行排列，
那么也就是根据他们所能接受的在他们的宗教团体和周围社会之间
的张力程度来进行排列。我们认为结果会近似于一个钟形曲线，人
们会聚集在轴线的中间有中等张力的区域（见图8-1）。当然，真
实的世界无疑不会如图所示的这样平整，但是好像可以合理地假
设，喜欢比中点更高强度和更低强度的人会愈趋愈少。"④ 由于存
在着各自的宗教"区位"，因此宗教多元是先天的，任何一种宗教
都不可能满足所有人的宗教需要，没有一家宗教公司能够"既是
此世的又是彼世的，既严格又纵容，既排他又包容，既善表达又喜
缄默，或者（如亚当·斯密所说）既严峻又松散"。⑤ 每一家宗教
公司都会定位在一个特定的信仰区位或者一组相关联的区位上。

① 侯杰、范丽珠：《世俗与神圣：中国民众宗教意识》，天津人民出版社，2001，第241~254页。
② 胡宏斌、唐振宇、何继想：《"经济人"与现代社会——经济学概说》，云南大学出版社，2004，第2页。
③ 〔美〕罗德尼·斯达克、罗杰尔·芬克：《信仰的法则——解释宗教之人的方面》，中国人民大学出版社，2004，第240页。
④ 〔美〕罗德尼·斯达克、罗杰尔·芬克：《信仰的法则——解释宗教之人的方面》，中国人民大学出版社，2004，第241~242页。
⑤ 〔美〕罗德尼·斯达克、罗杰尔·芬克：《信仰的法则——解释宗教之人的方面》，中国人民大学出版社，2004，第244页。

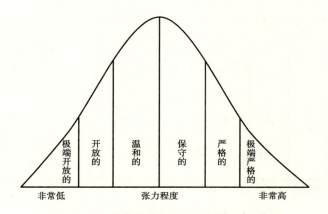

图8-1　斯达克假设的跨宗教区位张力分布

对于中国的宗教市场区位来说，关于宗教市场包含一套相对稳定的市场区位的假设是可行的，斯达克虽没有直接表明上述宗教区位张力分布图是否对世界各地的宗教信徒具有普遍适用性，但他所展示的上述钟形曲线似乎并不符合中国社会宗教需求的区位分布。中国传统宗教具有高度的非排他性，宗教情绪的淡漠与"见神就磕头、逢庙便烧香"的多神崇拜同时存在，[①]大多数人的宗教爱好和趣味趋向于开放度和张力高的宗教。当然，也不排除有一些人喜欢社会张力和委身程度高、极端严格的宗教。因此，中国社会的宗教市场区位分布模型更近似于一个三角形（见图8-2），信徒数量随着张力程度和委身程度的提升而逐渐减少。

应该说，宗教市场上的这一市场区位模型是非常稳定的，它不易因为社会环境的变化而发生变化，即便在20世纪50年代至70年代末期这样的非常时期，宗教场所、宗教行为和宗教仪式在国家的强力压制下几近湮灭，但谁能说民众对以"神、鬼、祖先"为体系的传统宗教信仰和其他更高张力、更高委身的宗教需求（如

---

① 侯杰、范丽珠：《世俗与神圣——中国民众宗教意识》，天津人民出版社，2001。

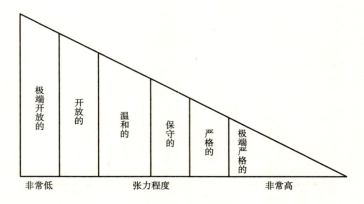

图 8 - 2 假设的中国宗教信徒区位张力分布

天主教、基督教等）就湮灭了呢？它实际上依然牢固地存在于人们的心中，只要有机会，就会以各种宗教行为和仪式表现出来。

既然需求是稳定的，那么考察宗教市场发生变动的主要原因重点就应指向宗教供给者这一因素。宗教供给者是宗教市场的主要变数。这在解放前和解放后草塘的传统宗教市场、寺庙宗教市场和组织化的宗教市场均有所反映。

解放前，草塘的宗教市场几乎由传统宗教一统天下，主要由三对供需关系构成的：个体性的宗教产品供应主要由民间神异人士来供应；集体性的宗教产品主要由社区、社团、宗族以及他们的精英人物来供应；民间秘密宗教团体则供应那些喜欢较高张力、高度委身的宗教消费者。改革开放后宗教市场恢复的时候，由于集体性宗教产品的供应商在 1949 年以后被消灭或削弱，集体性宗教产品供应复苏乏力。从 20 世纪 90 年代中期开始，随着草塘社会、经济的发展，其集体性宗教产品的供给者受到进一步的削弱，那些恢复没多久的集体性宗教活动开始出现难以为继甚至消亡的局面。而数量庞大的民间神异人士的迅速复苏和新兴寺庙的加入，则使个体性宗教供给与消费出现极端繁荣的场面。

那些喜欢高张力、高委身宗教的消费者（斯达克将他们称为

"宗教爱好者"），在解放前的社会中主要由一些秘密的民间宗教组织来满足他们的宗教需求，因为此时天主教和基督教还没有深入到草塘这样偏僻的地方。当国家政权的强力打击使这类宗教供给者无法存在时候，这类宗教消费者就只能隐藏起他们的那种宗教需求或者在低张力、低委身、开放型的宗教中得到一些满足。改革开放后，天主教和基督教这样一些组织开始深入到草塘，并吸引了一批宗教消费者，使草塘的宗教市场变得多元，改变了草塘的宗教市场面貌。

简言之，是宗教供给者提供了宗教市场上的大多数变数。改革开放后各个地方宗教复兴程度的差异，大多可从宗教供给者的身上寻找原因。当我们根据这一关系图景来观察中国的宗教时，我们就会获得另外一种思维方式。比如当甲地的宗教复兴比乙地表现更盛时，我们不是认为甲地的人比乙地的人更信神，而是认为甲地出现了比乙地更加成功的宗教经营者；当观察一个寺庙的滚滚人流时，我们也不止于感叹人们真"迷信"，而是认为该寺庙的经营取得了成功；当甲地天主教盛行而乙地没有人信天主教时，我们也不是认为甲地有比乙地更适合天主教生存的某种社会土壤，而是认为天主教正好还没有来得及进入乙地，或者在乙地经营策略有误而导致经营失败。

第二节　弥散型宗教与组织化宗教的市场之惑

宗教市场论断言，排他性的组织化宗教由于拥有更强大的机构，更容易动员大量的资源，提供更好的服务和交易，以及更好的宗教慰藉和世俗利益，因此将在宗教市场上取得胜利。与中国传统宗教相比，草塘天主教更有组织性。但从草塘的情况来看，具有组织优势的天主教虽说取得了一定的市场份额，但远没有达到取得胜利或者占据优势的地步，这一情形也出现在台湾等地。那么，其原因究竟是什么呢？

一 宗教职业化和宗教公司化下传统宗教的市场之兴

到目前为止,传统宗教无疑一直占据着草塘最大的宗教市场份额。在解放前的传统社会里,传统宗教的这种统治地位来自三个方面:一是传统宗教经常作为社区、社团、宗族及其精英进行权力竞争以及整合社群的客体与象征资源,产生了大量提供集体宗教产品的庙宇和宗教活动;二是职业化的民间神异人士将宗教的神异作为资源和谋生手段,采用各种经营策略与技术以吸引信众,掀起了个人宗教产品的消费热潮;三是各个国家政权对提供较高张力和委身的宗教组织的强力弹压,使这类组织一直没有能够成为市场的重要供应商,只能游走在市场边缘占领小部分的市场。

改革开放后,传统宗教的复兴和繁荣则依赖于两个因素:一是宗教职业化的发展;二是宗教公司化的发展。前者的主体是民间神异人士,后者的主体是寺庙这类宗教组织。

我们知道,以宗教为职业和谋生手段的民间神异人士古已有之,在"文革"期间很多人被迫停业或将活动转入"地下",改革开放后,他们浮现出来并且迅速发展。他们以提供宗教服务作为职业和谋生的手段,宗教成了其经济利益的直接来源。为了获取更大的市场和经济利益,民间神异人士必然会源源不断地创新各种宗教产品以满足个体的宗教需求,这也是中国各种民间宗教活动极大丰富、五花八门甚至匪夷所思的原因。他们的活动还具有极大的扩张性,比如在城市,他们不仅为城市家庭提供超度亡灵等服务,还进入现代化的房地产市场提供"看风水"服务;在农村,他们不仅提供日常的禳解、预测等服务,还进入一贯稳定的祖先崇拜领域,比如祭祀祖先的产品中就出现了"小姐"(不知泉下有知的女性祖先做何感想)、葬礼上跳脱衣舞(据说是越"黄"后代越"丁旺")等看起来有些荒唐的行为。①

---

① 见中央电视台一套《焦点访谈》报道:丧事上跳起脱衣舞,2006年8月21日。

民间神异人士的职业化及其所带来的可观经济利益，不仅使大量不具有"神异"能力的人加入其中"吃神仙饭",[①] 还使一些地方的僧尼和道士加入其中。有论者指出："在市场经济和世俗文化的冲击下，在佛道二教中出现了一批以出家为谋生手段的僧尼和道士。"[②] 很多寺庙的年轻僧人，出家可能就是抱着谋生、"找工作"的目的,[③] 出家后却发现了更广阔的市场，这里不仅可以谋生，甚至还可以致富，于是他们就毫不犹豫地投入宗教市场的经营当中，成了民间神异人士中的生猛力量。正是这种宗教职业化的发展，造就了草塘的"迷信一条街"和王蛮子、龚六品等民间神异人士的火爆生意。而从王蛮子、龚六品、刘朝华等人的竞争中，我们也看到，普通职业化人士的诚信、待人平等、和善以及创新等特质是决定他们宗教经营成败的重要因素。

而新兴的寺庙，则以其宗教公司化的发展，不仅维持了自身的生存与壮大，还成为传统宗教市场勃兴的另一支重要力量。在草塘改革开放后兴起的四个寺庙中，只有一个是在原有寺庙的废墟中重建的，有三个没有任何传统或者对传统并不在乎[④]。这一方面可能受政府的土地政策和管制的影响，另一方面也说明了现代寺庙和传统寺庙存在着极大不同。传统寺庙可资借鉴的资源不多，最根本的原因还在于传统寺庙丧失了集体宗教产品供应的主体地位和原有集体供养体系（庙田和社区、社团的集体捐赠），新兴寺庙变成了个

① 徐宵鹰:《歌唱与敬神——村镇视野中的客家妇女生活》，广西师范大学出版社，2006，第256页。

② 莫法有、林虹:《从温州宗教现状看宗教的世俗化》，《宗教学研究》2000年第1期，第95页。

③ 徐宵鹰:《歌唱与敬神——村镇视野中的客家妇女生活》，广西师范大学出版社，2006，第252页。

④ 解放前白虎山观音寺的对面有一座回龙寺，白虎山观音在寺发展最初曾想与已经消失的回龙寺的传统联系起来，还在回龙寺的废墟上找到了一块断碑，放在白虎山脚下，并将寺庙取名白虎山回龙寺。笔者在2004年造访该寺时，庙门上仍然挂着"白虎山回龙寺"的牌，但是，当寺庙的组织者发现该传统实际上没有多大用处的时候，他们把寺庙的名字改成了"白虎山观音寺"。

体性宗教产品的供给主体，必须靠大众的香火来养活，这就使取悦大众变得对寺庙极为重要。从白虎山观音寺和后岩观的情形来看，要取悦大众，靠的并不完全是"灵验"这样的资源。巍峨的寺庙是物质基础，而这就依赖寺庙组织者的内引外联能力，这样一来寺庙必然朝着"宗教公司化"的方向发展——科层制、股份制、更加注重经济利益、宗教经营方式和经营行为世俗化。当然，寺庙的组织者也在这个过程中发现了经营神异资源所带来的巨大好处——个人权威感、经济利益等，从而更加卖力地将寺庙往宗教公司化方向推动。我们在白虎山观音寺看到，寺庙的"宗教公司化"，极大地提高了寺庙创新宗教产品的能力，使其宗教经营和供给更加专业和有效率，这就会极大地提高寺庙的市场占有能力。

将这种"宗教公司化"的新兴寺庙与传统寺庙相比，我们可以发现两者存在以下几个巨大分野。

第一，传统寺庙自有一套集体性的供养体系，它更多作为集体整合的象征而存在，一般不用在日常生活中提供和创新个体性的宗教产品和服务来取悦大众，因此，传统寺庙除了在集体性的庙会等宗教活动中热闹以外，平时大多是冷清的。新兴寺庙则将它的宗教经营活动从某几个集中的日子变成了全天候，因此，现在寺庙比以前的寺庙平时烧香的人要多。

第二，传统寺庙由于是集体整合的象征，不同的利益和认同群体就需要不同的寺庙来整合，因此传统寺庙数量众多，分布广泛，甚至可能在一些非常偏僻的地方出现；现代寺庙由于要依靠大众生存，大多围绕一些人口较多的城镇和村落建成，除了一些具有较长历史和深厚的宗教资源的寺庙，以及被政府作为文化资源征用和扶持的寺庙，偏僻的地方很难出现寺庙的繁荣。

第三，传统寺庙具有很强的地域性，一方面组织建庙和维护寺庙的往往是本地的士绅或德高望重的善人；另一方面，它的宗教需求者也是本地的，举行的庙会等宗教活动往往也以本地的人作为对象，赶庙会的大多是一些本地人。大家在庙会上相遇交流，共享同样的信仰，这的确可以加强地方的凝聚力和人们的认同感。

新兴寺庙的地域性则几乎丧失，在两方面都发生了变化。一方面，寺庙的修建者不限于本地人。草塘的四座寺庙中，新河村的白虎山观音寺和下司村的后岩观都不是本村人修的。当然，如果说这两座庙的谢忠云夫妻和蒋兴华等人还是可以称得上本地人的话，那新建的桃峰寺却是由大家完全不认识的外地人修建。瓮安县城的观音堂也是这种情况，先是几个县城的人在庙里打理，后来请了贵阳寺庙的一些人来，却不料外来的人经营能力比较强，把先前的那些本地人挤得无处容身，只好跑到县城边上的一个山洞里重开新的观音堂，被旧的观音堂举报后，政府去炸了几次。这说明，只要有资金和经营能力，任何人都可以在新兴的宗教公司中取得成功，而不论他是本地人还是外地人。另一方面，从宗教需求者来说，新兴寺庙不是作为集体整合的象征，也没有多少集体的责任，它的宗教经营自然是不会自我设限为某一个地方，而是尽量运用各种手段去开疆拓土，扩大影响，把它的宗教消费者的范围扩大。因此，我们看到，像白虎山观音寺和后岩观这样的新兴寺庙，即便它继承了传统的香会等形式，但香会的参与者变成了一群不固定的、来自四面八方的信众，纵使有固定的时间，每次聚会的也都是不同的人，仪式就不再有社群的整合与认同的效果了，而变成了地道的宗教经营与消费。

新兴寺庙的这种宗教公司化发展，也同时影响了一些现存的传统寺庙和一些比较大的佛、道庙观（当然，也可能是这些较大的庙观本身的宗教公司化发展推动了乡村庙宇的宗教公司化发展，因为，即便如少林寺这样较大的寺庙，也在解放后发生了庙田等供养体系被消灭的事情），它们具有提供高位的"宗教产品"的能力，因此，它们一旦发生宗教公司化的转变，即具有一般乡村寺庙难以望其项背的经营能力和占领宗教市场的能力。比如我们前面提到了少林寺"CEO"释永信所主导的少林寺的宗教公司化经营，就散发出了巨大的能量。同时，这些大庙也为很多乡村寺庙的公司化发展提供了资金支持和众多的人才资源，促成了很多宗教人员的"跳槽"。比如宫泽兵在湖北仙桃的研究表明，"大庙的一些教职人员愿意去小庙做住持，如果办得好，香火等收入丰厚，一半交生产队，一半属于自己……有些僧道去了南方寺观，那里不仅工资高于内地，而且每次做法事的额外收入也高"①。草塘白虎山观音寺也和上层大庙（弘福寺）的经营有关。

可见，宗教公司化不仅极大地释放了寺庙这样的宗教组织的经营能量，而且使上级大庙与下级小庙之间实现了经营资金和经营人才的融通，共同掀起了传统宗教复兴和繁荣的热潮。

因此，当我们用宗教市场模式来理解和研究中国社会的寺庙时，寺庙就是市场中的公司。它们不是被动的神殿，而是积极的参与者。"除非有国家的残酷垄断，宗教市场就会受市场驱动自由竞争，倾向于非常多元。在宗教自由竞争的前提下，为了赢得信众，宗教产品的提供者必然竭力提供符合社会需要的宗教产品，最终形成'宗教超市'。"② 由此可以预见，寺庙的宗教公司化也许会成为一个全国性的趋势，大庙之所以备受争议，是因为它们提供的宗教产品中加入了太多现代世俗公司的色彩。那些坚持传统宗教的寺庙，其实也是提供传统宗教产品的宗教公司。在自由竞争中，具有现代公司色彩的标准化的宗教产品会占领一些市场，而坚持宗教禅修传统的宗教产品同样也会奇货可居，占领相应"区位"的宗教市场，甚至是更广泛的市场。

二　组织化宗教的市场之惑

在第六章，笔者曾简要分析了草塘天主教市场占有率下降的可能原因：天主教组织的内讧，胡大国神父离去后新的神父工作不够

---

① 宫哲兵：《仙桃市宗教场所和教职人员的消长变更》，《宗教学研究》2000 年第 4 期，第 97 页。

② 〔美〕罗德尼·斯达克、罗杰尔·芬克：《信仰的法则——解释宗教之人的方面》，中国人民大学出版社，2004，第 244 页。

勤勉，没有教堂，2000 年以后农村的发展，等等。笔者认为，除了上述因素外，组织化宗教本身的发展受阻还存在以下更深层次的原因。

第一，"情感依附"是天主教以及其他宗教取得增长的一个重要原因，因此，"掌握保持开放的社会网络以及向新的临近社会网络靠近并渗透的技巧"，① 是保持持续增长的重要动力。也就是说，天主教组织如果处于封闭或半封闭的网络中，没有与教外人员不断建立并维护新的情感依附关系，那么它就会丧失持续增长的能力。而在草塘，天主教在与新的社会网络和临近的社会网络建立新的情感依附关系方面是存在问题的。一方面，有些教徒有一种信仰的优越感，他们（如龚小红）认为不信教的人都像可怜虫，外教人的行为处处不合规范，从而不愿意与他们交往；这类人有较多的天主教知识和文化，本来具有更大的拓展人际关系的能力，但这种信仰上的优越感使他们封闭起来。另一方面，草塘天主教徒的年龄相对偏大，55 岁以上的人居多，特别是热心的教徒，很多已经 70 岁左右了，他们大多数将退出社会舞台，相对来说建立新的情感依附的能力比较弱；他们一生中原有的一些"情感依附"，大多在 20 世纪 80 年代和 90 年代的传教中用完了，这也是天主教能在 2000 年以前取得较快发展的一个原因。至于为什么年轻人偏少，可能存有一定的社会原因，比如在很多村子里，大多数年轻人都外出打工了。

第二，草塘天主教的本土化策略，使信徒能够在尽量保持原有宗教资本的基础上加入天主教组织。但是，这也使进入天主教的门槛变低了，搭便车的人相应也多了起来。很多人都是在情急之下抱着病急乱投医的心态加入天主教的，他们觉得没有必要也不愿放弃原来对各路神仙的信仰，只想享受天主教可能带来的世俗和宗教上

① 〔美〕斯塔克：《基督教的兴起：一个社会学家对历史的再思》，上海古籍出版社，2005，第 24 页。

307

的利益（如天主能医病），而不愿为了天主教组织做出任何牺牲，也不愿在生活中受到更多的教规教义的约束和限制。这将导致天主教组织的整个张力大幅度下降，使一些奉献很多、委身很高的成员怀疑他们的奉献和委身是否值得，从而最终对集体活动造成致命的伤害。在草塘还出现这样的情况：一些教徒在日常生活中偷偷敬拜各种鬼神、赌博、酗酒、生活不检点，基本谈不上宗教委身。天主教的张力越来越高，成员的委身越来越低，它越来越要依靠"灵验"这一招牌，而不是灵性和高委身的宗教生活来吸引大众。这使天主变成了另外一个法力高深的"菩萨"，与佛、道教和民间信仰中成千上万的"菩萨"正面交手。在这种围攻之下，草塘的一些天主教市场就被其他宗教所攻占了（如草塘镇瓮脚寨村本是一个天主教徒非常集中的村寨，但是在委身和张力更高的"基督教"的攻势下，当地教徒几乎全部改教，后来在政府对"基督教"的打击下，才又逐渐恢复），基于此，天主教发展才大幅度减缓。可见，本土化的经营技术可能在短时期内起到作用，但是从长远来看，它可能大幅降低组织的张力和委身程度，使组织创造集体宗教产品的能力下降，从而使整个组织的发展受挫。

第三，宗教市场论是不谈宗教组织经营的经济目的的，它强调的是宗教组织通过主动经营获取宗教分额。但立足更加世俗化和功利化的中国宗教语境，我们却发现经济在宗教经营中的重要作用。其表现为两方面：一方面，宗教经营的经济目的极大地刺激了宗教组织和宗教人物的经营热情，使他们发现了在世俗中难以得到的经济利益和由此带来的权力；另一方面，宗教生活同样需要物质基础，比如修建教堂就一定需要钱，但草塘天主教缺乏源源不断的经济供给，经济来源受限，其宗教经营总显得有点捉襟见肘，增长也自然乏力。

第四，草塘天主教在 20 世纪 80 年代至 2000 年快速发展，2000 年以后增长减慢甚至停滞，而草塘以寺庙为代表的传统宗教虽然在 20 世纪 80 年代复苏乏力，却在 90 年代中后期强劲增长，这二者之间是巧合还是有某种神秘联系或因果关系呢？毋庸置疑，草塘在改革开放后由民间神异人士和一些传统的宗教组织如朝山会、龙灯会等推动了宗教复苏，但在 1995 年前近 20 年的时间里，仅以草塘只有白虎山观音寺一座寺庙来看，传统宗教的复苏还难以用"热"来表达。即便白虎山观音寺在 1984～1995 年的 12 年间一直作为草塘唯一的垄断性寺庙，并且号称香火旺盛，它也没有能够发展成一座更大的合法寺庙，可见其热度也是有限的。但在这一时期，草塘天主教却取得了长足的进展，发展可谓一帆风顺。

1995 年后，后岩观作为白虎山观音寺的竞争对手出现了，而恰好此时白虎山观音寺获得了巨大的发展机遇并逐渐朝"宗教公司化"方向发展，它与后岩观在宗教市场上同时获得了极大增长。巧合的是，在这期间，天主教的发展却出现了停滞的局面，这二者是否有必然的联系，或者是否可以说白虎山观音寺和后岩观打败了天主教呢？笔者不能获得直接的数据支持这一点。但是，可以推测的是，白虎山观音寺和后岩观虽然都只是单独的组织，但其在宗教公司化或朝此趋势发展的过程中，发展了与更大范围内的寺庙或组织团体的关系，使它的组织机能和扩张能力较传统寺庙大幅度提升。而此时由于天主教组织的一些经营技术导致天主教的张力下降，就可能使它提供的宗教产品市场区位与传统宗教的市场区位趋于一致，从而与这些公司化的传统宗教组织面临直接的竞争。天主教内部组织此时恰好出现问题，则出现此消彼长的结果是意料之中的事。由此，我们基本上可以说，天主教的发展速度下降和停滞，除了它自身原因和一些经营技术带来的负面影响外，竞争是一个直接因素。

第五，宗教组织的"科层化"在组织化的宗教内部一直存在，[①] 这也是诸如天主教这样世界性的庞大的组织化宗教存在和扩

①〔美〕罗纳德·L. 约翰斯通：《社会中的宗教》，四川人民出版社，1991，第 108～113 页。

展的必要条件之一。在国内，近年来宗教组织"科层化"甚至"公司化"的发展越来越突出。如一些研究者所言："宗教组织的神圣性成分减少。……宗教团体引进世俗社会团体的领导体制和机制，包括组织原则、分配原则和形式、选举制度、竞争机制。各教均设有经济实体和经营性部门。部分教职人员视'神职'为谋生手段。"① 一些学者认为基督教"教会愈来愈'公司化'，传道自然得'雇工化'。与昔日的情况不同，如今传道人沦为雇工，已不复是长老、执事专擅的问题，却是教会的公司体制所必然导致的"。② 广州市基督教三自"两会"也效仿企业化管理方式，不断加强"管理"，有的教堂购买了计时打卡机，规定教职人员和受聘的干事、工友必须打卡考勤，并将教职人员的"工时"记录上报"三自两会"审查。③

在草塘的传统寺庙和天主教等组织化宗教内部，都出现了"科层化"的趋势，但宗教组织科层化对这二者的影响并不同。如前面田野资料所显示的那样，寺庙的科层化提高了寺庙经营的效率、加强了寺庙内引外联的能力，而天主教组织的科层化似乎没有促使宗教经营效率的提高。寺庙科层化之所以能够有效地提高寺庙的组织能力和经营效率，在于寺庙高层控制了寺庙功德钱收入分配等重要资源，从而能够有效调动和控制寺庙下层，鞭策他们积极努力地工作，以提高宗教产品供应的质量，占领更大的市场。反观草塘天主教等组织，教管组上层所控制的资源有限（直接体现为没有可控制的经济资源），他们虽拥有在一定范围内对宗教礼仪、宗教知识解释的权力，但这种权力并不是独断的，教徒可以从其他宗

---

① 张化：《21世纪中国宗教世俗化发展趋势及引导思路》，《中国宗教学》（第一辑），宗教文化出版社，2003，第90页。
② 刘诗伯：《上帝在教堂内外》（第四章），博士学位论文，中山大学人类学系，2006。
③ 刘诗伯：《上帝在教堂内外》（第四章），博士学位论文，中山大学人类学系，2006。

教人物或者书籍中获得替代性的产品，因此，天主教上层并不能凭借他们所掌握的资源，有效鞭策和督促下层人员积极进行宗教经营以占领更大市场。天主教上层对有限资源的争夺还极大地损害了天主教的经营能力。

总体上，草塘天主教的盛衰历程提示我们：宗教产品的供给者面临的宗教市场是在不断变化的，他们在运用各种经营策略的过程中，这些经营策略本身可能就是一把双刃剑，在帮助宗教组织取得经营成功的同时，也可能带来极大的负面影响，使它提供的宗教产品张力降低，对原来的宗教市场区位失去吸引力。宗教组织者必须根据市场情况的变化，及时调整经营策略，否则，宗教供应商的事业将受到极大影响。

中国的传统宗教组织虽然不具有自上而下的严密组织，但也并非完全没有组织性。一个个寺庙其实就是一个个小而精悍的宗教组织，而这些寺庙在公司化的发展中，又极大地提高了其组织机能和经营能力，使它们在与制度化宗教的竞争中不处于下风，也改变了制度化宗教独霸市场的局面。组织化程度高的宗教如天主教和基督教过于庞大严密的组织，会使其染上世俗组织的众多毛病，如组织资源供应不足、分配不均、官僚主义、对组织成员激励的困难、组织内搭便车、偷懒的人增多等，从而影响组织的发展。高度组织化的天主教，其发展速度不如组织规模较小、组织化程度更低的基督教发展速度快，可能就有这方面的原因。以草塘的实例来看，非排他性的中国传统宗教通过"宗教公司化"发展出极强的组织性和竞争力，因此宗教市场论认为排他性的组织化宗教一定会在宗教市场上取得胜利的论断是很值得商榷的。

第三节 自由竞争与宗教管制下的宗教市场

宗教市场论认为，宗教市场的无管制程度（即市场驱动程度）是理解不同社会宗教性差异的一把钥匙。在宗教市场上，人们的宗教需求长期来说是稳定的，宗教变化的主要根源取决于宗教产品的供应者。如果宗教市场完全受市场驱动，没有外在管制，就必定导致宗教的多元化和竞争，进而产生热切而有效的宗教供应商，提高人们宗教消费的水平，出现宗教的繁荣。相反，如果宗教市场由国家垄断，必定产生懒惰的宗教供应商和无效的宗教产品，进而降低宗教消费的水平。引发宗教的衰弱。当然，宗教市场"永远不能被完全彻底地垄断，即使有国家的全都强制力量做后盾也不能……。当国家的镇压足够强烈时，跟国家支持的垄断者竞争的宗教公司会被迫转入地下活动。但是，一旦镇压放缓，多元就会开始发展"。① 那么，草塘的宗教市场是否遵循了这样一个模式呢？

一　自由竞争促进宗教市场的多元与繁荣

在草塘，各种宗教供给者共处一个市场，虽然各自的经营范围从理论上讲都可以跨越草塘而至无限大，但是，从各种宗教供给者的实际能力来说，草塘是大家首先必须面对的最现实的市场，在这样一个空间之内，各种宗教供给者的竞争是难以避免的。下面我们将他们的竞争态势明确地铺陈开来。

首先，天主教与传统宗教供给者之间存在竞争。天主教是排他性宗教，它信仰的神是唯一的，它不允许自己的信徒再去信仰其他神灵，因而必然用它的神灵去打倒传统宗教的众多神灵，从传统宗教信仰的人群中挖掘信徒。于是，我们就经常可以听到"天主"战胜各路邪神和菩萨的鲜活故事。在笔者的问卷调查中，近24%的天主教徒自述由于"做什么事都不顺，经常被各种鬼、邪神找到"而归信天主教；在因病信教的信徒中，很大一部分也将病痛

---

① 〔美〕罗德尼·斯达克、罗杰尔·芬克：《信仰的法则——解释宗教之人的方面》，中国人民大学出版社，2004，第245页。

归结为各种妖魔鬼怪作祟的结果，他们相信天主是一位比各路菩萨法力更大的神灵。天主教的柏明碧说她在传教过程中一共销毁了60多个"坛神"，其中有几次和坛神斗的过程还很惊险。经常出去埋葬教友的吴再仁则自述多次和道士先生斗法，他说："我们埋人经常遇到道士先生捣乱，有一次埋人时，死者的两个儿子一个信（天主教），一个不信，不信的那个就请了个道士先生来使'千斤压'，说是'压'了棺材就抬不动，结果我洒了圣水后，根本'压'不住，后来道士先生说天主教的法术好深。在松坪埋杨昌华妈时，来了李其兵等好几个道士先生，几个共同使'千斤压'压棺材，结果根本'压'不住。我也不会什么法术，但他们那些东西遇到天主就是不行。"柏明碧和吴再仁的传教过程，基本上充满了与道士先生和其他鬼神的斗争。天主教的龚小红与草塘最出名的道士先生龚六品是叔侄女关系，据龚小红讲，她经常与叔叔辩论。当然，反过来，也有天主被传统鬼神打败的故事。后岩观的张老奶就说："我以前是信天主教的，传过100多家，有一次去一个人家里掀菩萨，结果刚把菩萨摔到厕所里，他家媳妇就倒地了，我回去以后也一直不顺，就不敢再信天主教，到后岩观来服侍菩萨了。"

其次，传统宗教内部竞争也很激烈。传统宗教是来自上层的儒、佛、道与来自下层的各种民间信仰相融合的一种信仰，或许在早期，主要是佛、道之间存在竞争。① 但这种以宗教为界限的斗争，在儒、佛、道相互之间以及它们与民间信仰之间上千年的大融合之中，逐渐消解了，特别是在草塘这样的农村，宗教派别之间更是界限模糊。标榜佛教的白虎山观音寺和标榜道教的后岩观都以多神经营为其重要的经营技术，就是明证之一。没有了不同宗教派别

---

① 草塘的日常度亡者称为道士先生，他们的打醮、画符、驱鬼等行为也属于道教的，但他们认为自己属于佛教，这可能就是当初佛、道竞争，佛教取得胜利的一种结果。

之间的竞争，非排他性的传统宗教的斗争就来自各个利益独立的宗教供给者之间。在草塘，对于来自天主教的竞争，传统宗教的供给者似乎由于其市场优势而没有强烈的反应，但是，对于来自经营同一区位的其他宗教供给者，他们似乎反应很强烈。最主要的表现就是白虎山观音寺和后岩观，他们不仅互不往来，还经常私下里相互攻击，后岩观说白虎山观音寺没文化，靠一个胡编的神话传说；白虎山观音寺的人则认为后岩观的菩萨不灵，人狡猾。在这里我们看到，各个宗教供给者之间的竞争虽然称不上你死我活，却也算非常激烈。

很多宗教学家认为竞争会销蚀宗教的可信性，皮特·伯格则认为只有单一信仰优胜的地方才会存在一个能够激发普遍信心和认同的"神圣帷幕"，多元必定摧毁所有宗教的可能性。[1]斯达克则强调宗教市场的自由竞争是宗教市场繁荣的基础，"如果宗教经济是无管制的和有竞争的，宗教参与总体程度会高。相反地，缺乏竞争，占统治地位的公司会没有效率来维持强劲的日常努力，结果是宗教参与总体程度将会低，普通人最小化宗教代价并拖延宗教代价的支付"。[2]斯达克甚至由此否认在基督教会垄断的欧洲中世纪存在极高的宗教参与，认为过去欧洲的虔敬不过是一个神话。[3]他引用安得鲁·格利雷的话说："不可能有欧洲的非基督教化……因为本来就没有基督教化。基督教欧洲从来就没有存在过。"[4]这完全打破了我们对欧洲中世纪的根本认识——一

[1] Berger, Peter. "A Bleak Outlook Is Seen for Religion". *New York Times*, April 25, 1968; Berger, Peter. *The Scared Canopy*. New York: Doubleday, 1969; Berger, Peter. *The Heretical Imperative: Contemporary Possibilities of Religious Affiliation*. New York: Doubleday, 1979.
[2] 〔美〕罗德尼·斯达克、罗杰尔·芬克：《信仰的法则——解释宗教之人的方面》，中国人民大学出版社，2004，第349页。
[3] 〔美〕罗德尼·斯达克、罗杰尔·芬克：《信仰的法则——解释宗教之人的方面》，中国人民大学出版社，2004，第77~89页。
[4] Greeley, Andrew M. *Religion as Poetry*. New Brunswick, N. J.: Transaction Publishers, 1995, p. 93.

直以来，人们普遍认为欧洲中世纪出现了基督教万流归宗的局面。

我们看到，草塘的宗教竞争虽然谈不上完全自由，却也相当多元化，那么，这种竞争导致了更高的宗教参与程度吗？我们不能用具体的数字来表明草塘宗教参与程度的提高以及其与宗教竞争之间的因果关系，但我们可以从白虎山观音寺和后岩观的直接竞争中来分析竞争与参与程度提高的关系。

白虎山观音寺与后岩观这一对竞争最为激烈的宗教经营者之间，似乎大有你发展我就要受阻的态势。但是，从1995年至今，两地均一直维持着双赢的局面，在这十年中，双方的香客都大幅度地增多了。两个寺庙虽然标榜佛教和道教，但是实际上与具体的宗教无关，两个寺庙吸引的信众区位相同、宗教张力也一样低。每个寺庙都如投向湖面的石子，会引起波的振动，而如果两个波的频率是一样的，则不仅不会相互削减，反而会引起共振，把一地的宗教市场推向更加繁荣。因此，表面上看，两个寺庙是在互相竞争、互相敌视，殊不知他们各自对于对方都很重要。从宗教市场论的观点来看，"非排他性的宗教无法保证集体行为，因此就专注于宗教产品的个体生产，而这种个体生产会大大增加信徒觉察宗教的彼岸补偿的风险的可能性。人们会寻求多样性来分担这种风险，进行尽可能涵盖所有或更多神灵的宗教投资"①。草塘的信徒在进行宗教投资的时候，也会采取这种分散化投资、多多益善的策略，他们不仅投资于多样化的神灵，也投资于多样化的寺庙。于是，我们看到，尽管白虎山观音寺与后岩观的路程不算近（约5公里），但是在农历六月十九的观音香会上，在连接两地的那一条路上，滚滚的香客不断地从一个寺庙奔向另一个寺庙。因此，尽管后岩观的人说

---

① 〔美〕罗德尼·斯塔克：《基督教的兴起：一个社会学家对历史的再思》，上海古籍出版社，2005，第243～244页。

白虎山观音寺"只是一个神话传说",白虎山观音寺说后岩观没有它灵验,白虎山观音寺和后岩观都说猪头菩萨庙是在乱搞,但是殊不知,它们都是在帮助对方,共同把草塘的宗教市场推向了繁荣。

二 宗教市场管制与垄断中的兴衰悖论

在现代社会,宗教自由被公认为人的基本权利之一。据不完全统计,在世界上142部成文宪法中,已有125部规定了宗教自由的内容。[①] 国际公约也将宗教自由作为一项基本人权予以明确规定。[②] 但这并不妨碍各国出于各种需要对宗教活动进行干预和管制。宗教在发展过程中,一般都有其自身的若干清规戒律,以及遵守或尊重世间法规的需求,无论是佛家"佛法在世间不坏世间法"[③],还是道家的"不累于俗,不饰于物,不苟于人,不忮于众"[④] 等,都表明宗教的自我规范与自我制约。从现实看,宗教组织应与其他公民一样守法,联合国《消除基于宗教或信仰原因的一切形式的不容忍和歧视宣言》中就明确规定,宗教信仰自由应限制在"法律所规定以及为保障公民安全、秩序、卫生或道德或他人的基本权利和自由所必需的范围之内"。可以说,任何宗教的绝对自由是不存在的,包括美国等十分强调宗教自由的国家也有管理宗教的法规。虽然斯达克等人充分认识到了政府的宗教管制这一

---

① 〔荷〕亨利·范·马尔赛文、格尔·范·德·唐:《成文宪法的比较研究》,陈云生译,华夏出版社,1987,第148页。

② 如1948年通过的《世界人权宣言》在序言中即申明:"一个人人享有言论和信仰自由并免于恐惧和匮乏的世界的来临,也被宣布为普通人民的最高愿望。"其第18条又进一步指出:"人人有思想、良心和宗教自由的权利:此项权利包括改变他的宗教或信仰的自由,以及单独或集体、公开或秘密地以教义、实践、礼拜和戒律表示他的宗教和信仰的自由。"1966年通过的《公民权利和政治权利国际公约》重申了前述主张,1981年11月25日《联合国消除基于宗教和信仰的一切形式的不容忍和歧视宣言》又对宗教信仰自由做了更全面的规定。

③ 《阿弥陀经》。

④ 《庄子·逍遥游》。

变量对宗教市场的作用，但对此展开的论述不多，更多的是强调宗教市场的供给和需求两方的作用，笔者认为这正是该理论的一个缺陷。

　　在中国，宗教管制是一个从古至今都实际存在、不容回避的问题，要理解中国的宗教市场，必须先了解中国的宗教管制问题。据考证，早在南北朝时期，北齐就设立了鸿胪寺，用来管理佛道宗教事务。不仅如此，此后的历代王朝还给我国的宗教活动定了许多"规矩"，如"度牒制"就曾为许多王朝所沿用。康熙时代的"印票制"也是当时清政府管理基督宗教的一项重要制度。同时，各王朝还可能因为皇帝的偏好而对某些宗教进行打击或扶持。道教在唐朝初期受到重视；武则天则特别推崇佛教；晚唐武帝禁佛（所谓"会昌法难"）。清朝康熙皇帝对基督教的传播在很长一段时间里是持相当开明的态度的，但是后来中国礼仪之争把他惹烦了，他便下了"以后不必西洋人在中国传教，禁止可也，免得多事"的"禁令"。在民间信仰管理方面，各朝代则几乎都发生过"禁毁淫祠"的事情。如明初，朱元璋明确规定，"天下神祠不应祀典者，即淫祠矣，有司毋得致敬"，[①] 为了扫荡淫祠，他采取了建里设坛的方式，"每建里设社坛一所，就查本处淫祠寺观为之，不必劳民伤财"[②]。明初法令规定，凡是民间自主进行装扮神像、鸣锣击鼓、迎神赛会的活动，处以杖一百，并罪坐为首之人。[③] 清代法令也规定：凡各省有迎神赛会者"照师巫邪术例，将为首之人从重治罪。其有男女嬉游花费者，照治家不严例，罪坐家长"[④]。当然，从明、清民国时代各地迎神赛会和庙会的盛行来看，上述法律并没有得到很好的执行，地方官员可能对本地的这些酬神活动也是睁一只眼闭一只眼。不过，从总体上看，各王朝对各种民间宗教活动还是持一

---

①　《明史》卷50。

②　《浒墅关志》卷9《庙宇》。

③　《昭代王章》卷2《禁止师巫邪术》。

④　《光绪大清会典事例》卷766《刑部·礼律祭祀》。

种有限的防范态度，当统治者感到宗教活动危及其统治时，就会毫不犹豫地出手打击。

中华民国成立后，实行政教分离、信教自由的政策。但在民国初期，清末"庙产兴学"① 政策延续，一些豪强恶霸、无赖之徒乘机侵夺寺产，毁坏神像，中饱私囊，各地侵夺寺产和侵害僧道人身的事件频繁。② 为了护教和求存，僧道以信教自由的法律规定为抗争工具，纷纷呼吁北洋政府制止侵占寺产、迫害宗教人士的行为，各地讼争四起，纷纷呈请北洋政府颁行寺庙法规。北洋政府内务部先后颁布了《寺产管理暂行规则》《管理寺庙条例》《著名寺庙特别保护通则》等法律。有学者认为北洋政府对保护寺庙（特别是普通寺庙）缺乏诚意，政策法规漏洞较多，措施不力，导致侵占庙产的现象在整个北洋政府时期非常的严重。③ 应该说，北洋政府对于宗教的传播和发展并没有直接以法规来加以限制，但是现代民族—国家在新文化运动以来一贯奉行的"破除封建迷信"的政策，使民国各届政府多少都对宗教奉行远离甚至蔑视的政策，在行动上限制宗教的传播和发展（当然，对各种受不平等条约保护的"洋教"是例外）。

南京国民政府成立以后，也公开宣称宗教信仰自由的政策，与北洋政府相比，国民政府对宗教的保护加强了。国民政府颁布了一

---

① 光绪二十四年（1898年），光绪帝推行新政，废科举、兴学校。当时因感于财力不足，有人遂倡废庙兴学。湖广总督张之洞上《劝学篇》，主张以佛道寺庙，改充学堂之用。以为天下寺庙，何止数万，都会百余区，大县数十，小县十余，皆有田产，其物皆由布施而来，若改为学堂，则屋宇田产悉具，实简而易行。其办法"大率每一县之寺观，取十之七以改学堂，留十之三以处僧道"，"其改为学堂之田产，学堂用七，僧道仍食其三"。维新运动领袖康有为在"百日维新"期间，亦上书光绪皇帝，请求将全国寺观神祠改为学堂。光绪帝采纳所奏，于二十四年五月二十二日下谕："民间祠庙，其有不在祀典者，即着由地方官晓谕民间，一律改为学堂，以节靡费而隆教育。"

② （清）朱寿朋编《光绪朝东华录》（四），中华书局，1958，第4126页。

③ 郭华清：《北洋政府的寺庙管理政策评析》，《广州大学学报》（社会科学版）2005年第1期，第26~27页。

系列法律、法规对宗教活动进行管理。① 同样，对各宗教的管理力度是不同的。伊斯兰教、天主教和基督教基本不适用相关的法律法规，特别是基督教、天主教一般都有很深的外国背景，有外国条约的保护，对它们只能采取一些泛泛管理的方式。但是，对于中国传统上体系庞杂的民间信仰，国民政府却又试图对之进行清理和整顿、限制人们的宗教信仰自由。国民政府内政部于 1928 年颁布《神祠存废标准》，废除过滥的偶像崇拜和神祇信仰，保留被认为有益风化的宗教和信仰。② 各个地方还根据国民政府的宗教政策和上述规定，进一步制定了法规、规章和管理规定，并根据这些规定，立足于移风易俗的精神，开展了很多轰轰烈烈的"破除封建迷信"的活动。③ 一方面，这些法律、法规和政策对正常的宗教活动有所保护，另一方面，在取缔迷信和营利性宗教活动的过程中，其标准有时是灵活而难以掌握的，一些边缘的佛道教活动也受到了很大限制和打击，一些正常的佛道活动也被当作迷信活动受到禁绝。应该说，民间信仰以及与此相联系的一些佛道活动在这一时期

---

① 比如，颁布的关于宗教登记的《寺庙登记条例》（1928 年 9 月 2 日）、《寺庙登记规则》（1936 年 1 月 4 日），关于寺产管理的《寺庙管理条例》（1929 年 1 月）、《监督寺庙条例》（1929 年 12 月），对宗教活动进行管理的《神祠存废标准》（1928）、《废除卜筮星相巫觋堪舆办法》（1932 年）、关于强制寺庙兴办公益及慈善事业义务的《寺庙兴办公益慈善事业实施办法》（1932 年 9 月）、《佛教寺庙兴办慈善公益事业规则》（1935 年）等法律、法规。

② 《神祠存废标准》，中国第二历史档案馆编《中华民国史档案资料汇编》，第 5 辑第 1 编"文化"之（1），江苏古籍出版社，1994，第 495～506 页。

③ 比如 1930 年广州市根据内政部《废除卜筮星相巫觋堪舆办法》颁制定《广州特别市僧道尼执业取缔规则草案》，规定：僧道尼诵经，以佛道藏经为限，不得套用俗调。不得承接书符、施咒、择日、回煞、问米、扶乩、问签、破地狱、过刀山、度仙桥、跳茅山、种银树、烧神炮、看水碗、卖圣水、求神方、烧纸马、送千灾、盂兰会、万人缘、打生斋、接送亡魂、嫁娶亡魂、走五丈文等，违者处 5 日至 20 日的拘留或 5 元至 20 元的罚金。市民请僧道尼诵经，无论在家或在寺观、庙宇或庵堂内，时间以上午 8 时至晚上 12 时为限，不得当街焚烧纸扎，违者勒令停止，并处以 5 日以内的拘留或 5 元以下的罚金。1933 年广东省政府训令查禁寺庙设置签筒药单。1937 年 1 月，广州市公安局报省政府查核后通令："嗣后不得再有在道馆内或赴丧葬及喜事人家做拜斗、召亡、做亡、放焰口、度仙桥及一切祈禳等情事。"

受到了很大打击。①

　　同时，国民政府还加强了对宗教宣教工作的管理，颁布的《寺庙管理条例》《文化团体组织大纲》以及其他一系列法律、规章、制度都明确规定，各宗教在宣教过程中，其宗旨与内容要与国民党的意识形态保持一致，不得越出三民主义的范围。②

　　笔者在草塘的调查表明，在民国初期，虽然"庙产兴学"等政策已经波及草塘，草塘小学、下司小学等学校也是 1913 年在寺庙的基础上改建而成的，但整个民国时期，传统宗教活动在草塘还是相当自由的。笔者在草塘访谈蒋兴华、马万全等老人时，他们回忆当年的情景，认为"当时没有一贯道、会道门这些说法，各个教派的活动都相当自由，宗教活动主要由'三教会'来管理，'三教会'是一个宗教自治组织，由何斋公、杨协兵这样一些草塘街上的大善人组成，比如修戏楼、组织庙会之类的活动，政府一般并不会干预"。

　　1949 年中华人民共和国成立后，尽管宪法明确规定了宗教信仰自由，但是并没有得到真正的贯彻执行，"鸦片论"和"虚幻论"是政府对宗教的基本认识。在 1957～1976 年近 20 年中，关于宗教的一切基本上被当作"封建迷信"，被改天换地的热情所打倒了。在这期间，虽然没有法律明确限定宗教信仰自由，但从五大宗教到民间信仰的系列宗教活动基本上受到了禁绝。

　　十一届三中全会以来，我国的宗教政策日趋完善，宗教信仰自由开始得到保障。中央明确提出了"积极引导宗教与社会主义社

①　郭华清：《国民党政府的宗教管理政策叙略》，《世界宗教研究》2005 年第 2 期，第 25～26 页。

②　参见《国民党第三届中执会第六十七次常务会议通过的文化团体组织大纲》（1930 年 1 月 23 日），中国第二历史档案馆编《中华民国史档案资料汇编》第 5 辑第 1 编"文化"之（2），江苏古籍出版社，1994，第 1017、726 页；《中华民国史档案资料汇编》第 5 辑第 1 编"政治"，江苏古籍出版社，1994，第 493 页。转引自郭华清《国民党政府的宗教管理政策叙略》，《世界宗教研究》2005 年第 2 期，第 25～26 页。

会相适应"，宗教信仰同我国主流意识形态之间的紧张关系逐渐缓解，宗教组织开展宗教活动的条件日益改善。国家先后颁布了《宗教活动场所管理条例》（1994 年，已失效）和《中华人民共和国境内外国人宗教活动管理规定》（1994 年）、《宗教社会团体登记管理实施办法》（1991 年）、《宗教活动场所年度检查办法》（1996 年）、《宗教事务条例》（2004 年）、《宗教活动场所设立审批和登记办法》（2005 年）等法规、规章来规范管理宗教活动。尽管国家的宗教政策有明确的规定，但是各地宗教管理部门和官员对于宗教管理的认识不尽相同。从笔者在草塘调查的情况来看，目前政府宗教管制体现在以下几个方面。

第一，对宗教活动在物质形式方面进行限制。宗教活动的物质基础主要是活动场所，而无论是建庙观还是教堂，首先需要土地。在我国，土地属于国家或集体所有，政府完全掌握了土地供给的权力。比如草塘天主教堂的用地十多年都没有批下来，后来批了土地后也因为各种原因而再三变动，至今悬而未决。即便土地批下来，其后建筑中还需各种审批手续，每个环节都可以使宗教场所的建设搁浅。笔者在调查中感到，有些地方政府对于宗教类建筑的建设可能会持消极抗拒的态度（有些官员不一定对宗教有偏见，但鉴于宗教问题的敏感性和少惹麻烦的官场心理而尽量推卸此类事件），宗教组织要拿到审批手续实际很难。政府可以通过这样的方法消极地应对宗教组织的活动，降低宗教组织的活动能力。

第二，宗教的传播范围受到一定限制。宗教信仰同我国主流意识形态之间的紧张关系逐渐缓解，宗教组织开展宗教活动的条件日益改善。但是，唯物主义是我国社会的主流意识形态，政府的宗教政策使宗教界不能到社会上公开传教，非宗教人士也不能到各寺庙观堂宣传无神论。在一些地方、部门，这一政策也没有得到很好的贯彻，有的地方出现侵犯群众宗教信仰自由的情况。依照有关规定，宗教活动必须在法定的宗教活动场所进行，使宗教事实上成了寺庙宗教、禅院宗教、教堂宗教，宗教社会化程度非常低。

第三，宗教活动合法与非法的界限不甚清楚，导致有可能使正常的宗教活动受到限制。一些宗教法规的用语含糊不清，造成宗教合法与非法的界限模糊，宗教管理的权限难以界定，宗教组织难以对其合法权益依法救济。比如，"正常的宗教活动"这个用语通用于我国有关宗教的立法和文件当中，对其含义人们早已习焉不察。如我国《宗教事务条例》第二条指出"国家依法保护正常的宗教活动，维护宗教团体、宗教活动场所和信教公民的合法权益"。据此，"正常"与否是决定宗教活动受保护还是被禁止的判断标准。但什么是"正常"的宗教活动；是否存在一个统一、明确的"正常"标准；如何区分"迷信"和正常；如何判断自称为宗教的组织是否"冒用宗教、气功或者其他名义"，"损害人民身体健康"，"破坏社会秩序"，从而构成最高人民法院和最高人民检察院联合发布的《关于办理组织和利用邪教组织犯罪案件具体应用法律若干问题的解释》（以下简称《解释》）定义的"邪教组织"；等等，《刑法》第300条和《解释》对此都没有也不可能明确说明。更重要的是，在一个宪政国家，政府是否具有界定正确或错误宗教的天然权力，国家是否可以作为宗教的裁判者，都是非常值得思考的。再如，按一些宗教管理者的看法，只有五大宗教是合法的，其他的一些宗教都可以认定为非法，而具体认定为哪一种宗教，却不是靠信教者自己说了算数的。简言之，凡是没有登记的宗教组织和团体都可以被认定为非法，但"有不违反宪法、法律、法规的章程；有合法的经济来源；有可考的、符合我国现行宗教历史沿革的、不违背本团体章程的经典、教义、教规；组织机构的组成人员有广泛的代表性"等登记的条件，[①]却有些语焉不详，弹性太大，是否符合上述条件的解释权还是集中在登记机关手里。由于没有界定宗教界限的具体法律法规和标准，政府完全可以将某些宗教组织贴上

① 见国家宗教事务局和民政部1991年联合颁布的《宗教社会团体登记管理实施办法》第四条之规定。

"打着某某教幌子的邪教或非法组织""封建迷信""没有历史沿革"等标签，从而拒绝登记。因此，法律法规规定不甚明了，实际上使政府宗教管制的权力难以受到有效的限制，宗教组织在其权利受到侵害时，难以得到有效的救济。

　　总体上，政府具有界定宗教及其组织合法与非法的绝对权力。但现实中，在严苛的宗教管制之下，一些地区特别是一些乡村地区的宗教发展却又相当自由。比如，笔者所调查的草塘，天主教虽然受到修建教堂等问题的限制，但其传教活动受到的限制并不多；对一些邪教组织的打击也是阶段性、运动型的，对其在农村的小规模传教活动实际上很难长期有效控制。包含儒、佛、道的各种传统宗教活动，尽管国家也完全掌握其"合法与非法"的解释权，在法律上也存在被管制的可能性，随时可被定义为"迷信"，但实际上，各类民间信仰在各地都处于相当自由的境地。仅就笔者在草塘的调查来看，政府机关时常限于经费的不足和行政工作的懈怠而对某些越界的宗教活动睁一只眼闭一只眼。比如瓮安全县批准的合法的佛、道宗教场所只有四个，但是各地寺庙呈现遍地开花的局面，先修庙后申报、先塑菩萨后报建或者干脆就一直不报都是很普遍的现象，而那些所谓非法营建的宗教场所长期营业红火，政府虽完全掌握，但一般不去过问。就草塘而言，即使是白虎山观音寺和后岩观，也是在建成多年后才在政府登记；另两座寺庙——猪头菩萨庙和桃峰寺，至今没有登记，但这丝毫没有影响它们的活动。一些合法登记的寺庙在具体宗教活动时也常打"擦边球"，采取各种"先上车，后买票"做法。比如，2006年3月，草塘后岩观要塑一座30多米高的露天观音像，据说依法应该报国家宗教事务局批准，但后来没有任何手续就建成了，县民宗局也只好认可了这一事实，政府部门的很多官员还参加了开光大法会，捐了款。另外，对于那些被认为迷信的算命、烧蛋、叫魂、拴胎等活动，不仅没有受到限制，反而形成规模很大的一条街公开经营，地方政府定期向他们收取一定的税费。

因此可以认为，像草塘这样的地方，宗教的发展在一定程度上是自由的，一个有宗教供需、宗教竞争的市场是客观存在的。在中国这样的宗教管制背景下，宗教市场论也是具有解释力的。

可以说，中国社会虽从古至今存在对宗教的管制，但由于从来没有出现过全国性的"政教合一"的政权，没有出现过真正意义上以国家全部强制力量为后盾的宗教垄断，没有过西方社会基督宗教"一统天下""万流归宗"的宗教垄断格局，因此，这种管制始终是有限的，对大多数宗教教派和活动表现出了相当的宽容。即便是"三武一宗"四次灭佛，虽然有道教人物在背后推动，[①] 但也没有造成道教独霸市场的局面；同样，佛教极度兴盛的南北朝时期同时也是道教大发展的时期，"拜火教"等外来宗教也在中国找到了立足的市场。[②] 从这个意义上说，宗教市场论的范式是正确的，由于管制程度相对较低，中国社会的宗教多元和高度的宗教参与始终是存在的：在大传统领域，长期存在儒、释、道三教的竞争与融合；在小传统领域，各种民间信仰纷繁复杂，对民众生活的影响深入骨髓，又与上层的三教融合渗透；在秘密社会领域，混杂了各种信仰的民间宗教组织（当然，有些民间宗教组织在一些特定时期是公开的，如元初叶与中叶的白莲教、三一教等都具有相当的公开性）风起云涌，甚至不时掀起大规模的起义。

但是，中国社会也确实存在过强度稍低、时间较短的宗教相对垄断时期，如南北朝时期对佛教的提倡与扶持、唐初和元初对道教的弘扬，都在一定程度上属宗教垄断，这种垄断促进了佛教和道教的发展和那个时代的宗教繁荣，这似乎和宗教市场论"国家垄断导致宗教的衰弱"的论断不相符。笔者认为，"垄断导致衰弱"从长远的发展趋势来看可能是正确的，但在一些特定情况下和短时期内却未必如此。对此，我们可以用经济领域的垄断行

---

① 牟钟鉴：《中国宗教通史》，社会科学文献出版社，2003，第457～458页。
② 牟钟鉴：《中国宗教通史》，社会科学文献出版社，2003，第322页。

为来解释。在经济领域，自由竞争是市场经济的基础，垄断是市场经济的大敌和毒瘤。但垄断是否必然导致市场繁荣的中断和萧条？其实也不尽然。垄断可能集中优势资源，垄断势力可能在其周围集中一大堆的攀附者，垄断势力也可能以其垄断能力扶持众多产业，从而出现垄断行业一定时期的繁荣。比如目前政府主导下的一些垄断行业，虽然让老百姓痛恨，但也给垄断企业集中资源发展本行业提供了可能，如果没有垄断，电信、铁路等行业是否能够积聚到足够的资本发展到今天的水平还是一个未知数。就宗教市场来说也是如此，宗教及其组织与其他社会组织一样，其维持与发展（成员的增多和规模的扩大）需要对成员进行训练与开展教育、福利和服务等社会化活动，[①] 并且"宗教和信仰往往不是单纯的宗教和信仰，它们常常被镶嵌在权力和秩序之中而难以得到一种纯粹的呈现形式"。[②] 国家对某种宗教的提倡和垄断，可能为宗教组织提供这些社会化行为所需要的物质资源，并且由于权力和秩序对资源的天然吸附性，使附着在其上的宗教也同时获得这些发展资源的支持而出现一时的繁荣。因此，宗教垄断并不像宗教市场论断言的那样一定导致宗教的衰弱。

中国宗教市场信徒区位分布的不同特点，也可能影响宗教管制问题。如前面所言，中国社会的宗教市场区位分布模型更近似于一个三角形，信徒数量随着张力程度和委身程度的增强而逐渐减少。在这样的宗教信徒区位分布下，一些高张力的宗教组织与大众宗教信仰的区别就特别明显，使这类宗教的张力显得特别高，也就显得特别另类，从而刺激政府对某些高张力宗教进行管制。当然，即便是十分残酷的国家管制，也不能完全限制这些宗教的活动，"文革"时期在草塘有民间宗教组织、天主教和基督教秘密活动就是

---

① 〔美〕罗纳德·L. 约翰斯通：《社会中的宗教》，四川人民出版社，1991，第 93 ~ 108 页。
② 李向平：《信仰、革命与权力秩序（自序）》，上海人民出版社，2006。

如此，当然，也由于中国社会喜欢高张力、高委身宗教的信徒比例并不大，因此这种管制所引起的反抗显得并不十分剧烈。中国几千年来虽然常有民间宗教组织起义，但往往难成气候，这可能是其中的一个原因。

至于中国社会为什么会形成不同于西方或其他国家的宗教市场信徒区位分布，宗教市场论无法对此做出解释，而宗教人类学和其他学科通过挖掘宗教背后深层次的社会、文化原因就具有了更好的解释框架和模式。另外，自然崇拜等宗教信仰现象，只有宗教需求方，而无宗教供应者，宗教市场论对此显然也缺乏解释力。不过，笔者认为，像草塘人为什么会去崇拜一棵大树或者一块大石头之类的问题，还是"宗教为什么会产生"这样一个宗教学上至今难以回答的基本问题的一部分，宗教市场论所解决的，更多是某些宗教为什么得到传播、为什么在一个地方取得优势等问题。我们可以认为，当宗教只是一种朴野信仰的时候，宗教市场论没有用武之地，当宗教被镶嵌在权力和秩序之中后，宗教市场论就开始具有了较大的解释力。[①] 通过本书所铺陈的田野资料可以看到，即便在中国这样弥散型宗教和制度化宗教混合的地方，宗教市场论对于众多宗教现象也具有强大解释力。但是，宗教市场论也存在一定的缺陷，它可能是研究宗教问题的一个新范式，但采用该范式也不能抛开人类学、宗教学甚至神学等的宗教研究基础而获得对宗教问题独断的解释力。

总体而言，在草塘这样一个宗教市场空间下，我们看到，宗教从来就是一种神异资源。宗教组织（个人）与其他社会组织、个人之间，以及宗教组织内部，通过宗教这一神异资源，来进行各种权力和利益的运作。无论是职业化的民间神异人士，还是公司化的

[①] 当然，什么是朴野的宗教，什么时候宗教开始被镶嵌在权力和秩序之中，并不会有一个明确的时间界限。应该说，人从来就是社会的人，宗教大多是一种社会化的行为，宗教信仰本身、信仰者和其他宗教消费者、宗教组织，大多是从一开始就被镶嵌在了整个社会的权力和秩序结构之中了。

寺观，还是外来的组织化的天主教，都自觉和不自觉地卷入对该资源的经营和对市场的争夺，他们努力创造更好的宗教产品来取悦大众，诱引和激起了大众的宗教需求，大众也在宗教消费之中，与这些宗教的供应商共同创造着宗教市场的热潮。

最后，我们在本研究的观点下，从草塘这个偏僻之所的宗教市场跳出来，放眼全国甚至更广阔的宗教市场时，可以发现，"宗教经营造就宗教市场的繁荣"之类的观念也许应该是一个常识性的论断了，尤其在香港、台湾等地更是如此。香港的寺庙登记为公司并在大陆各地扩展业务。台湾的各种从事术数活动的人物、私人的坛庙在繁华闹市发展店铺公开经营并进入娱乐界娱乐大众，而台湾佛教更是不断推陈出新、占领市场。以台湾佛教界竞争激烈的四大道场为例，四大道场提供的宗教产品各具特色，[①] 在有效经营和激烈竞争中，共同将台湾的佛教推向更加繁荣的局面。

也许，在宗教走过了神圣，走过了污名，走过了灵性，也走过了迷信之后，商业服务已成为其发展的大趋势。以企业的观念，为社会提供一种好的产品、好的服务，才是宗教的未来和宗教的宿命。

---

① 魏德东：《台湾佛教的创新与特色》，《中国民族报》2006 年 5 月 30 日。佛光山标榜文化、教育、慈善、共修等四大事业，它以麦当劳式的连锁形式出现，具有统一的组织架构、统一的标识、统一的活动形式，乃至统一的微笑和告别手语，使佛光山派成为世界上影响最大的汉传佛教道场。慈济功德会有所谓四大志业、八大事业，其慈善及医疗事业尤其突出。它发展了全球 1000 万会员，在 200 多个国家和地区救灾，其灾害救助能力在许多方面已经超过了国家的力量。法鼓山的道场的特色集中于科研与教育。法鼓山的中华佛学研究所在资料建设、佛典数据化、佛教教育、佛教出版等方面，都有很高的水准。因此对文化程度较高的知识分子信教群体形成了独特的摄受力。中台禅寺以禅修立世，以其保守性赢得市场份额。其所建筑的中台禅寺，高大雄伟，无与伦比，成为台湾中部的新地标。

参考文献

一　中文专著及译著

1. 〔英〕爱德华·泰勒：《原始文化》，广西师范大学出版社，2005。

2. 〔英〕埃文思－普里查德：《努尔人》，赵旭东等译，华夏出版社，2002。

3. 〔英〕鲍伊：《宗教人类学导论》，金泽等译，中国人民大学出版社，2004。

4. 〔加〕卜加民：《为权力祈祷：佛教与晚期中国士绅社会的形成》，江苏人民出版社，2005。

5. 陈垣：《明季滇黔佛教考》（上、下册），河北教育出版社，2000。

6. 陈进国：《信仰、仪式与乡土社会》（上、下册），中国社会科学出版社，2005。

7. 戴康生、彭耀：《宗教社会学》，社会科学文献出版社，2000。

8. 〔日〕渡边欣雄：《汉族的民俗宗教——社会人类学的研究》，周星译，天津人民出版社，1998。

9. 杜赞奇：《文化、权力与国家》，王福明译，江苏人民出版社，2003。

10. 费孝通：《江村经济——中国农民的生活》，商务印书馆，2003。

11. 费孝通：《乡土中国　生育制度》，北京大学出版社，1998。

12. 费孝通：《费孝通文集》（第一、二、四、五卷），群言出版社，1999。

13. 〔英〕弗雷泽：《金枝》，赵明译，中国民间文艺出版社，1987。

14. 〔英〕弗雷泽：《魔鬼的律师——为迷信辩护》，阎云翔、龚小夏译，东方出版社，1988。

15. 〔美〕格尔茨：《地方性知识》，王海龙等译，中央编译出版社，2000。

16. 郭于华：《仪式与社会变迁》，社会科学文献出版社，2000。

17. 黄淑娉、龚佩华：《文化人类学理论与方法研究》，广东高等教育出版社，1996。

18. 黄淑娉：《广东族群与区域文化研究》，广东高等教育出版社，1999。

19. 黄树民：《林村的故事》，素兰、纳日碧力戈译，生活·读书·新知三联书店，2002。

20. 何国强：《围屋里的宗族社会》，广西民族出版社，2002。

21. 侯杰、范丽珠：《世俗与神圣——中国民众宗教意识》，天津人民出版社，2001。

22. 〔日〕吉田祯吾：《宗教人类学》，王子今等译，陕西人民教育出版社，1991。

23. 金泽：《宗教人类学导论》，宗教文化出版社，2001。

24. 〔美〕柯文：《历史三调——作为事件、经历和神话的义和团》，杜继东译，江苏人民出版社，2000。

25. 〔美〕孔飞力：《叫魂》，陈兼译，上海三联书店，1999。

26. 〔日〕濑川昌久：《祖谱：华南汉族的宗族、风水、移居》，钱杭译，上海书店出版社，1999。

27. 欧大年：《中国民间宗教教派研究》，上海古籍出版社，1993。

28. 彭小瑜：《教会法研究》，商务印书馆，2003。

29. 梁景之：《清代民间宗教与乡土社会》，社会科学文献出版社，2004。

30. 梁丽萍：《中国人的宗教心理》，社会科学文献出版社，2004。

31. 李亦园：《人类的视野》，上海文艺出版社，1997。

32. 李亦园：《李亦园自选集》，上海教育出版社，2002。

33. 李向平：《信仰、革命与权力秩序》，上海人民出版社，2006。

34. 林耀华：《金翼：中国家族制度的社会学研究》，生活·读书·新知三联书店，2000。

35. 刘小春：《仪式与象征的秩序——一个客家村落的历史、权力与记忆》，商务印书馆，2003。

36. 〔美〕罗德尼·斯达克、罗杰尔·芬克：《信仰的法则——解释宗教之人的方面》，杨凤岗译，中国人民大学出版社，2004。

37. 罗莉：《寺庙经济论》，宗教文化出版社，2005。

38. 〔美〕罗纳德.L.约翰斯通：《社会中的宗教》，四川人民出版社，1991。

39. 〔德〕马克斯·韦伯：《新教伦理与资本主义精神》，生活·读书·新知三联书店，1987。

40. 麻国庆：《走进他者的世界》，学苑出版社，2001。

41. 麻国庆：《家与中国社会结构》，文物出版社，1998。

42. 〔英〕马凌诺夫斯基：《西太平洋的航海者》，梁永佳、李绍明译，华夏出版社，2002。

43. 马西沙：《中国民间宗教简史》，上海人民出版社，2005。

44. 〔德〕马克斯·韦伯：《儒教与道教》，王容芬译，商务印书馆，1995。

45. 〔美〕皮特·伯格：《世界的非世俗化——复兴的宗教及全球政治》，上海古籍出版社，2005。

46. 〔美〕施坚雅：《中国农村的市场和社会结构》，史建云、徐秀丽译，中国社会科学出版社，1998。

47. 宋会群：《中国术数文化史》，河南大学出版社，1999。

48. 孙尚扬：《宗教社会学》，北京大学出版社，2001。

49. 〔日〕田仲一成：《中国的宗族与戏剧》，钱杭、任余白译，上海古籍出版社，1990。

50. 〔法〕涂尔干：《宗教生活的基本形式》，渠东等译，上海人民出版社，1999。

51. 〔法〕涂尔干：《乱伦禁忌及其起源》，渠东等译，上海人民出版社，1999。

52. 〔英〕王斯福、王铭铭主编《乡土社会的秩序、公正与权威》，中国政法大学出版社，1997。

53. 〔美〕王笛：《街头文化——成都公共空间、下层民众与地方政治，1870～1930》，李德英等译，中国人民大学出版社，2006。

54. 〔美〕韦思谛：《中国的大众宗教》，陈仲丹译，江苏人民出版社，2006。

55. 谢和耐：《中国5－10世纪的寺院经济》，上海古籍出版社，2004。

56. 许地山：《扶箕迷信底研究》，商务印书馆，1931。

57. 阎云翔：《礼物的流动》，李放春译，上海人民出版社，2000。

58. 余英时：《儒家伦理与商人精神》，广西师范大学出版社，2004。

59. 余英时：《中国思想传统的现代诠释》，江苏人民出版社，1995。

60. 余英时：《士与中国文化》，上海人民出版社，1987。

61. 张坦：《窄门前的石门坎》，云南教育出版社，1992。

62. 翟学伟：《中国社会中的日常权威》，社会科学文献出版社，2004。

63. 赵旭东：《权力与公正——乡土社会的纠纷解决与权威多元》，

天津古籍出版社，2003。

64. 赵世瑜：《狂欢与日常——明清以来的庙会与民间社会》，生活·读书·新知三联书店，2002。

65. 郑振满、陈春声主编《民间信仰与社会空间》，福建人民出版社，2003。

66. 郑志明主编《宗教与非营利事业》，宗教文化研究中心，2000。

67. 郑志明：《台湾新兴宗教现象：传统信仰篇》，台湾嘉义：南华管理学院宗教文化研究中心，1999。

68. 郑志明主编《全国百庙与心灵改革文集》，台湾嘉义：南华管理学院宗教文化研究中心，1997。

69. 周星主编《社会文化人类学讲演集》（上、下），天津人民出版社，1997。

70. 朱晓阳：《罪过与惩罚》，天津古籍出版社，2003。

71. 庄英章：《林圮埔》，上海人民出版社，2000。

72. 中国社会科学杂志社编《人类学的趋势》，社会科学文献出版社，2000。

73. 中华续行委办会调查特委会编《中华归主》，中国社会科学院世界宗教研究所（内部发行），1985。

二　学术论文

1. 蔡志祥：《香港长洲岛的神庙、社区与族群关系》，载郑振满、陈春声主编《民间信仰与社会空间》，福建人民出版社，2003。

2. 陈春声：《正统性、地方性与文化的创制——潮州民间信仰的象征与历史意义》，《史学月刊》2000年第1期。

3. 陈春声：《宋明时期潮州地区的双忠公信仰》，载郑振满、陈春声主编《民间信仰与社会空间》，福建人民出版社，2003。

4. 陈春声、陈树良：《乡村社会与地区历史的建构》，《历史研究》2003年第5期。

5. 陈晓毅：《交响与变奏：青岩宗教生态平衡的人类学研究》，博士学位论文，中山大学，2004。

6. 黄挺：《民间宗教信仰中的国家意识与乡土观念——以潮汕双忠公崇拜为例》，载郑振满、陈春声主编《民间信仰与社会空间》，福建人民出版社，2003。

7. 陈保亮：《宗教势力对农村社会的危害及对策》，《学习论坛》2000 年第 5 期。

8. 陈松友、刘辉：《现代迷信和有神论泛滥原因简析与对策建议》，《思想理论教育导刊》1999 年第 10 期。

9. 成穷：《意义求索与宗教信仰——对当今宗教热现象的一种注解》，《西南民族学院学报》（哲学社会科学版）1999 年第 3 期。

10. 崔小天：《破除民间迷信与邪教论析》，《黑龙江社会科学》2004 年第 6 期。

11. 范丽珠：《中国民众宗教意识的社会土壤》，《天津社会科学》1993 年第 3 期。

12. 范涛：《林美容教授在民间信仰研究中的开拓和创新》，《广西民族学院学报》（哲学社会科学版）2001 年第 5 期。

13. 高丙中：《民间的仪式与国家的在场》，载郭于华主编《仪式与社会变迁》，社会科学文献出版社，2000。

14. 高长江：《论现代化运动中宗教文化的价值》，《世界宗教研究》1998 年第 2 期。

15. 高师宁：《试论现代化与新兴宗教》，《世界宗教研究》1999 年第 4 期。

16. 宫哲兵、周冶陶：《90 年代湖北省宗教现状及其分析》，《社会主义研究》1999 年第 3 期。

17. 龚学增：《中国宗教现状及发展趋势》，《中央社会主义学院学报》1998 年第 6 期。

18. 关键：《当前我国宗教问题研究综述》，《青海民族研究》1999 年第 4 期。

19. 金以枫：《中国共产党宗教政策发展述略》，《当代中国史研究》1999 年第 5 期。

20. 兰世辉：《对民间宗教价值的反思——以湖南文江为案例》，《广西民族研究》2005 年第 3 期。

21. 郎友兴：《宗教社会学：研究取向、对象和学科性质》，《浙江社会科学》1993 年第 1 期。

22. 李亦园：《新兴宗教与传统仪式——一个人类学的考察》，《思想战线》1997 年第 3 期。

23. 李丁赞、吴介民：《现代性、宗教治理与巫术社群：一个地方公庙仪式变迁的探讨》，http：//www2. thu. edu. tw/。

24. 林美容：　《五十年来民间信仰研究成果》，http：//www. tars. org. tw。

25. 林盛根、张诺夫：《宗教和民间信仰对福建严寒地区部分农村基层组织建设的影响及对策》，《中共福建省委党校学报》2001 年第 2 期。

26. 刘昭瑞：《一个乡村教会的素描》，载李志刚、冯达文主编《从历史中提取智慧》，四川出版集团、巴蜀书社，2005。

27. 刘昭瑞：《上帝的山葡萄园——关于揭西县一个天主教教徒村的调查与思考》，载黄淑娉主编《广东族群与区域文化研究调查报告集》，广东高等教育出版社，1999。

28. 刘敬怀、云杉：《国家宗教事务局局长叶小文访谈录：中国的宗教状况和宗教政策》，《瞭望》1999 年第 21 期。

29. 廖迪生：《群体与对立之象征——香港新界地方天后崇拜活动》，载郑振满、陈春声主编《民间信仰与社会空间》，福建人民出版社，2003。

30. 刘忠卫：《目前我国农村宗教盛行原因之剖析》，《青海社会科学》1997 年第 1 期。

31. 刘铁梁：《村落庙会的传统及其调整》，载郭于华主编《仪式与社会变迁》，社会科学文献出版社，2000。

32. 刘志伟：《大洲岛的神庙与社区关系》，载郑振满、陈春声主编《民间信仰与社会空间》，福建人民出版社，2003。

33. 刘朝晖：《乡土社会的民间信仰与族群互动——来自田野的调查和思考》，《广西民族学院学报》（哲学社会科学版）2001 年第 3 期。

34. 刘志军：《乡村都市化与宗教信仰变迁：山西平陆张店镇个案研究》，博士学位论文，中山大学，2003。

35. 麻国庆：《秘密社会与传统汉族社会结构》，《思想战线》2000 年第 3 期。

36. 麻国庆：《宗族的复兴与人群结合》，《社会学研究》2000 年第 6 期。

37. 麻国庆：《比较社会学：社会学与人类学的互动》，《民族研究》2000 年第 4 期。

38. 彭耀：《社会转型期中国宗教的新趋向》，《世界宗教研究》1995 年第 3 期。

39. 钱杭：《祭祀圈与民间社会——以平阳县腾蛟镇薛氏忠训庙（大夫殿）为例》，载郑振满、陈春声主编《民间信仰与社会空间》，福建人民出版社，2003。

40. 覃德清：《中国民间宗教信仰现状与改革的思考》，《民间文学论坛》1997 年第 4 期。

41. 任继愈：《中国的宗教与传统文化》，《中国文化报》1995 年 11 月 19 日第 3 版。

42. 孙振玉：《台湾民族学的祭祀圈与信仰圈研究》，《中南民族大学学报》（人文社会科学版）2002 年第 5 期。

43. 唐洁：《封建迷信活动抬头的社会成因》，《理论学习导刊》2000 年第 8 期。

44. 唐志君：《湘西民间宗教信仰现状、问题及对策》，《吉首大学学报》（社会科学版）2000 年第 2 期。

45. 王铭铭：《中国民间宗教：国外人类学研究概述》，《世界宗教研究》1996 年第 2 期。

46. 吴滔：《清代苏州地区的村庙与镇庙：从民间信仰透视城乡关

系》，《中国农史》2004 年第 2 期。

47. 徐芳：《民间信仰的恢复与重建——以侯村女娲信仰研究为例》，《民俗研究》2004 年第 1 期。

48. 杨念群：《"地方性知识"、"地方感"与"跨区域研究"的前景》，《天津社会科学》2004 年第 6 期。

49. 叶小文：《当前我国的宗教问题》，《世界宗教文化》1997 年春季号、夏季号。

50. 赵世瑜：《国家正祀与民间信仰的互动——以明清京师的"顶"与东岳庙为个案》，《北京师范大学学报》1998 年第 6 期。

51. 张高翔：《现代宗教热的社会根源探析》，《思想战线》2000 年第 3 期。

52. 张晓东：《从物役性到神役性：迷信"回潮"现象的现实思考》，《青海社会科学》2000 年第 1 期。

53. 钟年：《人类学视野下的宗教：中国乡村社会控制中的一种力量》，《东南文化》2000 年第 7 期。

54. 周大鸣：《传统的断裂与复兴——凤凰村信仰与仪式的个案研究》，载郭于华主编《仪式与社会变迁》，社会科学文献出版社，2000。

55. 朱晓来：《社会主义市场经济条件下宗教影响力扩大原因探析》，《天府新论》1997 年第 5 期。

56. 卓克华：《从寺庙发现历史——台湾寺庙文献之解读与意涵》，博士学位论文，厦门大学，2002。

三　英文文献

1. Brian Morris. *Anthropological Studies of Religion：An Introductory Text.* Cambridge：Cambridge University Press，1987.

2. C. K. Yang. *Religion in Chinese Society – A Study of Contemporary Social Functions of Religion and Some of Their Historical Factors.* Berkeley and Los Angles：University of California Press，1961.

3. Clifford Geertz. *The Religion of Java.* Chicago and London：The

University of Chicago Press, 1960.

4. E. E. Evans-Pritchard. *Theories of Primitive Religion*. Oxford: The Clarendon Press, 1982.

5. E. E. Evans-Pritchard. *Witchcraft, Oracles and Magic Among the Azade*. Oxford: Oxford University Press, 1937.

6. Helen Siu. *Agents and Victims in South China*. Yale University Press, 1989.

7. Stephan Feuchwang. *The Imperial Metaphor: Popular Religion ·in China*. London and New York: Routledge, 1992.

8. R. Finke et al. "Mobilizing Local Religious Markets: Religious Pluralism in the Empire State, 1855 – 1865". in American *Sociological Review*, Vol. 61, 1996.

9. Roger Finke. The Consequences of Religious Competition: Supply-side Explanations for Religious Changes. in L. A. Yang ed. *Assessing Rational Choice Theories of Religion*. NewYork: Routledge, 1997.

10. Maurice Freedman. *Chinese Lineage and Society: Fukien and Kwang Tung*. London: The Athlone Press, 1966.

11. Graeme Lang, Selina Ching, Lars Ragvald Chan. "Temples and The Religious Economy", *Interdisciplinary Journal of Research on Religion*, Vol. 1, Issue 1, 2005.

12. P. S. Gorski. "Historicizing the Secularization Debate: Church, State, and Society in Late Medieval and Early Modern Europe, 1300 – 1700". *American Sociological Review*, Vol. 65, 2000.

13. L. R. Iannaccone. "Why Strict Churches Are Strong". *American Journal of Sociology*, Vol. 99, 1994.

14. F. J. Lechner. "The 'New Paradigm' in the Sociology of Religion: Comment on Warner". *American Journal of Sociology*, Vol. 103, 1997.

15. J. V. Spickard. "Ethnocentrism, Social Theory and Non-Western Sociology of Religion: Towards a Confucian Alternative". *International Sociology*, Vol. 13, No. 2, 1998.

16. Victor. W. Turner. *From Ritual to Theatre: The Human Seriousness of Play*. Manchester University Press, 1982.

17. Arthur Wolf. *Religion and Ritual in Chinese Society*, Stanford: Stanford University Press, 1974.

18. R. S. Warner. "Work in Progress Towards a New Paradigm for the Sociological Study of Religion in the United States". *American Journal of Sociology*, Vol. 98, No. 5, 1993.

四　地方志及其他

1. 民国《瓮安县志》。

2. 1995 年《瓮安县志》。

3. （清）傅玉书：《桑梓述闻》。

4. 瓮安县政协文史资料研究委员会编《瓮安文史资料》，1991。

5. 瓮安县教育局编《可爱的瓮安》，四川大学出版社，1993。

6. 贵阳市志编撰委员会编《贵阳市志·宗教志》，1995。

后　记

　　本书是在我的博士论文的基础上修改而成。博士论文答辩至今已逾七载，本书得以出版，有太多的人和事值得我真诚感谢。

　　2003 年，我有幸考入中山大学人类学系，师从刘昭瑞教授攻读宗教人类学方向的博士学位。入学后，人类学这门涉猎广泛的学科，以其对田野调查的重视和丰厚的人文底蕴，让读了 10 年法学的我眼界大开，我也开始了在几个地方的田野之旅，而贵州省瓮安县草塘镇则是我选择的博士论文研究的田野点。最初，在草塘田野调查中获得的各种有意思的材料、人物和细节，经常在我的大脑里反复翻腾，但我又难以用一条线把它们很好地整合起来。我感到，草塘的各种宗教组织和人物，更像是在把宗教当成一种资源来经营，这似乎是一个在各地普遍存在的常识，却又为学界所忽视。我不敢肯定，我的这一想法具有多大的理论意义。2005 年 5 月的一个下午，我偶然在中山大学图书馆里看到一篇介绍宗教市场论的文章，宗教市场论者所持的观点，猛然间像一道闪电击中了我，那些千百次出现在头脑中的田野资料，陡然串在了一起。后来，我找来了宗教市场论集大成的著作——《信仰的法则——解释宗教之人的方面》仔细研读，并认真检索了国内外的相关研究，认定从宗教供给者、宗教经营方面探讨宗教复兴问题，并与宗教市场论展开对话，是非常有意义的课题。在与导师多次讨论后，我最终确定了选题，并顺利完成了博士论文。

2009 年，我的博士论文被广东省学位委员会、广东省教育厅评为 2008 年"广东省优秀博士学位论文"（共 28 篇），并被中山大学推荐参加了"全国百篇优秀博士学位论文"的评选，算是对自己四年攻读博士学位生涯的一个肯定。其后，由于工作地点和研究方向的转变，博士论文被我放置在书架的一个角落里，自己也很少想起它来。直到 2014 年，麻国庆教授提携后学，将论文列入他主编的"民族与社会丛书"出版计划，使论文得以出版。

首先要感谢我的导师刘昭瑞教授。刘老师是一位对学术特别认真和严谨的先生。攻读博士学位期间，我无数次走进他那间堆满书籍的办公室，与刘老师谈学术也谈生活，他的一言一行深深地影响着我，开拓了我的学术视野。刘老师还冒着七月的炎炎烈日，不远千里来到贵州乡村的田野点，鼓励和督察我的田野工作。他以深厚的学术功底和对语言的敏锐，反复纠正我博士论文写作中的一些错漏，使我在学术的道路上受用终身。毕业后，于生活和学术之中看厌了很多浮躁的人和事，我更加感念刘老师淡泊名利与做真学问的可贵和不易。

在中山大学的求学生涯中，我还有机会受教于人类学系多位风格迥异、学识渊博的老师，他们都是我国人类学界的著名学者，这使初入人类学之门的我能够从一开始就站在较高的位置，领略这门学科的风采。德高望重的黄淑娉先生，亲自为我们讲授"人类学理论与方法"和"中国民族学"两门课程，她对人类学理论的精到理解和对田野工作的重视，让我受益匪浅。麻国庆老师虽不是我的授业导师，但多年来一直关怀我，曾将我的文章推荐到高层次的刊物上发表；他总是能细腻地发现学生的优点并加以鼓励；我的博士论文多年后得以出版，也直接缘于他的提携。此外，周大鸣、王建新、何国强、张应强、张振江、邓启耀等教授，在我的博士论文开题和预答辩中提出了许多宝贵的意见，使我这样跨专业的学生在论文写作和田野调查中少走了许多弯路。如果本书有一定的价值，则这与他们的无私教诲和指导密不可分。

　　能够完成博士论文，还要特别感谢田野点众多的报道人，蒋兴华、曾祥贵、杨文英、谢忠云、吴素珍、龚六品、赵祥俊、鞠泽荣、吴再仁、柏明碧、龚小红、曹家福、余成江、余三妹、余文国、林丽……这将是一份很长很长的名单，挂一漏万，正是他们的大力支持和活生生的生活，才有了我的博士论文。他们中的许多人，也许一直没有弄明白我这个突然闯入的陌生人究竟是在做什么，但是他们用善良接纳了我，并且给我提供了众多的素材。我的博士论文中所持的一些观点，也许会让他们中的某些人不快，但这仅仅是一种学术上的见解，并不表明我对他们的人品有负面的评价。此外，在调查过程中，瓮安县史志办、县政府、县民宗局、县档案馆、草塘镇政府、贵州省档案馆等单位都为我查阅资料提供了方便和付出了劳动，在此表示诚挚的谢意。

　　在田野点调查近1年的时间里，我吃、住在草塘法庭，解决了生活的后顾之忧，却为法庭添了不少的麻烦。法庭的倪安、王观军、兰美海、杜坤、杨乔生等几位年轻的法官和草塘司法所的郑小虎律师等人，与我相处融洽愉快，为我的田野工作平添了很多乐趣。王资刚等朋友，也为我寻找资料和报道人提供了很多帮助。对他们表示深深的谢意。

　　博士论文完成后，多次回访过田野调查点。近些年来，瓮安和草塘也像全国大多数城镇一样，经历着各种狂飙突进的城镇化运动。草塘已不再名为草塘，改回了解放前的名字——"猴场"，当地欲借助1935年1月中央红军的"猴场会议"走红色旅游发展之路。大片的仿古建筑建造于瓮安县曾经最大的农业坝子——下司大坝，博士论文中提到的民国宗教建筑——戏脚楼等也重现于下司大坝之中；观音寺、后岩观等宗教场所依然香火旺盛；天主教的一些人走了，一些人又加入，草塘宗教市场的图景不断地发生着变化。笔者2005～2006年在草塘进行田野调查时的好几位访谈对象都已不在人世，他们曾经对我这个陌生人提供了很多无私的帮助。每念及此，不禁十分唏嘘，更加感念这些在我的人生之中匆匆而过，却对我的学业产生了重大影响的人和事。

本书的出版，得到了社会科学文献出版社王玮编辑的大力支持。责任编辑张建中先生为本书的出版付出了艰辛的劳动，正是他对语言文字以及文章逻辑结构的严格把关，使本书增色不少。在此表示诚挚的感谢。

最后，还要感谢我的家人。他们一直给予我的爱和支持，是我能怀着极大的热情在这个世界上不断努力并过好每一天的动力。

文永辉

2014 年 8 月于贵阳

图书在版编目（CIP）数据

神异资源：一个西部社区的宗教市场与宗教经营/
文永辉著.—北京：社会科学文献出版社，2014.9
（民族与社会丛书）
ISBN 978 - 7 - 5097 - 6330 - 8

Ⅰ.①神…　Ⅱ.①文…　Ⅲ.①宗教文化 - 研究 -
瓮安县　Ⅳ.①B928.2

中国版本图书馆 CIP 数据核字（2014）第 178694 号

·民族与社会丛书·

神异资源

————一个西部社区的宗教市场与宗教经营

著　　者／文永辉

出 版 人／谢寿光
项目统筹／王　绯
责任编辑／张建中　周　琼

出　　版／社会科学文献出版社·社会政法分社（010）59367156
　　　　　地址：北京市北三环中路甲 29 号院华龙大厦　邮编：100029
　　　　　网址：www. ssap. com. cn
发　　行／市场营销中心（010）59367081　59367090
　　　　　读者服务中心（010）59367028
印　　装／三河市尚艺印装有限公司

规　　格／开 本：787mm × 1092mm　1/20
　　　　　印 张：18.4　字 数：317 千字
版　　次／2014 年 9 月第 1 版　2014 年 9 月第 1 次印刷
书　　号／ISBN 978 - 7 - 5097 - 6330 - 8
定　　价／78.00 元